Tabea Bach

# Le signore dell'Isola delle Camelie

Traduzione di
Rachele Salerno

GIUNTI

Titolo originale:
*Die Frauen der Kamelieninsel*


*Realizzazione editoriale:* Studio Editoriale Littera, Rescaldina (MI)
*Traduzione di:* Rachele Salerno per Studio Editoriale Littera

www.giunti.it


Via Bolognese 165 – 50139 Firenze – Italia
Piazza Virgilio 4 – 20123 Milano – Italia

Prima edizione: maggio 2019

# 1

## La festa

Le campane della chiesa di Sainte-Anne suonavano a festa. Sospinto dal vento, l'allegro scampanio sorvolò il mare bretone e raggiunse l'Isola delle Camelie, dove tutto era pronto per la cerimonia.

Sylvia e Maël si erano appena scambiati i voti davanti a un altare ornato di camelie bianche. Il prete pronunciò la benedizione finale e dall'organo partì la marcia nuziale.

Lei era fuori di sé dalla gioia. Stentava a credere che stesse succedendo davvero. Dopo il traumatico divorzio da Holger era convinta che non si sarebbe mai più fidata di un uomo, ma con Maël era diverso. L'amore profondo e incondizionato che li legava rendeva tutto facile e naturale.

Sentì che la stava guardando, e si girò verso di lui. La luce nei suoi occhi le scaldò il cuore, che prese a battere all'impazzata quando Maël la attirò a sé e la baciò con passione. Fu come se il tempo e lo spazio si fossero dissolti. Per un istante che parve durare un'eternità esistevano loro due soltanto. Poi il tempo riprese a scorrere e gli sposi si voltarono raggianti verso i loro ospiti.

In chiesa non c'era un solo posto libero, e una piccola folla si accalcava, in piedi, dietro la fila di panche decorate con nastri e fiori bianchi. Il portone era rimasto aperto per permettere a chi non fosse riuscito a entrare di assistere al grande evento da fuori.

Sylvia intercettò il sorriso di Veronika, la sua migliore amica e testimone di nozze, seduta in prima fila vicino al marito Laurent, con la piccola Lilianne, di appena dieci settimane, tra le braccia. E vide Solenn tamponarsi gli occhi con un fazzoletto. La madre «adottiva» di Maël, e proprietaria dell'Isola delle Camelie, era una bretone granitica che di solito non si lasciava troppo trasportare dalle emozioni. Per Sylvia era anche la compagna della sua defunta zia Lucie, nonché una cara amica, malgrado la differenza di età.

Mentre percorrevano la navata diretti all'uscita, Sylvia alzò lo sguardo verso il rosone sopra la porta. Per un attimo tornò con la mente alla prima volta in cui era entrata in quella chiesa, quasi due anni prima. Lo spoglio edificio, con le sue imponenti colonne, non l'aveva impressionata più di tanto. Era arrivata lì da turista, seguendo le tracce di zia Lucie, che prima di morire aveva amministrato il vivaio sull'isola insieme a Solenn Lambaol. Sylvia non poteva saperlo, ma quel viaggio le avrebbe cambiato la vita...

Maël le strinse la mano, come se le avesse letto nel pensiero. Negli ultimi due anni il loro legame era diventato così intimo che spesso riuscivano ad anticipare l'una i desideri dell'altro, e viceversa, o a percepire anche i minimi cambiamenti di umore. Sylvia lo guardò e sorrise. Sì, amava tutto di lui: i folti capelli scuri che gli ricadevano sulla fronte, la fossetta sul mento e le leggere rughe di espressione sulla pelle bruciata dal sole. Ma amava soprattutto i suoi occhi, che avevano il colore del mare e cambiavano sfumatura a seconda del suo umore. Al momento brillavano di un blu screziato di verde.

Anche lui la guardò. Sylvia capì al volo cosa voleva dirle. Non era il momento di ripensare a tutte le difficoltà che ormai si erano lasciati alle spalle. Quello doveva essere un giorno di festa.

All'uscita dalla chiesa la luce era così accecante che Sylvia fu costretta a chiudere gli occhi per un istante. Quando li riaprì si ritrovò davanti la piazza gremita. Sembrava che ci fosse l'intero paese. La folla esplose in grida di gioia e iniziò a lanciare una pioggia di petali che si ammonticchiarono ai loro piedi, formando un soffice tappeto rosa e bianco.

L'organo emise le ultime note smorzate, lasciando spazio all'inconfondibile suono nasale del *biniou*, la cornamusa tipica del posto, e della bombarda, strumenti immancabili in ogni festa bretone che si rispetti.

Alcuni invitati indossavano i costumi tradizionali: giacche di velluto ricamate in oro su camicie bianche e cappelli rotondi per gli uomini; gonne nere riccamente lavorate, vistosi copricapo e baveri a punta per le donne. Qualcuno iniziò a muoversi a ritmo di musica, e gli altri si unirono all'antica canzone nuziale in brezhoneg, la lingua bretone di origine celtica che per Sylvia restava ancora incomprensibile.

Scese gli ultimi gradini al braccio di Maël e raggiunsero insieme la piazza, dove passarono sorridenti tra due file di bambini, lasciandosi sommergere da una seconda pioggia di petali di rosa. A Sylvia non sfuggirono le numerose occhiate di approvazione dei presenti per il suo vestito da sposa. Era un abito semplice: l'unico ornamento era il meraviglioso pizzo bretone realizzato a mano da un gruppo di donne del paese. Sylvia portava i capelli biondi raccolti in un elegante chignon sulla nuca nel quale aveva infilato una camelia bianca. La sobrietà del trucco e dell'acconciatura metteva in risalto la sua bellezza naturale, la sua carnagione chiara e soprattutto i suoi espressivi occhi color fiordaliso.

Sì, era felice in quel piccolo angolo di mondo. Lì, Sylvia aveva trovato una nuova patria e l'amore della sua vita. Quando le anziane del posto le avevano chiesto se le sarebbe piaciuto indossare un abito di pizzo ricamato a mano da loro per il matrimonio, ne era stata felicissima. Era un onore: lei, la straniera, era stata accettata. Soltanto dopo era venuta a sapere che qualche scettica aveva scommesso che avrebbe senz'altro preferito un vestito all'ultima moda confezionato in una sartoria parigina. Alla fine anche le più sospettose erano state costrette a ricredersi, con grande soddisfazione delle sarte locali, che avevano preso come una sfida realizzare un abito da favola per Sylvia. Una sfida vinta, a giudicare dall'apprezzamento generale.

Quando Sylvia e Maël riuscirono a divincolarsi dalla folla, come da tradizione si misero alla testa di una specie di corteo, seguiti dai musicisti, dai testimoni e dagli amici più stretti, ai quali si accodarono tutti gli altri invitati, che scortarono gli sposi fino al porto.

Una volta arrivati, Sylvia non riusciva a credere ai suoi occhi. Sapeva che quel giorno non avrebbero raggiunto l'isola attraversando la stretta passerella in macchina, come al solito, ma che ci sarebbero andati via mare, come si faceva un tempo. Eppure, quando vide la flotta di barchette ornate di fiori e nastri, si sentì mancare il respiro.

La più riccamente decorata non era una barca a vela, ma *La Brise*, il semplice motopeschereccio di Pierrick, l'anziano aiutante e tuttofare della zia di Sylvia che abitava sull'Isola delle Camelie da sempre. Elegante com'era nel suo abito da festa di velluto nero ricamato d'oro, Sylvia quasi non lo riconobbe: soltanto quando sollevò un remo per chiamare gli sposi e l'ampio sorriso gli disegnò sul volto un'espressione familiare, capì che sarebbe stato lui a traghettarli sull'isola.

«*Gourc'hemmenoù!*» esclamò, tendendole la mano per aiutarla a salire sulla barca. «Le mie congratulazioni!»

«Ti ricordi quella volta che mi hai accompagnata sulla terraferma?» gli chiese Sylvia, afferrandogli la mano e usando l'altra per sollevare la lunga gonna mentre saltava sul peschereccio.

«Per fortuna oggi il tempo è più clemente» rispose lui, sghignazzando. «Ma se ti conosco bene, immagino che saresti voluta tornare sull'isola vestita da sposa anche in piena tempesta, non è vero?»

«Puoi dirlo forte!» intervenne Solenn, che nel frattempo li aveva raggiunti a bordo e stava prendendo posto in fondo, vicino al timone. «Non so da chi abbia preso. Lucie si faceva convincere a salire su una barca soltanto in casi di estrema necessità.»

Sylvia sorrise. Aveva già conseguito la patente nautica e adesso, con l'aiuto di Pierrick, stava studiando per il brevetto di timoniere. Quando la passerella per l'Isola delle Camelie diventava impraticabile per via delle maree, riusciva tranquillamente ad attraversare il tratto di mare che la separava dalla terraferma su una delle barche del vivaio. Quel giorno, però, rimase insieme a Maël a prua, raggiante, e lasciò i comandi a Pierrick. *La Brise* partì tra le grida di giubilo della folla riunita al porto.

Guardare le barche che salpavano una dopo l'altra verso il mare aperto, con i marinai che si incitavano a vicenda, era uno spettacolo meraviglioso. Sylvia intravide Veronika con Laurent e la piccola Lili su una barchetta alla sua destra, mentre un'altra imbarcazione con a bordo la direttrice della scuola elementare del paese, Morgane, suo fratello Éric – arrivato da Parigi – e il capitano di porto Brioc veleggiava alla sua sinistra.

Era una splendida giornata di agosto, mite e serena. Il mare era piatto come una tavola e sopra le loro teste, nel cielo terso e senza nuvole, due gabbiani volavano in cerchio. A qualche centinaio di metri da loro, l'Isola delle Camelie sembrava emergere dall'acqua. Diventava sempre più nitida, finché non fu possibile distinguere chiaramente la grande villa padronale e la parete di pietra che circondava il Jardin aux Camélias, il giardino delle camelie. Benché fosse difficile immaginarlo in una giornata così bella, spesso la costa era sferzata da tempeste e temporali, con onde alte decine di metri che si abbattevano violente sull'isola, spuntando fuori come dal nulla. Il giorno del loro matrimonio la Bretagna aveva deciso di mostrare il suo lato più mite, e Sylvia gliene era profondamente grata.

Sul pontile c'era già qualcuno ad attenderli. Rozenn, la sorella di Solenn, era rimasta sull'isola insieme a Coco e agli altri dipendenti del vivaio per assicurarsi che tutto fosse pronto per il ricevimento.

Tavoli immensi erano stati apparecchiati all'ombra delle camelie secolari, riparati dal vento grazie alla parete che circondava il giardino. Maël e Sylvia avevano invitato l'intero paese e, a quanto sembrava, nel porto non era rimasta una sola barca.

Rozenn abbracciò forte Sylvia per farle le congratulazioni. L'allegra cinquantenne dai capelli biondo rossiccio aveva un laboratorio di ceramica sulla terraferma, e in estate affittava un paio di stanze ai turisti. Si era offerta di supervisionare il cuoco ingaggiato appositamente per l'evento e gli ex allievi di Morgane, che avrebbero dato una mano con il servizio e le pulizie. Il tutto con l'aiuto dell'energica assistente di Sylvia, Gwen.

Il bianco abbagliante delle tovaglie risaltava in contrasto con le lucenti foglie di camelia verde scuro; anche i centrotavola erano di fiori bianchi e verdi, e le due sedie dove avrebbero preso posto gli sposi erano sormontate da un baldacchino di rami e fiori intrecciati.

«Sylvia, fatti abbracciare!» esclamò Veronika, sbarcata sull'isola insieme a suo marito. Piazzò la piccola Lili tra le braccia di Maël senza troppe cerimonie. Poi attirò a sé la sua amica e la strinse forte. «Ti auguro tutta la felicità del mondo.»

Sylvia notò commossa gli occhi lucidi di Veronika. «Grazie, Vero» disse, e la guardò sorridendo. «Sono contenta che siate riusciti a venire!»

«Pensavi forse di poterti sposare senza di me?» ribatté l'altra, scuotendo la chioma rossa.

Scoppiarono a ridere entrambe. Nel periodo più difficile della vita di Sylvia, Veronika era stata una roccia a cui aggrapparsi. Le due si conoscevano fin dai tempi dell'università, ma di recente si erano avvicinate ancora di più.

«Ehi, guarda tuo marito» esclamò Veronika sorpresa, ammirando Maël che cullava dolcemente la piccola Lili, ammaliata. «Senti un po'» gli chiese, «com'è che ci sai fare con i bambini?»

«Quando uno è bravo con le camelie» rispose lui con un ampio sorriso, «sa anche come trattare le piccole principesse. Giusto, Lili?»

La piccola lanciò un urletto, agitando le braccia.

«Con Laurent ci stiamo ancora esercitando. Vero, amore?»

«Non è facile, ci vuole un po' di allenamento» replicò lui. Sorrise e prese con cautela la bambina dalle braccia di Maël. «Torna dal tuo imbranato papà, Lili.» La piccola mugolò quando lui le scoccò due baci sul collo.

Sylvia e Maël passarono l'ora successiva a ricevere auguri e abbracci, mentre agli ospiti venivano serviti champagne e aperitivi: crespelle al salmone, carciofi gratinati ripieni di sardine e piccoli soufflé al formaggio appena sfornati.

Poi tutti si accomodarono a tavola. Secondo l'usanza bretone un «anziano» doveva tenere un discorso, e dopo un'infinità di battute sulla sua vera età – che nessuno conosceva – Pierrick si alzò. Tutti si zittirono.

«*Ma chère* Sylvia, *mon cher* Maël» esordì. «Non sono un tipo di tante parole, lo sapete, e ormai la vostra storia la conoscono tutti. Ma una cosa voglio dirla: è stato il destino a farvi incontrare. Sei arrivato su quest'isola anni fa, Maël, come un cucciolo abbandonato. Avevi soltanto dodici anni, eppure sei riuscito a fiutare il tuo destino: le camelie. Solenn e Lucie sono state come madri per te, e ti hanno dato ciò di cui più avevi bisogno: una casa e un amore incondizionato.

«Quando Lucie è morta sembrava che la felicità avesse abbandonato l'Isola delle Camelie. Il vivaio era in pericolo. Invece è stata proprio la donna che tutti ritenevamo responsabile del disastro a salvarci. Adesso sei una di noi, Sylvie. Hai rinunciato al lusso per condurre una vita semplice, come la nostra. Sei una persona intelligente, e hai capito che la cosa più preziosa a cui si può aspirare è l'amore, quello vero. Ed è a questo che voglio brindare. A Sylvia, a Maël e all'amore. Che possiate restare uniti per sempre e che niente possa mai separarvi!»

Tra grandi applausi gli invitati sollevarono i calici alla salute degli sposi, emozionati e felici.

Poi iniziò il pranzo. L'antipasto prevedeva capesante in brodo e *godaille*, la tipica zuppa di pesce bretone. Sylvia aveva insistito per servire quel piatto povero, lo stesso che lei e Maël avevano condiviso durante la loro prima cena, dopo essersi incontrati quasi per caso proprio lì, nel giardino dell'isola. Come portata principale, invece, cosciotto d'agnello con verdure, per dessert il dolce bretone per eccellenza, il *kouign-amann* – la «torta di burro» – e, naturalmente, il preferito di Maël, il *far breton*, una specie di soufflé ripieno di prugne cotte nel rum e servito tiepido. Chi ancora non era sazio poteva piluccare dai vassoi di formaggi o dai cestini delle famose fragole di Plougastel.

Quando si alzarono da tavola, il sole era quasi tramontato. Alcuni anziani del paese si avviarono sulla pista da ballo e iniziarono a battere le mani e ballare sulle note dell'oboe e della cornamusa.

«Che ne dite di un *lambig*?» chiese Brioc, posando davanti agli sposi un vassoio con delicati bicchierini a forma di tulipano e una bottiglia senza etichetta.

«Oh sì, grazie! È proprio quello che ci vuole» rispose Sylvia. «Quello di Brioc è il liquore alla mela più buono del mondo. Davvero, mai assaggiato uno migliore. Ma ovviamente il nostro amico non ci rivelerà mai il suo segreto, giusto?»

«Il segreto è la pazienza, cara Sylvie.» Il capitano di porto le rivolse un sorriso sornione. «Più riposa nella botte, più diventa gustoso.»

«E naturalmente dipende anche dalla botte» aggiunse Solenn. «Di che legno è fatta, quanto è vecchia e per cosa è stata usata prima. In paese si dice che Brioc sorvegli più le sue botti che il porto.»

Tutti risero, e Brioc scosse il capo divertito, versando un po' di *lambig* per Gwen.

«Ci saranno almeno trecento invitati, no?» osservò Veronika, colpita.

La piccola Lili dormiva tra le sue braccia, sazia e sfinita dopo la poppata.

«Quattrocentotrenta» la corresse Rozenn soddisfatta, lasciandosi cadere su una sedia con un sospiro. «E il cibo è bastato per tutti. Anzi, è rimasta un sacco di torta, vero, Gwen? Ma... che fine ha fatto Maël?»

«L'ho visto laggiù con Coco e l'altro giardiniere con i capelli verdi» rispose Veronika.

«È Gurvan, mio nipote» dichiarò orgogliosa Gwen. «Stanno allestendo l'impianto per la seconda parte della serata, quando finalmente la cornamusa chiuderà il becco.»

«Oh, fantastico!» Si unì a loro Morgane. «Dà sui nervi anche a voi? *Merci beaucoup* Brioc. Sì, un po' di liquore mi farà bene.»

«Suoneranno finché il sole non sarà calato» spiegò Solenn, ridendo sotto i baffi. «Poi i vecchi se ne torneranno sulla terraferma, lasciando il giardino ai giovani.»

Solenn aveva ragione. Appena fece buio, cornamusa e oboe furono messi via e parecchi invitati si avviarono verso le loro case. Furono accesi alcuni riflettori che trasformarono il Jardin aux Camélias in un regno fatato.

Gurvan si rivelò un dj piuttosto bravo. Il giovane giardiniere continuò a mixare musica creando l'atmosfera perfetta. Gli invitati non si accorsero che le ore passavano, finché non iniziò ad albeggiare. Quando il sole si affacciò sull'orizzonte, colorando il cielo di sfumature rosate, sulla pista erano rimasti soltanto Sylvia e Maël, abbracciati stretti sulle note di una vecchia canzone d'amore francese. Gurvan aveva deciso di concludere la sua performance alla consolle con un vecchio vinile dell'*Inno all'amore* di Edith Piaf.

*Fin quando l'amore inonderà le mie mattine, fin quando il mio corpo fremerà al tocco delle tue mani, non mi importerà dei problemi, perché tu mi ami...*

Il sole stava salendo nel cielo, investendo ogni cosa di un'intensa luce dorata. I pochi invitati ancora rimasti, fissavano a bocca aperta il bagliore dell'alba che avvolgeva i due innamorati come un manto luminoso.

*Se la vita un giorno ti portasse via da me*, cantava la Piaf, *se tu morissi lontano da me, non importa se tu mi ami perché morirei anch'io. Avremo per noi l'eternità, nel blu infinito del cielo... perché Dio riunisce quelli che si amano.*

Quando la canzone finì, di colpo ci fu silenzio. Si riuscivano a sentire i suoni ovattati del mattino: lo sciabordio lontano delle onde, il canto di un uccello tra i rami degli alberi, il tramestio delle stoviglie dalla cucina della villa. Sylvia percepì nell'aria il profumo del caffè appena fatto.

«Non posso crederci» sussurrò all'orecchio di Maël. «È già mattina.»

«Il nostro primo giorno da marito e moglie» mormorò lui in risposta.

Sylvia si strinse a lui, sopraffatta dalla felicità e dalle vertigini dopo la nottata passata a ballare. Poi si separarono, si guardarono negli occhi e, sorridendo, lasciarono la pista da ballo.

Solenn uscì dalla cucina della villa padronale reggendo due grossi bricchi di caffè, seguita dalla sorella con un vassoio carico di tazze di porcellana. Posarono il tutto sul tavolo degli sposi e iniziarono a servire gli ospiti.

«Qualcuno vuole un po' di torta?» chiese Morgane. Si alzò e si stiracchiò. «È avanzato anche del *far breton*. Chi viene ad aiutarmi a portare tutto fuori?»

«Penso che per qualche ora possiate cavarvela anche senza di noi» replicò Maël. E, lanciando uno sguardo languido a sua moglie, aggiunse: «Noi due andiamo a riposarci. *N'est-ce pas*, Sylvie?».

Lei gli prese la mano e se lo trascinò via, sorridendo. Quando raggiunse il sentiero di ghiaia che portava a casa loro, si sfilò gli eleganti sandali e sollevò leggermente il vestito per evitare di calpestare l'orlo. Senza dirsi nemmeno una parola, cominciarono a correre.

Arrivati alla porta di casa si fermarono, senza fiato. Maël la aprì, prese in braccio Sylvia e la portò delicatamente oltre la soglia. Continuò a tenerla tra le braccia fino in camera, dove la adagiò sul letto.

«Da sempre e per sempre» le sussurrò, aiutandola a sfilarsi il vestito.

«Da sempre e per sempre» gli fece eco lei, stringendolo.

Nel pomeriggio Sylvia accompagnò Veronika e Laurent a fare un giro del vivaio dove coltivavano le camelie destinate alla vendita. Era a pochi chilometri dal giardino in cui si era tenuta la festa, in un avvallamento naturale riparato dal vento.

«Voglio mostrarvi una cosa molto speciale» disse dopo aver parcheggiato il fuoristrada, scortando i suoi amici verso le serre. «Come sapete, qui Maël coltiva le nuove varietà di camelia che hanno reso famosa l'isola. Anni fa, quando era ancora un ragazzo, riuscì a creare un innesto particolarmente bello. Mia zia Lucie l'ha battezzato Sylviana e mi ha lasciato in eredità i diritti sulla vendita.»

Avevano raggiunto una delle serre più vecchie. Sylvia cercò la chiave in un grosso mazzo.

«Accidenti quante chiavi» commentò Laurent, stupito. «Questa serra sembra più blindata della mia officina.»

«E per un'ottima ragione» spiegò Sylvia. «Questo albero vale un patrimonio. Venite a vederlo.»

Raggiunsero una seconda porta, anche questa chiusa a chiave, che si apriva su una serra con un tetto a cupola alto cinque metri. Al centro, campeggiava un albero slanciato dalla lucente corteccia argentea. La chioma era folta, le foglie sottili e lucide, come ricoperte da uno strato di vernice.

«Guardate» disse Sylvia orgogliosa, indicando due meravigliose camelie grandi come il palmo di una mano che risaltavano contro il fogliame scuro. Il fiore di un intenso color ametista era circondato da una corolla di petali bianchi, simili a un colletto di pizzo. All'interno, gli stami scintillavano come stelle nel cielo notturno.

«È incantevole» sussurrò Veronika. «Devo tornare in primavera per vederla in piena fioritura.»

«In primavera non sarà più qui.» Sylvia sospirò. «Il prossimo autunno si terrà un'asta e la venderemo al miglior offerente. Sono curiosa di vedere cosa succederà, ma è un esemplare unico al mondo e sono certa che ci frutterà un capitale. Con il ricavato costruiremo il centro visitatori di cui ti ho parlato.»

Sylvia mostrò ai suoi ospiti altre camelie, ma, per quanto splendide, nessuna varietà reggeva il confronto con la Sylviana.

«Non ti dispiace venderla?» le chiese Veronika mentre tornavano alla villa. «È davvero stupenda. Ed è pur sempre un ricordo di tua zia.»

Sylvia rimase in silenzio per un attimo, poi scosse la testa con decisione. «Lucie era una donna pragmatica» disse. «Sono sicura che le sarebbe piaciuta l'idea del centro visitatori. Ho già un sacco di progetti. Un bistrot dove i clienti potranno assaggiare la cucina tipica. Un negozio dedicato alle camelie dove vendere tè, cosmetici, libri e articoli da regalo. E poi un centro informazioni con una piccola esposizione permanente sulla storia di questi fiori, consigli pratici per prendersene cura e tanto altro. Dovremmo rinunciare a tutto questo solo perché non siamo in grado di separarci da quella pianta? No, credo che sia la decisione giusta.»

«È un bel pensiero» riprese l'amica, con aria quasi trasognata, «dedicare a una persona un fiore così incredibile. Tua zia doveva volerti molto bene.»

Sylvia annuì, incupendosi. Soffriva ancora al pensiero di non essere andata a trovare zia Lucie nel suo regno finché era ancora viva. Allora lei conduceva una vita frenetica da consulente aziendale, e tendeva a rimandare tutto ciò che non aveva direttamente a che fare con il lavoro. *Lo farò più tardi*, si diceva. Finché non era stato troppo tardi e Lucie era morta, uccisa da un tumore al cervello.

«Volevamo chiedere una cosa a te e Maël» disse Veronika, strappandola ai suoi pensieri. Nel frattempo erano arrivati alla villa. «Pensi che riuscirete a dedicarci un momento prima della nostra partenza?»

«Certo» rispose Sylvia, meravigliata da quella richiesta. «Quando volete. Deve esserci anche Maël? Ah, eccolo lì!»

Poco dopo sedevano tutti nell'accogliente cucina di Solenn. Lili era di nuovo in braccio a Maël: un quadretto dolcissimo.

«Volevamo chiedervi se vi piacerebbe fare da padrino e madrina a Lili» esordì Veronika. «Lo so, siete molto impegnati. Ma non riesco a immaginare chi meglio di voi...»

«Ma certo che ci piacerebbe!» la interruppe Sylvia, entusiasta. «Tu che dici, Maël?»

«Assolutamente sì. Per noi è un grande onore. Anzi, stavo giusto pensando a un modo per tenermi qui Lili senza che ve ne accorgeste.»

Veronika e Laurent scoppiarono a ridere di cuore. Sylvia si unì a loro, lanciando un'occhiata stupita a Maël. Non avevano mai parlato di avere figli, ma solo perché non se n'era presentata l'occasione.

«Per quello dovrete fare da soli, mi sa» rispose Veronika, tendendo le braccia verso la sua bambina. «Ma non è difficile, ve lo assicuro! Se vi servono consigli potete chiedere a noi.»

Arrivò infine il momento di salutarsi. Veronika e Laurent abitavano a Le Mans, a due ore di macchina dall'isola.

«Ci vediamo al battesimo» salutò allegra Veronika dal finestrino della macchina. «Ti faccio sapere appena decidiamo la data. Sono felicissima! È stata una festa da sogno, Sylvia. Ma adesso mi ci vuole una dormita di una settimana per riprendermi.»

Sylvia e Maël rimasero sulla soglia mentre i loro amici si allontanavano a bordo della loro *déesse*, la mitica Citroën DS degli anni Settanta restaurata con tanto amore da Laurent.

«Lili è incantevole» disse Sylvia, pensierosa.

«Non sarebbe bello farne uno anche noi?» le chiese Maël, attirandola a sé.

Sylvia si sentì mancare. Aveva trentasette anni e non aveva mai messo in conto di avere un figlio. Per lei al primo posto c'era sempre stata la carriera. E anche adesso che era direttrice commerciale del vivaio lavorava a ritmi piuttosto serrati. «Non ci ho mai pensato» ammise.

«Lo so» rispose lui, con un sorriso. «Nemmeno io, a dire il vero. Con un passato come il mio, probabilmente sarei un pazzo a voler mettere al mondo dei figli.» Tacque pensieroso e guardò il cielo. A ovest iniziavano a formarsi nuvole fitte.

«Poi però hai preso in braccio Lili e ti ha stregato.»

Maël la guardò negli occhi. «Sei l'unica donna con cui potrei pensare di avere un figlio» disse, accarezzandole dolcemente la testa. «Anzi, mi sembra un'idea meravigliosa.»

Sylvia chiuse gli occhi. Il pensiero di avere un bambino le dava le vertigini. E se fosse cambiato tutto?

I giorni successivi furono così pieni che Sylvia riuscì a non ripensare all'eventualità sconvolgente, e al tempo stesso allettante, di avere un figlio con Maël. Almeno durante il giorno. Mentre lui lavorava nel vivaio, lei era presa a rispondere ai tantissimi auguri e a scrivere biglietti di ringraziamento per i regali. Poi era arrivato il momento di organizzare l'asta. La posta in gioco era alta. Negli ultimi due anni tutte le previsioni di Sylvia per il futuro si erano rivelate corrette. E adesso non vedeva l'ora di dedicarsi al suo progetto.

Per lungo tempo il Jardin aux Camélias e il vivaio dove Solenn, Lucie e soprattutto Maël coltivavano rare varietà di camelie, creando innesti unici al mondo, erano stati conosciuti soltanto da pochi appassionati e collezionisti. La posizione remota dell'isola contribuiva al quasi totale isolamento: bisognava sapere dell'esistenza del vivaio e mettersi alla sua ricerca per trovarlo.

Finché erano state la zia di Sylvia e Solenn a gestire l'attività, alle due donne andava bene così. Soprattutto a Lucie: dopo essersi allontanata dalla sua famiglia, che non riusciva ad accettare la sua omosessualità, e aver lasciato la Germania, aveva finalmente trovato, in quell'angolo della costa bretone, un posto dove vivere felice con la sua compagna. In realtà era stata proprio zia Lucie ad accorgersi che era arrivato il momento di apportare dei cambiamenti. In una lettera allegata al testamento pregava Sylvia di consigliare e assistere Solenn. Pur avendo perso i contatti con la nipote, infatti, Lucie aveva seguito la sua carriera da lontano e sapeva che era diventata un'affermata donna d'affari.

«Il Jardin aux Camélias dovrebbe essere più attento verso i suoi visitatori» aveva suggerito Sylvia fin da subito. Per un'impresa redditizia non bastava che di tanto in tanto un collezionista comprasse una camelia rara. Perlomeno lo scandalo sulla controversa eredità e il concreto pericolo che l'isola venisse venduta a un investitore inglese deciso a trasformarla in un resort di lusso avevano fatto notizia. L'Isola delle Camelie era diventata il simbolo di una resistenza vittoriosa, le immagini di uomini, donne, bambini e anziani bretoni che si opponevano con coraggio alle scavatrici di sir James Ashton-Davenport avevano fatto il giro del mondo.

Il problema era che Solenn e il suo ristretto gruppo di collaboratori faticavano a gestire le ondate di visitatori che da quel momento in poi avevano iniziato ad arrivare in gran numero. Soprattutto nei fine settimana, file e file di macchine intasavano il piccolo paese sulla costa e l'accesso all'isola.

Per rispondere alle nuove esigenze, il molo e il parcheggio erano stati ampliati e il figlio maggiore di Brioc, Yann, aveva avviato una florida azienda di taxi acquatici.

Una volta sbarcati sull'isola, però, gli ospiti volevano fermarsi, soprattutto nel Jardin aux Camélias. La maggior parte delle piante del vivaio, infatti, aveva iniziato a fiorire soltanto da qualche anno e, per i profani, le file ordinate di alberi esposte nelle serre non costituivano una grande attrazione. Le prime camelie del giardino della villa padronale, invece, erano state piantate centinaia di anni prima e in tanti volevano ammirarle. Così, solo chi era davvero interessato all'acquisto veniva accompagnato al vivaio e alle serre.

L'Isola delle Camelie era diventata un'attrazione turistica, e gli alberghi sulla costa riuscivano a malapena a far fronte alla richiesta di alloggi. Diverse famiglie dei paesi vicini avevano trasformato le camere lasciate vuote dai figli in stanze per gli ospiti, o ristrutturato le stalle per adibirle a case vacanze. Anche i ristoranti, le sale da tè e le crêperie erano sempre pieni. Per questo Sylvia voleva aprire sul posto un piccolo bistrot. Per non parlare poi dei souvenir, che erano sempre molto gettonati. Sylvia avrebbe dato nuova vita anche a quell'attività.

«Allora, ci hai pensato?» le chiese Maël una sera, mentre la teneva tra le braccia dopo aver fatto l'amore.

«A cosa?» domandò lei, insonnolita.

«Dai, hai capito» rispose lui, dandole un bacio sul mento. «Vuoi provare ad avere un bambino?»

Sylvia si risvegliò di colpo. «Ho già quasi quarant'anni» obiettò in tono pacato.

«Appunto, non abbiamo tempo da perdere» ribatté lui, sorridendole. Sylvia contemplò i suoi lineamenti, le labbra carnose e morbide, la pelle scurita dal sole, gli occhi chiari e limpidi, sinceri. Gli passò le dita tra i capelli, e all'improvviso si sorprese a chiedersi come sarebbe stato il loro figlio. *Mi piacerebbe se avesse i suoi occhi*, si disse. *E la forma delle sue labbra. E...*

«Hai paura, lo capisco» riprese il marito, visto che lei non rispondeva. «E non ti nascondo che ne ho anch'io. Forse più di te. Ma mi spaventa più l'idea di rinunciare a una cosa così importante che il pensiero di quanto un figlio ci cambierebbe la vita. Ho paura che se non ci proviamo un giorno potremmo rimpiangerlo.»

«Come te la immagini?» chiese Sylvia timidamente. «La vita di tutti i giorni, intendo. Le madri che conosco non sono riuscite a tornare a lavorare a tempo pieno almeno per un paio d'anni. Si ripromettono che avere un bambino non interferirà con le loro attività e che ce la faranno in qualche modo a continuare. Ma una volta che è nato cambia tutto.»

«Ne ho parlato con Solenn» ammise Maël. «Volevo sentire la sua opinione. Dice che possiamo contare su di lei: sarebbe felice di aiutarci a crescere i nostri figli. E non ha niente in contrario all'idea di fare un passo indietro e lavorare meno. Secondo me sarebbe una nonna fantastica, non credi? E se dovesse servire potremmo sempre assumere una baby sitter.»

*I nostri figli.* Sylvia sentì quelle parole riecheggiare nella sua mente. Erano già diventati più di uno.

«Forse dovresti parlarle anche tu» aggiunse Maël. «Oppure con Veronika, da donna a donna.» Rise sotto i baffi e la strinse a sé. Poi tornò serio. «Ma c'è una cosa che devi sapere. Se non vuoi non cercherò di convincerti, te lo prometto.»

«Così poi sarebbe tutta colpa mia?» chiese lei. Si sentiva a disagio, aveva quasi le lacrime agli occhi.

Maël scosse la testa e la guardò. «No, nessuna colpa. È una decisione che dobbiamo prendere insieme. Ma almeno possiamo rifletterci, no?»

Sylvia annuì e si strinse più forte a lui. Lo amava tantissimo. Avrebbe trovato una ginecologa e si sarebbe informata sui rischi effettivi alla sua età. Era da troppo tempo che rimandava una visita per impegni di volta in volta più importanti. E avrebbe consultato un paio di statistiche. Poteva parlare con Veronika. La sua amica era un po' più giovane di lei, ma di sicuro avrebbe saputo consigliarla.

Anche se come al solito cercava di essere razionale, Sylvia aveva sentito una fiamma accendersi da qualche parte dentro di lei. Qualcosa si agitava nel profondo, si era risvegliato un desiderio che non aveva mai saputo di avere. D'un tratto le sembrò di avvertire di nuovo il profumo di vaniglia e mandorla di Lili, il tocco delle sue manine grinzose, la voglia di stringere a sé e proteggere quella piccola, fragile vita.

Accanto a lei, il respiro di Maël era tranquillo e regolare. Quando dormiva sembrava un bambino. Provò un'ondata di tenerezza per suo marito, e percepì il calore del suo corpo, il tocco vellutato della sua pelle.

*Perché no?* chiese una tenue vocina nella sua testa. Perché non fondersi insieme e creare una nuova vita?

All'improvviso Sylvia capì di non aver bisogno di altri consigli. Sì, voleva un figlio da Maël. Non le importava di tutte le cose che sarebbero cambiate nella loro vita. E si addormentò cullata da quel pensiero meraviglioso, emozionante e, al tempo stesso, vagamente inquietante.

# 2

## L'asta

«Quanto pensi che si ricaverà dalla vendita della Sylviana?»

Era novembre e fuori infuriava un temporale, ma l'alta parete di pietra che lo circondava teneva il Jardin aux Camélias al riparo dalle intemperie. Si sentiva soltanto, come attutito, l'ululato del vento in lontananza e il mugghiare delle onde che si abbattevano violente sulla costa.

Sylvia riavvolse con cura le carte dei progetti su cui lei e Solenn avevano lavorato per tante sere, sedute al tavolo della cucina. C'erano ancora molti dettagli da definire. I nuovi edifici sarebbero stati in pietra, come tutte le altre costruzioni dell'isola. Per il rivestimento dei tetti avrebbero usato l'ardesia grigia tipica del posto, in modo che si armonizzassero con il paesaggio. Le bozze erano già state approvate dalle autorità competenti, ma un'associazione ambientalista, e in particolare un certo Kilian Nuz, aveva espresso le sue riserve.

Sylvia sapeva che era importante non farsi nemici e prendere sul serio ogni obiezione. Così aveva organizzato un incontro sull'isola per il fine settimana successivo, per ascoltare i diversi punti di vista, cercare di valutarli alla luce delle linee guida ambientali e, se necessario, trovare un compromesso. Era addirittura riuscita a convincere un membro della commissione urbanistica a prendervi parte.

«La vendita della Sylviana?» ripeté Sylvia, rispondendo alla domanda di Solenn. «Punto a ricavarne duecentomila euro. Così non avremmo problemi con il fido bancario.»

Prese un paio di appunti sul taccuino, prima di chiuderlo e stiracchiarsi, con aria stanca.

«Stai lavorando troppo» commentò Solenn, lanciando un'occhiata di rimprovero ai cerchi scuri sotto i suoi occhi. «Ma non è una novità.»

Sylvia sospirò. «Cosa posso farci, Solenn? Piuttosto, offrimi un *lambig*.»

L'altra aggrottò le sopracciglia. «Non sarebbe meglio evitare in caso...»

«Impossibile» la interruppe bruscamente Sylvia. «Mi è venuto il ciclo stamattina» aggiunse, in tono rassegnato.

«È normale, *ma fille*» tentò di consolarla Solenn, estraendo una bottiglia di liquore alla mela dalla credenza. «Hai preso la pillola per anni. Il tuo corpo ha bisogno di tempo per riequilibrarsi.»

«Lo so, ma... Forse invece non funziona e basta. Magari sono troppo vecchia. O...»

«*Arrête!*» la zittì Solenn. «Non pensarci nemmeno. Devi solo aver pazienza. Andrà tutto bene, me lo sento.»

Sylvia la guardò con affetto. Nei suoi sessant'anni Solenn ne aveva passate tante. Cresciuta in una piccola realtà di contadini, da giovane omosessuale si era sentita emarginata. Era partita per la Normandia per l'apprendistato da botanica, e in quegli anni la sua corazza si era ulteriormente inspessita. Il suo primo incontro con le camelie risaliva proprio a quel periodo. La vita aveva cominciato a sorriderle soltanto quando aveva incontrato Lucie, si erano innamorate e si erano trasferite insieme sull'isola. Con i suoi modi affabili e il carattere dolce, la zia di

Sylvia era riuscita a fare in modo che la loro relazione fosse accettata e rispettata dagli abitanti della costa.

Quando lei era morta, a Solenn era mancato il terreno sotto i piedi, quasi letteralmente. Il testamento con il quale Lucie lasciava l'isola in eredità alla compagna non si trovava. Per legge era la nipote l'unica erede di tutto, ma a causa dei maneggi dell'ormai ex marito, Holger, l'isola sembrava persa per sempre. E nonostante tutto Solenn non si era mai scoraggiata.

*Ha ragione*, si disse Sylvia, sorseggiando il profumato *lambig*. Non c'era motivo di abbattersi.

Adesso era quasi arrabbiata con se stessa. Com'era possibile che una simile sciocchezza, come l'arrivo delle mestruazioni, le facesse perdere la bussola? Non era da lei. Di solito vedeva i problemi sul lavoro come sfide a cui trovare una soluzione. Ma era proprio quello il punto. I problemi si potevano risolvere, le difficoltà si potevano superare. Ma imporre al proprio corpo di concepire un figlio, quello no, non era davvero possibile...

«L'ho sognato» disse Solenn, ridestandola dalle sue riflessioni. «Ho visto Maël con un bambino. Quindi fidati del tuo corpo e concedigli il tempo di cui ha bisogno.» A Sylvia salirono le lacrime agli occhi. Solenn le prese la mano e la strinse forte. Poi si alzò e si sistemò lo scialle sulle spalle. Non era da lei essere tanto sentimentale. «Buona notte, Sylvie» disse, salutandola con un cenno del capo.

«Buona notte, Solenn» rispose lei, con un filo di voce. *Dormi bene e continua a fare sogni così belli*, aggiunse nella sua mente. Fece un respiro profondo e sentì che il suo malumore svaniva. Lei e Maël avrebbero avuto un figlio. Doveva soltanto essere paziente.

Sylvia era carica per l'incontro con gli ambientalisti. In fondo aveva lavorato per anni come consulente aziendale e sapeva bene come gestire quelle situazioni. Era importante che al termine della riunione ognuno dei partecipanti sentisse di aver ottenuto qualcosa. La parte difficile era fare in modo che il tutto non andasse a discapito del progetto, perché spesso raggiungere un compromesso poteva significare rinunciare a un elemento centrale del piano. E Sylvia non aveva alcuna voglia di ricominciare da zero dopo aver impiegato mesi a ottenere tutte le autorizzazioni necessarie.

Per fortuna emerse subito che i suoi detrattori erano stati male informati e la maggior parte delle loro argomentazioni poteva essere smontata con i fatti. Alla fine trovarono una soluzione che Sylvia considerava persino un miglioramento. La presentazione aveva chiarito a tutti che il centro visitatori non avrebbe rovinato la magica atmosfera dell'isola e, come Sylvia si aspettava, Kilian Nuz e i suoi colleghi erano stati entusiasti della sua proposta di realizzare, in una delle sale del centro, una mostra permanente sulle specie di uccelli che nidificavano sull'Isola delle Camelie. Facendo qualche ricerca, aveva scoperto che per un progetto del genere avrebbe potuto ottenere delle sovvenzioni statali e addirittura dei fondi dall'Unione Europea. Così avrebbe risolto due problemi in un colpo solo: si sarebbe accaparrata il sostegno di Kilian e, al tempo stesso, avrebbe ammortizzato i costi. Senza contare che il centro ornitologico sarebbe stato un'attrazione in più per i turisti.

Salutò sollevata i suoi ospiti e, ormai stremata, si ritirò nel *Ti Bag* – che significava qualcosa come «capannone per le barche» –, il nome bretone con cui Maël aveva ribattezzato la loro casa.

Il vento si era placato, e il sole era finalmente spuntato di nuovo tra le nuvole. Il *Ti Bag* si trovava al limitare estremo del giardino e ospitava una rimessa in pietra per le barche dove la famiglia di pescatori a cui era appartenuta originariamente l'isola teneva i suoi pescherecci. I Kerguénnec possedevano una sorta di piccola flotta e davano lavoro a molti uomini della costa, tra cui il padre di Solenn.

Quando Maël, dopo aver studiato botanica, aveva deciso di tornare sull'isola invece di accettare una delle cattedre che gli erano state offerte in università internazionali – proposte che gli capitava ancora di ricevere di tanto in tanto –, aveva passato anni a ristrutturare la casetta abbandonata insieme a Pierrick. Il risultato era una costruzione unica nel suo genere, il cui nucleo era costituito dall'«open space», come Maël ormai chiamava la vecchia officina. Come in un loft, la stanza ospitava una cucina a vista, un tavolo da pranzo e un accogliente salotto con poltrone e caminetto, sopra il quale aveva trovato posto il ritratto di Lucie che Solenn aveva regalato a Sylvia. Solo il bagno e la camera da letto erano separati. Sylvia si era allestita un piccolo angolo studio in un cantuccio della sala. Le capitava spesso di portarsi il lavoro a casa, anche se Maël non vedeva la cosa di buon occhio.

D'istinto, Sylvia salì in mansarda. Suo marito aveva quasi finito di sistemarla. Due piccole finestre ovali, appena sotto il tetto, davano l'impressione di trovarsi su una barca cullata dalle onde. C'era un comodo divano che poteva essere trasformato in un letto per gli ospiti, e le pareti erano ricoperte di scaffali su misura in cui si alternavano i volumi sulla coltivazione delle camelie di Maël e i libri sul management d'impresa di Sylvia. Era un accogliente angolo di relax, dove avrebbero anche potuto alloggiare Veronika e la sua famiglia quando andavano a trovarli.

Come sempre, Sylvia si godette il panorama dalla finestra affacciata a ovest, da cui si intravedevano gli ultimi istanti del tramonto sull'orizzonte. Nuvole di diverse sfumature di grigio si rincorrevano sulla terraferma, mentre il mare si infrangeva instancabilmente sulle spiagge dell'isola. Dall'altro lato, la costa rifletteva la luce color malva del cielo e il faro diffondeva a intervalli regolari il suo segnale luminoso sulla terra e sul mare.

Avevano deciso che quella sarebbe stata la stanza del bambino, una volta cresciuto. Sylvia la immaginava già trasformata. Al posto della biblioteca sua e di Maël, gli scaffali avrebbero ospitato libri per bambini, giochi, oggetti vari... Nei primi anni, ovviamente, il piccolo avrebbe dormito insieme a loro al piano di sotto. Accanto alla camera da letto c'era una stanzetta inutilizzata con una piccola finestra, delle dimensioni perfette per un neonato. Avrebbero verniciato le pareti con colori pastello. Poi, quando avesse imparato a salire e scendere le scale da solo, gli avrebbero concesso un regno tutto suo in mansarda. Se poi fossero arrivati dei fratelli si sarebbe potuta ampliare...

Sylvia sospirò, scese in cucina e si preparò qualcosa da mangiare: formaggio, pomodori, pâté di pollo. Si tagliò una fetta del pane nero integrale che Solenn preparava secondo la ricetta tedesca: un vero atto d'amore da parte della bretone, nonché una delle poche cose della sua patria che a Sylvia mancavano sul serio. Maël doveva essere ancora al lavoro nelle serre. Stava provando un nuovo innesto di due camelie rare, per il momento con risultati insoddisfacenti. Di solito lo aiutava Gurvan, il suo braccio destro.

Sylvia portò il piatto nel suo studiolo e accese il computer. Controllò per l'ultima volta la bozza, caricò le foto che ritraevano la pianta nei minimi dettagli in diversi periodi dell'anno, revisionò il testo della descrizione. Poi rilesse più di una volta le condizioni generali dell'asta.

Tra le cose più importanti c'era una clausola che Sylvia aveva sottolineato: la Sylviana era un esemplare unico, e il Jardin aux Camélias si vincolava a non metterne sul mercato un altro per i successivi dieci anni, «con l'impegno scritto della detentrice dei diritti Sylvia Riwall e del creatore Maël Riwall, i quali, in caso di trasgressione, sono tenuti a pagare una penale pari al doppio del prezzo di vendita stabilito al termine dell'asta».

«Che rischio c'è» le aveva chiesto l'avvocato Millet, «che una pianta identica proveniente dal vostro vivaio venga messa sul mercato?»

«Nessuno» aveva risposto Sylvia.

Ne era sicura. In realtà esistevano un paio di propaggini della camelia Sylviana, non alberi veri e propri, ma arbusti giovani che le arrivavano al ginocchio e non erano ancora mai fioriti. Le piante erano chiuse in una serra blindata, e gli unici in possesso della chiave erano Maël e Gurvan. Sylvia voleva tenerle in ricordo di sua zia. Erano sue, e non sarebbero mai state messe in vendita.

A mezzanotte, ora di pubblicazione dell'annuncio, l'asta sarebbe ufficialmente cominciata. Sylvia aveva fissato la scadenza a due settimane, e in caso di parità gli interessati avrebbero potuto fare le loro ultime offerte. La più alta si sarebbe aggiudicata la Sylviana.

Sentì la porta che si apriva. Maël era tornato a casa.

«Sei ancora al computer?» la chiamò.

Lei spense rapidamente il portatile. Era proprio ora di rilassarsi. Si prospettavano due settimane emozionanti.

Con grande delusione di Sylvia, l'asta ebbe un avvio a dir poco stentato. Un interessato offrì un po' più del prezzo di partenza, e poi non successe altro per tre giorni. Non credeva ai suoi occhi. Soltanto un mese prima un bonsai di Higo era stato venduto a un prezzo esorbitante, sebbene si trattasse di una varietà di camelia molto diffusa e conosciuta da tempo dai collezionisti. L'unica particolarità era la sua forma strana. Proprio non riusciva a spiegarsi lo scarso interesse per la Sylviana.

Dedicò un'intera giornata a frustranti ricerche sui forum, nel disperato tentativo di mettersi in contatto con persone potenzialmente interessate all'acquisto di quello straordinario albero di camelia. E nel frattempo pensava a come ridurre i costi del progetto per il centro visitatori, che diventava di giorno in giorno meno grandioso. L'idea di doverlo significativamente ridimensionare le metteva tristezza.

Solo il venerdì della prima settimana, l'asta sembrò iniziare a movimentarsi. Si era fatto avanti un collezionista del Kuwait che aveva cominciato a battersi con un compratore degli Stati Uniti. E poi erano arrivate in rapida successione alcune offerte dalla Russia che avevano fatto salire il prezzo. Il mercoledì della settimana successiva l'offerta più alta era di centoquindicimila euro. Sylvia era così emozionata che non riusciva a staccarsi dal portatile. Sperava tanto di raggiungere l'obiettivo di duecentomila, anche se sembrava che l'offerente americano e il russo si fossero ritirati. Sylvia si ritrovò di nuovo a fissare uno schermo su cui non succedeva niente.

Il giovedì fu tranquillo, come se la gara fosse ormai decisa. Così, quando accese il computer il venerdì mattina, Sylvia strabuzzò gli occhi. Era spuntato un nuovo offerente, che aveva ingaggiato per tutta la notte un testa a testa serrato con il compratore del Kuwait. A dire il vero le offerte al rialzo erano contenute, ma l'ultima dello sconosciuto collezionista era di centosettantamila euro! Sylvia trattenne il fiato. Mancava pochissimo. Con un po' di fortuna avrebbe raggiunto il suo obiettivo. O almeno ci sarebbe andata vicino.

Il sabato mattina salì in macchina con Maël, portandosi dietro il portatile.

«Hai intenzione di fissare lo schermo per tutto il fine settimana?» le chiese il marito, incredulo. «Stiamo andando al battesimo di Lili!»

Sylvia lo guardò, poi chiuse il computer con un gesto deciso e lo infilò in borsa. «Hai ragione.»

Lui sorrise dell'espressione colpevole della moglie. «Una pausa ti farà bene. Puoi guardare il risultato quando torniamo a casa domani sera, tanto non c'è niente che tu possa fare.»

«Sì, lo so» ammise lei, sentendo la tensione smorzarsi. «Oddio!» urlò quando Maël aveva già acceso il motore. «Mi stavo dimenticando i confetti!»

Balzò fuori dalla macchina e corse nella villa. Sul tavolo della cucina, trovò il cesto con i quarantatré sacchetti di tulle che la sua amica aveva riempito di confetti, come le aveva promesso. Era tradizione che se ne occupassero il padrino e la madrina, omaggiandone gli altri invitati.

«Il regalo l'hai preso?» chiese Maël, mentre Sylvia sistemava il cesto nel bagagliaio della macchina.

«Il ciondolo? Sì, quello l'ho preso.» Per sicurezza cercò a tastoni il piccolo astuccio. Avevano chiesto a un gioielliere di realizzare un pendente a forma di camelia per Lilianne, con il suo nome e la data di nascita incisi sul retro.

«Bene, allora possiamo andare.» Maël sorrise mentre attraversavano il cancello del Jardin aux Camélias.

Quando arrivarono a casa di Veronika e Laurent, l'asta si allontanò in fretta dai pensieri di Sylvia. Dopo dieci minuti la piccola era già tutta contenta tra le braccia di Maël, come se lo avesse riconosciuto.

«Temo proprio che tuo marito sia pronto a diventare padre»

commentò Veronika, mentre le mostrava l'abitino che avrebbe messo alla piccola per la cerimonia.

«Penso di sì» rispose Sylvia, felice. «E ci stiamo provando, ma finora senza risultati.»

A Veronika sfuggì di mano il vestitino pieno di ruche. Guardò sbalordita la sua amica.

«*Tu* vuoi avere un bambino?»

«Sì» rispose Sylvia, un po' a disagio. «Perché dici così? A sentir te sembra una cosa assurda.»

«Ma... non hai mai voluto figli» si giustificò Veronika. «Sei sicura di non esserti lasciata convincere a fare una cosa di cui potresti pentirti? Ci conosciamo da una vita e tu non hai mai espresso il desiderio di diventare madre.»

Sylvia si lasciò cadere su una poltrona azzurra nell'angolo della cameretta di Lili. Sullo schienale imbottito c'era un panno immacolato. Immaginò Veronika seduta lì a cullare e allattare sua figlia. La stanza emanava un inebriante profumo di bambino. Improvvisamente sentì che gli occhi le bruciavano e la gola si stringeva. Disperata, strinse le labbra per bloccarne il tremito. Nemmeno la sua migliore amica si capacitava che stesse cercando di restare incinta.

«Sylvia, che ti succede?» chiese Veronika, allarmata, inginocchiandosi accanto a lei e prendendole la mano. «Non stai piangendo, vero? Oddio, non volevo ferirti! Quello che intendevo è che secondo me non dovresti prendere una decisione così drastica perché Maël è così innamorato di Lili. Non tutte le donne sono portate per la maternità. E tu non hai proprio niente da dimostrare, Sylvia. Volevo dire soltanto questo.» Prese il panno e le asciugò delicatamente gli occhi prima che le si sciogliesse il mascara.

«Comunque, anche se volessi, probabilmente non posso

avere figli» rispose Sylvia, con voce tremante. «Ci stiamo provando già da tre mesi. Forse sono troppo vecchia...»

«Che assurdità» la interruppe Veronika. «Tre mesi non sono niente. E l'età ormai non è più un problema, in fondo sei sotto i quaranta. Guarda me! E considera che faccio una vita molto meno stressante della tua. Forse dovresti prenderti un periodo di riposo...»

«Certo» disse Sylvia, quando si fu ripresa. «Dopo la vendita della Sylviana sarò più tranquilla.»

«Bah» ribatté Veronika, scettica. «A quel punto inizieranno i lavori, non prevedo grande relax. Dovreste andarvene insieme da qualche parte, tu e Maël. Da quando vivi sull'isola non hai mai fatto una vacanza. A parte un fine settimana qui da noi, ma quello non vale.»

«Ma...»

«Niente ma!» la interruppe Veronika. «Se vuoi davvero restare incinta, *devi* rilassarti. Perché non ne approfittate per fare il vostro viaggio di nozze? E non guardarmi come se parlassi arabo. La luna di miele, hai presente? Ti sembrerà strano, ma la gente normale la fa. Io e Laurent, per esempio. Siamo stati nei mari del Sud, ti ricordi?»

Sylvia si rigirò il pezzo di stoffa tra le mani, quasi sovrappensiero. La sua amica aveva ragione, lo sapeva. E sapeva anche che stava parlando per il suo bene.

Improvvisamente dal piano di sotto si sentì il pianto della piccola Lili. *Sembra quasi il lamento di un gatto*, pensò Sylvia con una stretta al cuore. Un attimo dopo si udì la voce di Laurent chiamare sua moglie.

«È l'ora della poppata.» Veronika sospirò e si alzò. «Adesso ti darò una dimostrazione di quanto è piacevole quando tua figlia ti addenta il seno. Poi vedremo se ti sembrerà ancora una prospettiva allettante.» Uscì dalla stanza ridendo e corse al piano di sotto a prendere la bimba.

In chiesa, tenendo in braccio la piccola durante la funzione, Sylvia pensò che era la prima volta in vita sua che si assumeva una responsabilità così grande nei confronti di un altro essere umano. Certo, si era presa un impegno anche con Maël, ma suo marito era un uomo adulto, sapeva badare a se stesso. Niente a che vedere con la creaturina che la fissava con occhi attenti attraverso le pieghe del vestitino bianco, lanciando gridolini di gioia come se al mondo non ci fosse nulla di più bello che contemplare la sua madrina. Lilianne non pianse mai durante la cerimonia. Continuò a fissare incantata la fiamma della candela che bruciava accanto al fonte battesimale e sembrò apprezzare persino l'aspersione di acqua santa sulla fronte. Solo quando il prete pronunciò la benedizione a voce troppo alta anche per i gusti di Sylvia, Lilianne protestò con delle urla disperate che incrinarono appena l'atmosfera festosa. Dopo il rinfresco Sylvia e Maël distribuirono i confetti.

«Conosci il significato di questa tradizione, Sylvia?» le chiese allegro Laurent.

«No» rispose Sylvia, incuriosita. «Pensavo semplicemente che a voi francesi piacesse avere qualcosa di dolce da sgranocchiare.»

«In effetti sì» rise lui, mettendo un braccio intorno alle spalle di Veronika. «Ma non solo, c'è anche una bella leggenda dietro. Pare che nel Diciassettesimo secolo uno scaltro farmacista di Verdun avesse diffuso la voce che tra le proprietà delle mandorle ricoperte di zucchero ci fosse quella di rinvigorire il seme maschile. Una grande trovata pubblicitaria, direi, visto che è ancora in uso.»

«A me sembra più l'invenzione di un dentista per attirare nuovi clienti» disse la moglie. «Ho sempre paura di spaccarmi un dente quando li mangio: lo strato di zucchero è durissimo.»

«Una volta le famiglie nobili commissionavano ai gioiellieri preziosi cofanetti fatti apposta per contenere i confetti» intervenne il padre di Laurent. «Li chiamavano *drageoirs*. Una specie di bomboniera.»

«E sapevate che, secondo alcuni, Luigi X sarebbe morto a causa di un confetto avvelenato dalla sua matrigna?» aggiunse un signore anziano con il viso pieno di rughe. Doveva essere un parente di Laurent.

«Sono tutte idiozie» protestò la moglie. «State confondendo la povera Sylvia con le vostre stupide storie. La realtà è questa: le sette mandorle simboleggiano amore, salute, longevità, fertilità, ricchezza, successo e felicità. Perciò non possono mancare a un battesimo.»

Nel tipico stile francese il pranzo si protrasse fino a sera. Poi gli ospiti iniziarono a congedarsi, e anche per Maël e Sylvia arrivò il momento di ripartire.

«Cerca di rallentare un po', Sylvia» si raccomandò Veronika, abbracciandola stretta. «Inizia a organizzare la vacanza, altrimenti non la farai mai. Ci sarà sempre qualcosa di più importante. Promettimi di prenderti cura di te!»

«Non ti preoccupare» la rassicurò Sylvia. «Te lo prometto.»

«Lo sai che sono capace di venire a controllare se mantieni la parola!»

«Lo so, lo so» ridacchiò Sylvia. «Ma ti dirò, non mi dispiacerebbe per niente. Vieni presto, e portami la mia figlioccia!»

Baciò dolcemente Lilianne sulla testa, annusando per l'ultima volta il suo inebriante profumo. Poi salì in macchina insieme a Maël.

Il fine settimana era stato così rilassante che una volta a casa Sylvia non era nemmeno più sicura di voler controllare subito l'avanzamento dell'asta. Forse si poteva rimandare al lunedì mattina. Se fosse andata male si sarebbe rovinata la serata. Ma la curiosità era troppa.

Persino Maël rimase alle sue spalle, mentre apriva la pagina.

«Anche se non abbiamo raggiunto i duecentomila non è un problema» disse Sylvia, ma non sapeva se stava parlando con Maël o con se stessa, per ridimensionare le sue aspettative e l'eventuale delusione.

Era una di quelle sere in cui internet funzionava male. Non aveva ancora capito da cosa dipendesse. Ci volle un'eternità per caricare tutte le offerte.

Sylvia rimase a fissare la cifra sullo schermo come inebetita, convinta di aver visto male o di essere finita sul sito sbagliato. Ma no, era la loro asta, e quella era l'ultima offerta. Era stata presentata tre ore prima, dopodiché tutti gli altri offerenti si erano ritirati.

Guardò perplessa suo marito, che aveva aggrottato la fronte e osservava allibito il numero sullo schermo.

«È...» disse, strizzando gli occhi, «è davvero *mezzo milione*?»

Lei annuì, senza dire una parola. Era pallida e aveva il cuore in gola. Scorse la pagina per controllare cos'era successo in sua assenza. Evidentemente si era persa un bel po' di azione.

«Si è fatto avanti un nuovo offerente» spiegò, schiarendosi la voce. «Guarda qui, ha fatto la sua prima offerta ieri mattina.» Esaminò un lungo elenco di numeri. «Lo sceicco si è arreso oggi pomeriggio, l'americano due ore dopo di lui. Il russo si era già ritirato ieri sera. Vedi, si sono messi i bastoni tra le ruote a vicenda.»

«E chi è questo offerente così mostruosamente ricco?»

«L'account è portoghese» rispose Sylvia, cliccando sulle informazioni del profilo. «Non è un privato. È una società con sede sull'isola di Madeira. Sociedade Jardim Botânico Quinta Princesa» lesse a voce alta, girandosi poi a guardare Maël. «Quindi la nostra camelia andrà in un giardino botanico, così potranno ammirarla in tanti. Mi piace!»

Maël era sconcertato. «Un giardino botanico con così tanti soldi?» chiese, scettico. «Credimi, conosco tanti responsabili di posti del genere. Ovviamente sono tutti ben felici di ampliare le loro collezioni, ma mezzo milione per una sola pianta?»

«Sì» gli diede ragione Sylvia. «È strano. Ma sembra che sia tutto regolare. Guarda, le garanzie bancarie risultano verificate.»

«Se sei d'accordo posso chiedere a qualche collega. Non ho mai sentito parlare di questo giardino botanico, ma forse non significa niente.»

Rimasero ancora per qualche momento in silenzio a fissare la cifra sullo schermo. *Se è tutto vero ci renderebbe la vita molto più semplice*, si disse Sylvia. Avrebbero potuto chiedere in prestito meno soldi di quanto avevano previsto. Ci sarebbe stato spazio di manovra per altri acquisti importanti. Potevano rimodernare le vecchie serre, forse persino pensare di scavare un altro pozzo...

«Probabilmente sono troppo diffidente» commentò Maël. «In realtà dovremmo festeggiare, no?»

«Non finché l'accordo non sarà concluso» rispose Sylvia, e spense il computer.

Si alzò e abbracciò il marito. Era troppo bello per essere vero. Da brava donna d'affari sapeva di dover chiarire alcuni dettagli prima di poter essere certa che fosse tutto in regola. Ma per quella sera non voleva più pensarci.

«Andiamo a dormire» disse dolcemente Maël, scostandole i capelli dal viso. «È stata una giornata pesante.»

# 3

## Il giardino della principessa

Dalle ricerche di Maël emerse che il Jardim Botânico Quinta Princesa aveva alle spalle una lunga storia. Nel Diciottesimo secolo un nobile portoghese lo aveva fatto costruire per sua figlia Sílvia, appassionata di fiori e in particolare di magnolie. L'attuale direttore del giardino botanico si era interessato all'asta di Sylvia proprio perché ispirato da quel singolare caso di omonimia. Al telefono João Alves Moreira le era sembrato una persona competente e affidabile. Aveva subito chiarito come mai disponessero di simili capitali.

«Abbiamo la straordinaria fortuna di essere finanziati dalla nostra *sociedade*, una specie di gruppo di amici del giardino botanico» le aveva detto il direttore.

Sylvia gli aveva chiesto gentilmente di spiegarsi meglio, e aveva scoperto che era stato uno dei discendenti della principessa, un ricchissimo uomo d'affari che preferiva mantenere l'anonimato, a fornire i mezzi per l'acquisizione di quella meravigliosa camelia.

«Questo signore si è messo in testa di erigere una sorta di monumento vivente alla sua antenata» aveva raccontato il direttore. «Ovviamente siamo ben contenti di esserci aggiudicati l'asta, soprattutto perché al momento non abbiamo tantissime camelie. La nostra collezione è ancora agli inizi.»

Ecco perché Maël non ne aveva mai sentito parlare. Il Jardim Botânico Quinta Princesa era famoso soprattutto per le tante magnolie piantate già secoli addietro e per l'ampia collezione di protee provenienti dal Sudafrica.

Passò un mese, poi, espletate tutte le formalità, l'accordo fu ufficializzato. L'importo sarebbe stato versato su un conto fiduciario in due rate: una prima e una dopo la consegna della pianta. Dopo aver fugato ogni dubbio sull'affidabilità dell'acquirente e firmato il contratto, Sylvia invitò i suoi collaboratori a cena per festeggiare l'eccezionale risultato.

L'atmosfera nel *Ti Bag* era carica di eccitazione e allegria. Solenn aveva preparato un'enorme torta salata con pasta sfoglia e tonno fresco, e Gurvan portò un'intera cassa di sidro. Sylvia aveva appeso alle pareti i progetti per il centro visitatori. Tutti i presenti li avevano già visti, ma in un certo senso sembravano più reali, adesso che erano sicuri di poterli finanziare. I lavori sarebbero iniziati in primavera.

«Avremo bisogno di nuovo personale quando sarà tutto pronto» osservò Gwen. Se si escludeva Pierrick, che viveva e lavorava lì da sempre, era lei la «veterana» del Jardin aux Camélias.

«Sicuro» concordò Sylvia. «Per il bistrot abbiamo già parlato con Iwa. La sua crêperie al porto va a gonfie vele e sua figlia Maylis, che sta per finire l'apprendistato a Nantes, sarebbe ben felice di tornare a casa.»

«Cioè hai pensato a Maylis per gestire il ristorante qui sull'isola?» chiese Coco, entusiasta. «Fantastico! Eravamo compagne di classe. È forte, ci divertivamo un sacco insieme.»

«Invece stiamo ancora cercando una persona per il negozio» disse Solenn. «Se vi viene in mente qualcuno, ogni suggerimento è ben accetto.»

«Che ne dite di Moana, la figlia dei Quéméneur?» propose Gwen. «Non lavora in un negozio di tè a Quimper?»

«Glielo abbiamo già chiesto» rispose Solenn. «Ma sta per avere un bambino e intende prendersi un lungo congedo.»

Sylvia non riuscì a seguire il resto della conversazione. Era passato un altro mese, e ancora non era rimasta incinta. Sapeva di dover essere paziente, ma stava diventando sempre più difficile. Tutte le volte che Veronika le mandava una foto della piccola Lili, che cresceva a vista d'occhio, provava un'ondata di gioia e tenerezza per la figlioccia, ma anche una piccola stretta al cuore.

Però aveva smesso di condividere con gli altri i continui sbalzi d'umore e i momenti di sconforto che le prendevano, di tanto in tanto. Non c'era più niente che potessero dirle. Lo sapeva anche lei: la sua paura non aveva un fondamento razionale. Se era destino che avesse un bambino, prima o poi sarebbe riuscita a concepirlo.

La sua parte razionale glielo ripeteva di continuo. Quella inconscia, però, parlava un'altra lingua. Abituata a essere una donna cinica e accorta, Sylvia detestava sentirsi in balia delle emozioni, ed era decisa a liberarsi di quegli sciocchi pensieri.

Quell'anno i temporali invernali arrivarono prima del solito, e furono particolarmente violenti. João Alves Moreira sbarcò sull'isola poco prima di Natale, quando la Sylviana era in piena fioritura, per ammirare finalmente di persona la meravigliosa camelia.

Il direttore del giardino botanico era un uomo simpatico e tarchiato, con una chierica di capelli grigi sul capo pelato. Si rese subito conto che per il trasporto avrebbero dovuto aspettare il termine della fase di fioritura, quando la linfa vitale si sarebbe ritirata dal fusto e dalle radici, in modo da trasferirla nella sua nuova casa senza correre rischi. Alves Moreira avrebbe dovuto pazientare almeno fino alla fine di febbraio.

Il portoghese fece un giro delle serre insieme a Maël – a cui arrivava a malapena allo sterno – e trascorse qualche ora con lui nel vivaio.

«Vorremmo ampliare la nostra collezione di camelie» annunciò l'ospite quella sera a cena. «Crescono benissimo da noi, abbiamo il clima ideale. Vi piacerebbe venirci a trovare?»

«Certamente» rispose Sylvia. «Se lei è d'accordo, mio marito scorterà la Sylviana a Madeira e vi aiuterà a scegliere il terreno giusto per piantarla. Ci tengo molto che la camelia si ambienti bene lì da voi. Sa, è stata mia zia, che purtroppo è mancata, a chiamarla con il mio nome.»

«Non si preoccupi, è in ottime mani» la rassicurò il direttore in tono solerte. «Apprezzo molto che suo marito voglia venire a darci una mano. Ho capito che per lei non è facile separarsi dalla pianta, ma può venire a trovarla in qualsiasi momento, Madame Riwall. Quando vuole, davvero. Anzi, perché non viene anche lei con suo marito e ne approfittate per fare una vacanza sulla nostra splendida isola?»

Sylvia e Maël si scambiarono un'occhiata complice.

«È un'idea fantastica» rispose lui, entusiasta. «A febbraio festeggiamo sei mesi di matrimonio. Sembra il momento giusto per il nostro viaggio di nozze.»

Sylvia arrossì. Maël ricordava la data del loro matrimonio! Holger, il suo primo marito, si scordava puntualmente ogni anniversario. E non era certo quella la mancanza più grave del loro rapporto. Per fortuna, ormai, quella storia apparteneva al suo passato.

«Che ne dici?» le chiese Maël quando João Alves Moreira li

salutò e si avviò attraverso il giardino per raggiungere la villa principale, dove gli avevano preparato una stanza. «Ti va di accompagnarmi? Ovviamente tu potresti venire in aereo, non c'è bisogno che prenda la nave...»

«Perché no?» lo interruppe lei, su di giri. «Noi due su una nave portacontainer, non ti sembra romantico?»

«Be'» ribatté Maël, ridacchiando. «Hai una strana idea di romanticismo, ma a quanto pare abbiamo un'altra cosa in comune. Io adoro viaggiare in nave. Mi ricorda...» Maël ammutolì di colpo, e la sua espressione diventò impenetrabile.

Sylvia lo guardò, corrucciata. «Cosa?»

«Mio padre» sussurrò, lasciandosi cadere sul bordo del letto, come se fosse sfinito.

Suo marito non aveva mai parlato del padre. Neanche con Solenn, almeno per quanto ne sapesse Sylvia. Rimase in silenzio, in attesa. Anziché bombardarlo di domande, si sfilò le scarpe, si arrampicò sul letto dietro di lui e iniziò a massaggiargli le spalle. Sapeva che a lui piaceva, e si accorse che si stava rilassando.

«Mio padre era un uomo di mare» riprese lui dopo quella che sembrò un'eternità. «E una volta mi portò con lui. Ero molto piccolo, non ricordo quasi niente.»

Si zittì di nuovo. Sylvia continuò a massaggiarlo, accarezzandogli di tanto in tanto la nuca. Maël si abbandonò al suo tocco ed emise un sospiro. Era convinta che non le avrebbe raccontato altro, invece dopo qualche istante il marito ricominciò a parlare.

«Ho pochissimi altri ricordi, sai? Sono confusi, come sfocati. Ho un'immagine di me a cavalcioni sulle sue spalle e di lui che mi porta in giro sulla nave. La sua nave. Mi pare che avesse un cappello bianco con la visiera, quindi sarà stato un ufficiale, forse addirittura capitano. Non lo so. Non sono mai riuscito a parlarne con mia madre.» Si passò una mano sugli occhi. «Era stato divertente. E tornati sulla terraferma avevamo mangiato cozze e patatine fritte.»

Sylvia lo abbracciò e gli diede un bacio sul collo. «Ti piacciono ancora un sacco» commentò, travolta da un'ondata di tenerezza.

Lui sembrava non aver sentito.

«A parte questo non rammento quasi più niente» proseguì. «Riesci a crederci? A volte mi chiedo come sia possibile. Era quasi sempre in mare, ma... avrà avuto delle ferie. Eppure io non ho nessun ricordo di lui. Non è strano?» Sylvia si sporse in avanti e lo guardò negli occhi. Non li aveva mai visti così pieni di dolore. Si chinò e lo baciò. La sua tristezza le spezzava il cuore. «Avevo sette anni quando c'è stato l'incidente. All'epoca le navi non venivano sottoposte a chissà quale manutenzione, erano dei rottami galleggianti. La sua è andata in avaria al largo di Cuba. E lui non è mai più tornato.»

Per un po' rimase immobile tra le braccia di Sylvia. Era così scosso da sembrare non accorgersi della sua presenza. Dopo qualche secondo alzò lo sguardo e le sorrise, accarezzandole la guancia. «Non lo avevo mai raccontato a nessuno» disse, e chiuse gli occhi. «Se avrò un figlio, non lo lascerò mai. Sarò un vero padre per lui, Sylvia, qualunque cosa succeda.»

Quell'ultima frase la turbò. Si rigirò nel letto per ore, incapace di prendere sonno. Mentre accanto a lei il respiro di Maël diventava sempre più profondo e regolare, come se si fosse finalmente liberato di un peso, Sylvia fissava l'oscurità a occhi aperti e ascoltava l'ululato del vento.

*...qualunque cosa succeda.*

Cosa aveva voluto dirle?

A Natale Sylvia poté finalmente godersi la sensazione di non avere nulla di cui preoccuparsi. La sera della vigilia si riunirono tutti a casa loro. Pierrick aveva portato un grosso abete. Rozenn si era presentata con un'enorme scatola di cartone strapiena di addobbi provenienti dal suo laboratorio: angeli, stelle, uccelli, pesci, e una quantità di misteriosi simboli celtici da appendere ai rami dell'albero insieme alle lucine colorate.

Maël aveva preparato una *cotriade*, la tipica zuppa di pesce bretone a base di sgombro, cobite, orata e grongo, il cui aroma si diffondeva in ogni angolo della casa. Rozenn invece aveva cucinato dei granciporri che avevano entusiasmato molto tutti i presenti.

Dopo cena Sylvia offrì agli ospiti dei dolci natalizi tedeschi fatti da Veronika: panpepato, pasticcini alle nocciole, biscotti di pasta frolla con un cuore di marmellata di mirtilli, frollini al burro glassati. L'amica si era persino cimentata con gli *Zimtsterne*, biscotti con mandorle e cannella, a forma di stella, così complicati da preparare che lei non ne aveva mai avuto la pazienza. «Quando diventi madre» le aveva detto al telefono, «ti scopri capace di cose che prima non avresti mai creduto possibili. Ti ritrovi in cucina con l'impasto per i biscotti sparso ovunque, anche tra i capelli. Tutto ciò che prima ti sembrava una perdita di tempo diventa meraviglioso, quando hai un piccolo rospetto che ti guarda estasiato dal seggiolone.»

Mentre addentava una stella, Sylvia si chiese se sarebbe stato lo stesso anche per lei. Per quanto si sforzasse, non riusciva a immaginarselo.

Per il pranzo di Natale vero e proprio si ritrovarono tutti nell'accogliente cucina di Solenn. Come da tradizione, per l'occasione la padrona di casa preparava pesce freschissimo, ma quell'anno si era ostinata a tenere segreta la portata principale.

«Il profumo è ottimo» commentò Sylvia, entrando in cucina. E anche il calduccio era piuttosto piacevole, visto che a causa della pioggia, avevano dovuto percorrere il breve tragitto da casa loro alla villa coperti dalla testa ai piedi da enormi impermeabili di tela cerata.

Maël annusò l'aria. «Penso di aver capito cosa bolle in pentola, Solenn» annunciò. «C'è per caso lo zampino di Brioc? Ha pescato qualcosa di particolarmente succulento per te?»

Solenn sorrise con fare misterioso. «Non solo per me, visto che lo condivideremo tutti. Quest'anno abbiamo da festeggiare.»

Dopo aver alzato i calici per brindare, Solenn estrasse finalmente dal forno un tegame di terracotta fatto da sua sorella e lo posò al centro del tavolo. Gli ospiti erano impressionati: il pesce che campeggiava nella teglia era enorme. Secondo le stime di Sylvia, doveva pesare almeno cinque chili. Era di forma quasi rotonda e al centro, tra le squame argentate, spiccava una grossa macchia nera.

«È un San Pietro» spiegò Maël. «Non è facile da pescare, perché di solito vive a circa duecento metri di profondità.»

«*Mince, alors!* E questo è un esemplare a dir poco gigantesco» disse Rozenn.

«Vero, non ne avevo mai visto uno così grande» rispose la sorella, iniziando a tagliarlo per distribuirne un pezzo a ciascuno. «Spero vi piaccia.»

Era buonissimo! E ce n'era abbastanza da garantire una seconda porzione a tutti.

Al momento del dessert, Rozenn servì un mastodontico tronchetto di Natale, che occupava quasi tutta la lunghezza dell'enorme tavolo di legno.

«Non è di terracotta, vero?» chiese Gurvan, con tono impertinente.

«Non dire sciocchezze!» rispose indignata la ceramista.

Tutti risero. In effetti il dolce di Rozenn, cosparso di funghetti di marzapane e con la farcitura così simile alla corteccia di un albero, era talmente perfetto che sembrava finto.

«Da questo lato è ripieno di crema al cioccolato» spiegò Rozenn, con le guance arrossate, «e da questo fungo in poi, invece, al caffè. *Alors, les enfants!* Che parte volete?»

Sylvia scelse la variante al caffè. Era già sazia, ma non ci si poteva far mancare il *bûche de Noël* di Rozenn. Era una tradizione, e poi la gente del posto era convinta che mangiare quel dolce portasse fortuna.

«Perché proprio un tronchetto?» chiese Sylvia, interrompendo il silenzio solenne nel quale tutti erano sprofondati per gustarsi la propria fetta.

Gurvan e Coco si limitarono a scrollare le spalle, Solenn invece abbassò la forchetta.

«Viene da un'antica usanza precristiana» le spiegò. «Il giorno del solstizio d'inverno, tradizionalmente, veniva abbattuta una quercia o un frassino. Il tronco si teneva da parte e l'anno dopo ognuno degli abitanti del villaggio ne riceveva un pezzo. Il ceppo finiva nel camino e ci restava per tutte le dodici notti.»

«Cosa sono le dodici notti?» si intromise Coco.

«Le notti tra il 25 dicembre e il 6 gennaio. Stando alle leggende, in quel periodo si aggirano sulla terra strane forze. Possono portare benefici o malefici, a seconda di come ci si comporta. Per questo sono nati tanti riti propiziatori, che poi, nei secoli, sono diventati Natale, Capodanno e l'Epifania.»

«Quasi tutte le feste cristiane hanno un'origine pagana» aggiunse Rozenn.

«In quelle notti» riprese Solenn, «secondo la tradizione, bruciando questa particolare legna per il camino, il *bûche*, si tenevano alla larga dalla casa le forze maligne. Le ceneri venivano scrupolosamente conservate e sparse sui campi in primavera. Erano considerate una specie di fertilizzante.»

«E poi il pezzo di legna si è trasformato in un dolce a forma di tronco, il *bûche de Noël*» concluse Rozenn, pulendosi la bocca con il tovagliolo. «Probabilmente perché i caminetti non erano più diffusi dappertutto.»

«Be' noi francesi trasformiamo tutto in cibo.» Maël ridacchiò e si alzò. «Chi vuole un bicchiere di *lambig*?»

Rimasero ancora a lungo seduti tutti insieme al calduccio della cucina, e Sylvia si sentì invadere da un piacevole torpore. Maël parlava con Coco e Gurvan di uno dei loro nuovi innesti: una camelia con i petali gialli cerchiati di arancione. Poi passarono a discutere del trasporto della Sylviana, valutando come imballare le radici e proteggere la chioma dell'albero.

«Abbiamo ancora tempo» disse Maël, abbandonandosi contro lo schienale della sedia. «A giudicare dalla fioritura di questo inverno, dovremo aspettare fino a marzo.»

Nel frattempo avevano deciso di ricorrere al trasporto aereo. Maël non voleva spedirla via mare: tenendo conto anche dello scalo a Lisbona, il viaggio sarebbe durato quasi due settimane. Troppo per una pianta così delicata.

«Sembra quasi che non voglia andarsene» sospirò Coco, con grande sorpresa di Sylvia. La floricoltrice dai capelli color carota e con i piercing al naso e sul labbro superiore non era un tipo sentimentale, di solito. «Continua a fiorire, e guardarla è una gioia per gli occhi. L'hai vista di recente, Sylvia? Devi assolutamente venire. E fare delle foto.»

«Va bene» rispose lei. «Vengo domani mattina.»

E per l'ennesima volta si chiese cosa avrebbe detto zia Lucie della vendita.

«Lucie sarebbe contentissima» disse Solenn. Non era la prima volta che la compagna di sua zia sembrava in grado di percepire quando Sylvia pensava a lei. «Sarebbe fiera del tuo ottimo lavoro.»

«E poi verificheremo con i nostri occhi che a Madeira la accolgano con tutti gli onori» intervenne Maël, posando un braccio sulle spalle di Sylvia. «Ancora non riesco a credere che stiamo per partire. Per ben due settimane!» Sorrise.

«Al vostro viaggio di nozze» brindò Solenn, alzando il calice. «E a un ritorno felice!»

# 4

## Il viaggio di nozze

Sylvia non se ne accorse subito. Era stata impegnata con i preparativi per il viaggio, per non parlare dei continui incontri con Solenn e il capocantiere.

Soltanto quando iniziò a preparare la valigia si rese conto di avere un ritardo di dieci giorni. Il cuore le si riempì di gioia. Fissò le camicie leggere e il vestito primaverile che non aveva quasi mai occasione di indossare sull'isola. L'istinto le suggeriva di lasciare tutto lì e correre subito da Maël a dargli la notizia. Poi però decise di aspettare. Gliene avrebbe parlato a Madeira. Era ancora possibile che si trattasse solo di un ritardo, come le altre volte. Meglio pazientare ancora un paio di giorni e non farsi troppe illusioni.

Detestava l'idea di trasformarsi in una di quelle donne fissate con i bambini, incapaci di parlare d'altro. No, non era da lei. E poi lo aveva detto anche Maël: «Sylvia, la nostra felicità non dipende da un bambino. Se non dovesse arrivare ce ne faremo una ragione».

Eppure le era sembrato di percepire una specie di malinconia nel suo sguardo. Da quando le aveva raccontato della sua infanzia, condividendo con lei i pochissimi ricordi che aveva di suo padre, aveva l'impressione che dentro di lui si stesse risvegliando qualcosa che era rimasto nascosto per tanto tempo. Era straordinario che si stesse schiudendo proprio come una delle sue camelie, che iniziavano a mostrare i primi boccioli a novembre, per poi fiorire completamente molto più tardi.

Sylvia si sforzò di concentrarsi sulla partenza imminente. «È prematuro crogiolarsi nella speranza» disse al suo riflesso nello specchio, con sguardo severo. Eppure restò immobile, in silenzio, ad ascoltare il suo corpo in attesa di un segnale di quella nuova vita che forse stava crescendo dentro di lei.

Ma non sentì nulla.

Ovviamente. Anche se fosse stata veramente incinta, sarebbe stato troppo presto.

Funchal li accolse con una piacevole temperatura primaverile. Sylvia fu costretta a togliersi il giaccone già in aeroporto.

«Tu avviati in albergo» le aveva detto Maël. Lui sarebbe rimasto lì a occuparsi delle formalità doganali e del trasporto dell'imponente cassa dove la camelia riposava come Biancaneve nella sua bara di cristallo, in attesa di essere risvegliata dal sonno una volta raggiunta la sua nuova casa. Sylvia non poteva essergli di grande aiuto, così prese una navetta per raggiungere l'albergo che avevano prenotato su consiglio del direttore del giardino botanico.

L'hotel si trovava nell'edificio di un'ex residenza estiva appartenuta a una famiglia inglese che aveva fatto fortuna con il vino liquoroso – simile al Porto – che prendeva il nome dall'isola. Una delle maggiori attrazioni del luogo, in effetti, erano le cantine in cui si potevano ammirare le immense botti e degustare o comprare i diversi tipi di Madeira: secco, semisecco, dolce o amabile.

L'albergo si trovava su una collina che dominava la capitale dell'isola. Cedendo all'insistenza di Solenn, Sylvia e Maël avevano prenotato una suite con una magnifica vista sulla baia. «Il viaggio di nozze si fa una sola volta nella vita» aveva sentenziato Solenn. Sylvia era felice come una bambina di potersi godere di nuovo il lusso che nella sua vita precedente aveva quasi dato per scontato.

Non si pentiva della scelta di vivere con Maël, anzi. Ogni giorno aveva conferma di aver fatto bene a essersi lasciata alle spalle il passato per seguire il suo cuore. Ma non significava dover rinunciare a qualcosa di bello. Con quello spirito era decisa a godersi il soggiorno in quel posto da favola.

Disfece le valigie e uscì sulla terrazza. Non sapeva bene come impiegare il tempo libero. Non si concedeva una vacanza da molto, e a quanto pareva si era dimenticata cosa voleva dire. Pensò a Veronika. Per tutto il periodo dell'università e negli anni in cui avevano vissuto insieme a Monaco, lei partiva spesso per brevi e lunghi viaggi, invitando anche Sylvia, che però non aveva mai tempo. Oltre a studiare economia aziendale, infatti, aveva preso l'abilitazione come traduttrice certificata dall'inglese, dal francese e dall'italiano. In più aveva dovuto lavorare per mantenersi agli studi. Dopo la morte prematura del padre, sua madre aveva dovuto crescerla da sola, e Sylvia si era ripromessa di non essere un peso. Aveva giurato a se stessa di avere successo nella vita per non doversi ritrovare nelle stesse condizioni di ristrettezze economiche di sua madre. Il risultato era stato una vita irrequieta. L'idea di prendersi un paio di giorni o addirittura una settimana di ferie le era sembrata aberrante.

E adesso avevano due settimane libere. A pensarci bene, era la prima vacanza degna di questo nome che faceva da quando era bambina. Contemplò la città ai suoi piedi, lasciando vagare lo sguardo verso il porto e il mare, e si chiese se sarebbe riuscita a godersela fino in fondo.

Il telefono sul comodino accanto a lei squillò, riportandola alla realtà.

«Sono io» disse Maël. Le bastò sentire il tono della sua voce per capire che andava tutto bene. «La Sylviana è arrivata sana e salva al giardino botanico, ho verificato io stesso» annunciò, sollevato. «Oggi pomeriggio vado a vedere il posto dove pensano di piantarla. C'è già una scavatrice pronta. Lì come va? La suite è di tuo gradimento?»

«È meravigliosa! Ti dico solo che dal letto c'è una bellissima vista sulla baia.»

«*Écoute*, Sylvie» riprese Maël. «Alves Moreira ci ha invitati a pranzo. Per te va bene? Okay, allora prendi un taxi e raggiungici. Passo il telefono alla segretaria, così ti dà l'indirizzo.»

Così, per la gioia di Sylvia, la vacanza iniziò con un pranzo di lavoro. Subito dopo Alves Moreira fece fare loro il giro del parco. Le magnolie erano in piena fioritura, e Sylvia fu colpita dalla grazia e dalla varietà di quelle piante.

«Alcune sembrano quasi camelie» osservò. Maël annuì.

«Per questo penso proprio che staranno bene insieme» commentò il direttore del giardino. «Peraltro il periodo di fioritura delle magnolie inizia proprio quando finisce quello delle camelie.»

«Per alcune specie la fioritura dura anche di più» aggiunse Maël. «La Sylviana è tra queste, ammesso che attecchisca bene in questo terreno.»

«Oh, lo spero tanto!» rispose Alves Moreira, accompagnandoli nel posto che avevano previsto per la nuova arrivata.

Era perfetto: soleggiato, ma non troppo caldo e al riparo dal vento. Intorno a loro si apriva una vista spettacolare sul versante meridionale della costa.

«Che meraviglia» esclamò Sylvia, sollevata. «Me ne starei qui per ore.»

Alves Moreira sorrise soddisfatto. «Si accomodi pure» disse, indicando una panchina con i braccioli di ferro battuto in stile art déco. «Da qui può guardare mentre piantiamo la camelia.»

E così, successe.

*Lucie sarebbe felice*, pensò Sylvia mentre guardava una piccola scavatrice allargare la buca nel terreno secondo le indicazioni di Maël. Le sarebbe piaciuto quel posto.

Anche se il pH del campione di terra fatto analizzare da Alves Moreira era perfetto, Maël versò nella buca un metro cubo del terriccio speciale che aveva fatto mandare settimane prima via mare. Poi l'albero fu puntellato con piccoli sostegni in legno, in modo da dare il tempo alle radici di affondare bene nel terreno.

«Posso accompagnarvi in albergo?» si offrì Alves Moreira, dopo che Maël ebbe personalmente annaffiato la pianta e spiegato al floricoltore come prendersene cura. «Immagino che sarete molto stanchi.»

Lo erano, in effetti.

«Allora, ti piace?»

Maël non sembrava interessato né all'elegante mobilio né al panorama. Le andò incontro e la strinse tra le braccia.

«Non ho la minima idea» le sussurrò all'orecchio «di cosa si faccia in vacanza. Tu lo sai?» Sylvia scosse il capo sorridendo e si avvinghiò a lui. «Forse possiamo farci venire in mente qualcosa» bisbigliò Maël, aprendole la cerniera della gonna.

«Ottima idea» mormorò lei, aiutandolo a spogliarsi.

La divertiva che nemmeno suo marito fosse un grande esperto di vacanze. Ridacchiò mentre le sue labbra le sfioravano il collo e poi il seno. La prese in braccio e la portò sul letto, dove continuò la sua esplorazione, baciandole la pancia e scendendo giù lentamente.

«Ti amo da impazzire» sussurrò stendendosi sopra di lei, i loro corpi l'uno contro l'altro e le mani intrecciate.

Fuori si era già fatto buio quando lei si rannicchiò tra le braccia di Maël, sfinita e felice, con la schiena contro il suo petto. Sentiva il suo respiro sulla nuca farsi sempre più tranquillo e profondo. Mentre lui si addormentava, Sylvia restò a fissare il cielo illuminato dalle luci della città.

*Chissà*, pensò, attraversata da un'ondata di gioia, *forse siamo già in tre.*

La Sylviana ormai era stata piantata, e dopo essere andati al giardino botanico per tre giorni di fila per assicurarsi che tutto filasse liscio, trascorsero il resto della vacanza in pace e tranquillità. Fecero escursioni nei dintorni, cercando gli antichi alberi di camelia disseminati sull'isola di cui aveva parlato loro Alves Moreira. Per la maggior parte del tempo, però, rimasero nella loro suite a farsi le coccole e a raccontarsi episodi delle rispettive infanzie che pensavano di aver dimenticato o a discutere di importanti questioni legate al vivaio per cui non avevano mai tempo nel trantran quotidiano. Sylvia riuscì persino ad annotarsi qualche nuova idea sul taccuino che teneva sempre a portata di mano sul comodino.

All'inizio della seconda settimana di vacanza, si sorprese a calcolare a che punto della gravidanza sarebbe stata, ammesso che fosse davvero incinta. Ma non sapeva da quando cominciare a contare. Una sera Maël le chiese come mai in quei giorni non avesse toccato alcol. Così glielo disse.

«Non sono sicura» aggiunse, sentendosi avvampare, «che ci

sia già motivo di festeggiare. Però... ho un ritardo di quasi tre settimane.»

Lui la abbracciò senza dire una parola. Ma a Sylvia non era sfuggito il luccichio nei suoi occhi.

«Comunque vada» le disse dopo un po', scostandole dolcemente una ciocca di capelli dal viso, «sappi che io ti amo.»

La baciò a lungo. Era emozionato, Sylvia lo sentiva dal modo in cui la accarezzava.

Non andavano spesso a mangiare al ristorante dell'albergo. Preferivano ordinare in camera, perché Maël detestava doversi mettere in tiro, per non parlare dell'obbligo di indossare la cravatta. Il suo ragionamento non faceva una grinza: in vacanza ci si deve rilassare, e di certo non lo si può fare costretti in un abito elegante. E per quanto Sylvia trovasse che gli donavano moltissimo i completi che indossava quando lo invitavano a conferenze e congressi, doveva ammettere di essere d'accordo con lui. L'atmosfera formale di quell'albergo le ricordava fin troppo il suo vecchio lavoro di consulente. In realtà aveva tenuto alcuni dei suoi clienti per rimpolpare le casse del vivaio. Ma più passava il tempo, più trovava difficile allontanarsi dall'isola.

Era diventata stanziale: se qualcuno glielo avesse predetto non ci avrebbe creduto, invece era successo. Aveva finalmente trovato il suo posto nel mondo.

Maël aveva ragione. Era molto meglio mangiare sul letto, con i cuscini dietro la schiena e una vista spettacolare davanti agli occhi. Un'altra scoperta inaspettata, ma proprio per questo ancora più piacevole.

«Ci sarebbe bastata una valigia in due» osservò lui. Era l'ultima sera, un sabato, e si stava facendo il nodo alla cravatta, sospirando. «Guarda lì, tutti quei bei vestiti! Avresti dovuto metterli.»

«Sì, certo, e quando?» chiese Sylvia, contemplandosi allo specchio. Non sapeva se indossare l'abito di lino bianco o quello di cotone blu per la cena con Alves Moreira. «Quale ti piace di più?»

Maël lanciò un'occhiata ai due vestiti. Le venne da ridere. Sapeva che a suo marito non importava niente della moda.

«Sono entrambi molto belli. Scegli quello con cui ti senti più a tuo agio.» Poi aggiunse: «Sei sempre bellissima, a prescindere da quello che indossi».

Si avvicinò a lei da dietro e appoggiò una guancia alla sua. Le cinse la vita, attirandola a sé. Sylvia si strinse a lui, istintivamente. Non sapeva resistergli.

«Maël» sussurrò. «Se non ci fermiamo subito, rischiamo di lasciare Alves Moreira a cena da solo.»

«Dici che sarebbe troppo scortese?» ribatté lui, scostandole i capelli di lato e mordicchiandole dolcemente il collo.

In qualche modo riuscirono a raggiungere il ristorante a un orario accettabile. Anzi, Alves Moreira non era ancora arrivato. Il cameriere aveva appena portato al tavolo una bottiglia di acqua minerale, quando due uomini entrarono nel ristorante. Uno era piccolo e tarchiato. L'altro, una figura alta e imponente, doveva essere l'inglese. Sylvia non credeva ai suoi occhi.

«È per me un grande piacere...» le parole di João Alves Moreira le giunsero alle orecchie come ovattate, «...potervi finalmente presentare il nostro finanziatore, la persona grazie alla quale ci siamo aggiudicati la Sylviana. Sir James Ashton-Davenport, discendente della nostra principessa Sílvia.»

# 5

## L'inglese

«Sono contento di rivederla, signora von Gaden» esordì sir James, prendendole la mano e accennando un inchino. «Come sta? La trovo benissimo.»

L'inglese era alto e slanciato, con sottili fili argentei tra i folti capelli scuri. Gli occhi ambrati la stavano scrutando attentamente.

Sylvia riuscì a riprendere il controllo di sé, ma non poté fare a meno di rabbrividire all'idea che dietro l'acquisto della camelia ci fosse proprio sir James, l'investitore che qualche tempo prima aveva provato a mettere le mani sull'isola per trasformarla in un resort.

«In realtà il mio cognome è Riwall, adesso. Che sorpresa!» le sfuggì. «Posso presentarle mio marito Maël?»

Sir James sembrò accorgersi di lui soltanto in quel momento. Sylvia notò che la sottile ruga tra le sopracciglia dell'inglese si era fatta più marcata. Mentre gli uomini prendevano posto scambiandosi qualche frase cortese e Alves Moreira concordava con il cameriere il menu speciale che sir James aveva intenzione di offrire ai suoi commensali, Sylvia ripensò alla sua visita nella stravagante tenuta dell'inglese, la sera di tre anni prima in cui si era deciso il destino dell'Isola delle Camelie.

Rabbrividì. Sperava con tutto il cuore di non ritrovarsi mai più in una situazione spiacevole come quella. Holger, il suo ex marito, aveva venduto la sua eredità a sir James contro il suo volere. E anche se alla fine Sylvia aveva casualmente ritrovato il testamento perduto di Lucie, nel quale sua zia nominava erede Solenn, sembrava che fosse tutto perduto. La legge era dalla parte di sir James. Erano state le proteste dei bretoni e l'intervento deciso di Sylvia a convincere l'investitore a fare un passo indietro e accettare la risoluzione del contratto. Le condizioni di quell'accordo e la successiva separazione dal marito erano costate a Sylvia tutti i suoi risparmi.

Non le era dispiaciuto doversi disfare di quello che aveva sempre ritenuto importante per iniziare una nuova vita insieme a Maël. Non le capitava spesso di ripensare a quei mesi così difficili, che avevano assunto la consistenza di un brutto, ma ormai lontano ricordo. E di certo non aveva mai messo in conto di incontrare di nuovo sir James, meno che mai a Madeira. Era inconcepibile che ci fosse lui dietro l'acquisto della Sylviana.

La cena andò per le lunghe. Maël, che durante i precedenti incontri con il direttore del giardino botanico aveva sempre chiacchierato tanto, si era chiuso nel suo silenzio cortese e tipicamente bretone. Anche sir James era stato taciturno, fatta eccezione per un paio di domande di circostanza sul Jardin aux Camélias. L'unico a non essersi accorto dell'imbarazzo sembrava Alves Moreira. Sylvia approfittò del suo incessante chiacchiericcio per riflettere sulla situazione.

Erano convinti di aver venduto la loro amata Sylviana a un giardino botanico. Adesso che aveva scoperto che dietro c'era sir James si sentiva tradita, ma sapeva di non potersela prendere con il portoghese. Era evidente che il direttore non avesse la minima idea dei loro trascorsi tormentati.

Sylvia conosceva sir James – si erano incontrati nella sua

tenuta in Cornovaglia – e sapeva che l'inglese non avrebbe mai fatto un investimento del genere senza secondi fini. Mezzo milione di euro per una camelia, per quanto unica e straordinaria, non erano un'inezia. Cosa stava tramando?

Prima del dolce, Sylvia raccolse il coraggio e glielo chiese. «Posso sapere cosa l'ha spinta a finanziare l'acquisto della Sylviana?»

Per un attimo al tavolo regnò il silenzio. João Alves Moreira alzò lo sguardo, infastidito.

Ashton-Davenport le rivolse il suo sguardo penetrante e sorrise, come se avesse atteso quella domanda per tutta la sera. «È lampante, mi sembra» rispose, e a Sylvia sembrò che i suoi occhi sprizzassero scintille. «La mia bisnonna, ovvero la principessa a cui è intitolato il giardino, si chiamava come lei. E la camelia porta il nome di entrambe. Non credo ci sia bisogno di altri motivi.»

Sylvia era perplessa. Provò a guardare Maël, che sedeva immobile e con un'espressione impenetrabile, come se non avesse nemmeno sentito le parole dell'inglese. Un attimo dopo si scusò e sparì in bagno. I loro ospiti non lo degnarono di uno sguardo. Sir James fissò Sylvia con i suoi occhi di ghiaccio, e lei ripensò a quando, nella tenuta dell'investitore, l'aveva guardata esattamente allo stesso modo.

Avevano cenato in una specie di serra tropicale, circondati da uccelli e farfalle svolazzanti. A un certo punto un'enorme farfalla blu le si era posata sulla mano. Ne era rimasta incantata, ma un secondo dopo quella meraviglia si era lanciata contro la fiamma della candela, precipitando poi senza vita sulla tovaglia. Lo sguardo interessato e al tempo stesso distante di sir James l'aveva fatta sentire una specie di cavia da laboratorio.

Cosa voleva sapere? A che gioco stava giocando questa volta?

La mano calda di Maël sulla sua la riportò bruscamente al presente. Non si era accorta che era tornato. «Vogliamo andare?» le chiese, affettuoso.

«Sì» disse lei, sollevata. «È già tardi. È stata una serata molto interessante, grazie. Ci scuserete, ma domani ci aspetta un lungo viaggio.»

«Naturalmente» rispose sir James, facendo un cenno al cameriere.

«Il signore ha già pagato, sir» spiegò il maître, accorrendo rapido da loro e accennando a Maël, che nel frattempo stava aiutando Sylvia a indossare il soprabito.

Sir James sembrava irritato. La ruga tra le sue sopracciglia adesso era così profonda da assomigliare a un taglio. Sylvia notò che suo marito, invece, stava sorridendo per la prima volta da quando si era seduto a tavola con l'investitore.

«Avresti venduto lo stesso la camelia a questo giardino botanico se avessi saputo chi c'era dietro?» le chiese Maël in taxi.

«No» rispose Sylvia. «E spero di non dovermene pentire.»

Fissò pensierosa le luci di Funchal mentre l'auto si inerpicava sulla collina del loro albergo.

«Perché dici così?» indagò Maël. «Cosa può fare?»

Sylvia restò in silenzio, immersa nei suoi pensieri. Poi alzò le spalle. «Non lo so nemmeno io. È solo che... ho un brutto presentimento. Non mi piace quel tipo.»

«A lui invece tu piaci un sacco.»

Sylvia lo guardò stupita. «Io?» chiese, incredula. «Ma no, mi odia. Gli ho portato via l'isola. Come ti viene in mente una cosa del genere?»

«Ho visto come ti guardava. E non ha apprezzato la novità che sei sposata.» Rise e le passò un braccio intorno alle spalle.

Poi tornò serio. «E poi non gli hai portato via l'isola. È stato lui a rinunciare.»

«Perché dopo tutte quelle proteste non gli avrebbero mai permesso di costruire l'hotel.»

«Io invece penso che avrebbe trovato il modo, ma tu lo hai convinto a fare un passo indietro.»

Rimasero in silenzio per il resto del tragitto. Sir James si sarebbe potuto imporre? Il processo sarebbe andato avanti per anni e la cattiva pubblicità sulla stampa gli avrebbe causato più danni che rinunciare all'isola. Quell'uomo era uno stratega. Sylvia sapeva come ragionavano gli imprenditori come lui, erano anni che lavorava per uomini del genere. Dietro ogni azione c'era uno scopo preciso. Anche dietro l'acquisto di una camelia.

Sylvia dormì male l'ultima notte della loro vacanza. Continuava a risvegliarsi da incubi confusi di cui non ricordava i dettagli, ma era certa che avessero a che fare con l'inglese.

L'indomani, guardando l'isola di Madeira scomparire in una coltre di nubi dal finestrino dell'aereo, Sylvia riuscì a liberarsi dei fantasmi della notte appena trascorsa. La Sylviana aveva trovato la casa perfetta. E se Ashton-Davenport era disposto a spendere mezzo milione di euro per possedere una cosa che era appartenuta a lei e portava il suo nome, le andava bene così. Forse Maël aveva ragione. Magari sir James non era un mostro come pensava e forse gli era persino dispiaciuto che lei avesse dovuto pagare un prezzo così alto per salvare l'isola. Si era lambiccata il cervello per tutta la notte senza che le venisse in mente un solo modo in cui l'inglese potesse danneggiarli. E se anche Maël aveva ragione sulle mire dell'inglese nei suoi confronti, ormai sapeva che era sposata. Quindi il capitolo si poteva considerare chiuso.

Maël le prese la mano e la accarezzò dolcemente. «Stai bene?» le chiese, preoccupato.

«Sì» rispose lei, sorridendogli. Quanto la conosceva bene! Si abbandonò contro lo schienale e chiuse gli occhi, più tranquilla.

Era felice di tornare a casa, soprattutto perché la primavera sembrava essersi decisa ad arrivare anche in Bretagna. Sulla terraferma soffiava un vento mite. Sylvia abbassò i finestrini della macchina e, mentre guidavano verso sud da Brest, inspirò i profumi dei campi che si risvegliavano dopo il sonno invernale, dell'erba fresca e dei boschi. Proprio mentre attraversavano la passerella il sole squarciò le nuvole, inondando il paesaggio di un'irreale luce dorata.

«Non era poi così male, no?» disse Maël, rompendo il silenzio. La guardò ridendo sotto i baffi.

«Cosa?»

«Essere in vacanza!»

Sylvia gli diede un'affettuosa pacca sulla spalla e scoppiò a ridere. «In effetti, potremmo anche abituarci» commentò. Poi tacque, assorta. Pensò a quanto le era piaciuto passare ogni secondo insieme, senza che nessuno dei due dovesse correre da qualche parte per un impegno urgente. Non avevano discusso nemmeno una volta. «Forse dovremmo cercare di prenderci un giorno libero di tanto in tanto» propose Sylvia, pensierosa. «Un giorno tutto per noi.»

«Potremmo fare come in albergo: attacchiamo un cartello NON DISTURBARE alla porta.»

«Hai ragione, avremmo dovuto rubarne uno!» Risero entrambi all'idea di cosa avrebbero detto gli altri. «Solenn capirebbe» assicurò Sylvia.

«Tutti capirebbero» sentenziò Maël, convinto. «Se non ci riusciamo è soltanto colpa nostra, Sylvie. Quindi, mi dichiaro favorevole al cartello. Lo appendiamo alla porta tutte le domeniche. Soprattutto quando nascerà il bambino.»

Tenne il volante con la mano sinistra, e con la destra strinse quella di Sylvia, accarezzandola dolcemente. Rimasero così, silenziosi e felici, fino alla fine della passerella. Poi Maël svoltò in direzione della villa. Nel parcheggio per i visitatori fuori dalla parete di cinta c'era qualche macchina. Maël non attraversò il cancello principale che conduceva al cortile interno, ma seguì un sentiero stretto e poco visibile che costeggiava la parete fino a un cancello in ferro battuto alle spalle della vecchia rimessa per le barche.

Non ne avevano parlato, ma concordavano entrambi di aver bisogno di un momento prima di rituffarsi nel trantran quotidiano dell'isola. Avrebbero disfatto i bagagli e si sarebbero riposati prima di andare a cena da Solenn.

Sul tavolo della cucina troneggiava un vaso di ceramica fatto da Rozenn, il preferito di Sylvia. Dentro c'erano un paio di rami di camelia, varietà *Santarelli*, che stava fiorendo proprio in quel periodo. Su un lato del vaso era stato appoggiato un bigliettino.

*Bentornati a casa!*
*La cena è alle sette, come sempre.*
*Solenn*

«Vieni» disse Maël, prendendola per mano. «Lasciamo i bagagli e facciamo una passeggiata fino alla scogliera.»

Capì subito dove voleva andare. Si sarebbero inerpicati su per una collina rocciosa dove, in qualunque stagione dell'anno e in qualunque condizione atmosferica, si abbattevano onde spaventose. Da lì, un piccolo sentiero visibile soltanto a chi lo conosceva scendeva fino a una piscina naturale, diversi metri al di sotto delle onde fragorose. Maël l'aveva portata lì la prima volta che era stata sull'isola, e lì avevano fatto l'amore. Da allora era il loro posto speciale. Sylvia rinunciò subito al proposito di distendersi a letto per recuperare un po' del sonno arretrato. Si infilò un paio di scarpe chiuse e seguì Maël nel giardino dell'Isola delle Camelie.

Le bastò inspirare la frizzante brezza marina per sentirsi rinfrancata. Il vento spazzò via la sua stanchezza, e i colori scintillanti del mare e del cielo la lasciarono a bocca aperta, come sempre. L'avvallamento protetto dalle folate profumava di erba e terra. Le ginestre in fiore formavano macchie gialle sul tappeto viola intenso di erica. I gabbiani sfrecciavano nel cielo, tuffandosi in picchiata tra le onde in cerca di prede.

Sylvia dimenticò tutte le sue preoccupazioni. Madeira le era piaciuta, ma al mondo non c'era un posto più bello dell'Isola delle Camelie. Almeno per lei.

Maël l'aveva preceduta e la aspettava nel punto più alto dell'isola. Il modo in cui la guardava fece accelerare il battito del suo cuore, come se stesse per esplodere dalla felicità.

*Come si può amare così tanto una persona?* si chiese, sentendosi tremare le ginocchia. *Com'è possibile essere tanto felici?*

Maël le porse una mano per aiutarla a scalare l'ultimo tratto, poi la abbracciò, stringendola a lungo.

Sylvia avrebbe voluto che quel momento durasse per sempre. Ma a un certo punto furono costretti a staccarsi. Il cielo si rifletteva negli occhi di Maël, le sue guance erano arrossate, il viso rilassato. La prese di nuovo per mano e ricominciò a camminare.

Dopo qualche centinaio di metri, però, si fermò di colpo. Strinse più forte la mano di lei. Sylvia gli rivolse uno sguardo interrogativo. Teso, Maël fece un cenno verso la scogliera. Aveva gli occhi stretti a fessura, il fiato corto.

Davanti a loro, non lontano dal punto in cui si trovavano, si stagliava una figura solitaria. Era una donna, questo si capiva. Indossava una gonna corta assolutamente inadatta al clima e degli stivali col tacco alto. Un lungo scialle svolazzava alle sue spalle come una bandiera al vento.

«È una turista» provò a indovinare Sylvia. «Deve essersi persa. Vieni, andiamo a dirle come tornare indietro. Non vorrei che cadesse giù dalla scogliera.»

Maël non reagì. Continuò a fissare la sconosciuta con le sopracciglia aggrottate, stringendo la mano di Sylvia così forte da farle male. Poi si girò di scatto. «Vieni» disse, trascinandola via con lui.

Sylvia era così allibita che non gli chiese nemmeno cosa gli fosse preso. Non era da lui comportarsi così. Qualcosa doveva averlo fatto arrabbiare. Ma cosa?

Quando si furono allontanati abbastanza da non vederla più, Sylvia si fermò. «Maël, cosa ti prende? La conosci?» La possibilità non le aveva nemmeno sfiorato la mente, e si sorprese di averlo chiesto.

«Spero di no» rispose lui, allontanandosi e avviandosi a grandi passi verso il Jardin aux Camélias, come se stesse scappando da qualcosa.

Mezz'ora prima dell'orario convenuto per la cena, mentre percorreva il sentiero in ghiaia diretta alla villa per dare una mano a Solenn, Sylvia incontrò una sconosciuta che indugiava indecisa accanto a una Peugeot nera con i finestrini oscurati. Era arrivata quasi fino alla porta della villa, nonostante una serie di cartelli pregassero i visitatori di lasciare le macchine nel parcheggio a loro riservato. Era giovane, probabilmente sotto i trent'anni. Indossava una gonna corta e un cappotto che sembrava casual, ma a giudicare dalla qualità della stoffa doveva essere costato una fortuna. Teneva le braccia strette intorno al corpo scosso dai tremiti e aveva l'aria spaesata.

«Posso aiutarla?» chiese Sylvia, cordiale. La ragazza si avvicinò. Non era truccata, aveva una carnagione chiara e occhi bellissimi, leggermente a mandorla e di un castano intenso. Sembrava a disagio. «Venga dentro» la esortò Sylvia, indicando la porta della cucina di Solenn. «È tardi, il vivaio chiude tra mezz'ora, ma se mi dice come posso aiutarla...»

La ragazza si scostò una ciocca di capelli dal viso e voltò le spalle a Sylvia. «Temo di non essere la benvenuta qui» disse, con voce tremante.

«Ma no» si affrettò a rispondere Sylvia, avvicinandosi gentilmente alla sconosciuta. «Tutti i nostri ospiti sono i benvenuti. Cosa la porta qui da noi?»

Aveva la vaga sensazione che non fosse venuta per le camelie. Ma per cosa, allora?

«Chi è lei?» chiese l'altra, fissandola con sprezzo. «Un'impiegata?»

Sylvia aggrottò la fronte, sorpresa. Non avrebbe dovuto farla lei quella domanda? Decise comunque di restare cortese.

«Sono Sylvia Riwall.»

«La sorella di Maël?»

«No, sua moglie. E con chi ho il piacere di parlare?»

La ragazza non rispose. Sgranò gli occhi e Sylvia ebbe la netta impressione che fosse diventata più pallida di quanto già non fosse. Poi distolse lo sguardo. Fissò indecisa la macchina, come se nascondesse un segreto. Di colpo Sylvia capì che doveva essere la stessa persona che avevano visto poco prima sulla scogliera. La figura davanti alla quale Maël era scappato come se avesse visto un fantasma.

«Io sono Chloé» rispose, come se il nome fosse sufficiente a chiarire tutto. Si girò di nuovo verso Sylvia. «Devo parlare con Maël. Può dirglielo, per favore?»

Fece un solco nella ghiaia con il tacco degli stivali, evitando di proposito lo sguardo di Sylvia. Evidentemente stava aspettando che andasse a chiamare Maël. Sylvia avvertì improvvisamente una vaga sensazione, come il presentimento di un pericolo indefinito.

«Che ci fai qui?»

Maël uscì dall'ombra di un albero di camelia. Per qualche motivo a Sylvia venne in mente che la donna si trovava nel punto esatto in cui, la mattina del loro matrimonio, avevano ballato abbracciati mentre il sole sorgeva. Adesso un banco di nuvole scure gettava un'ombra minacciosa sul cortile. Rabbrividì.

«*Salut*, Maël» ribatté lei. A Sylvia parve che la ragazza si stesse sforzando di nascondere un tremito nella voce. «Devo parlarti di una cosa importante. In privato.»

«Non riesco a credere che tu abbia il coraggio di presentarti qui dopo tutti questi anni» disse Maël, gelido. «Non sei la benvenuta, Chloé. Chiaro?»

La ragazza scoppiò in una risata amara.

«Gliel'ho già detto anche io.» Solenn era uscita dalla villa, con le mani sui fianchi.

«Allora faresti meglio a darci retta e sparire» continuò Maël. «Lo hai già fatto, no? Vattene e basta. E non tornare più.»

A quelle parole, Chloé chinò leggermente il capo. Fu un movimento impercettibile, più che vederlo Sylvia lo avvertì. E provò compassione per la ragazza.

«Maël» disse, rivolgendosi a suo marito. «Perché non...»

«Lascia stare» la pregò lui. «Questa persona non merita la tua gentilezza.»

Chloé si girò e fece un paio di passi in direzione della Peugeot. Raggiunta la macchina si fermò e si voltò un'ultima volta verso Maël. Sembrava che le stesse costando uno sforzo enorme. «Dovresti conoscermi abbastanza da sapere che non sono venuta qui per piacere» disse. Sylvia si rese conto, turbata, che Chloé riusciva a stento a trattenere le lacrime. «Per favore. Possiamo parlare un attimo da soli?»

Maël cinse con un braccio le spalle di Sylvia. «Qualunque cosa sia, puoi dirla anche davanti a mia moglie.»

Chloé spostò lo sguardo da lui a lei. Sembrava in dubbio, poi la sua espressione si indurì. «Sono venuta a presentarti una persona, Maël. Ti aspetta in macchina.»

«Allora può continuare ad aspettare. Non mi interessa conoscere nessuno.»

La ragazza serrò le labbra e chiuse gli occhi. Poi si avvicinò all'auto e aprì la portiera.

«Vieni, Noah» disse, rivolta verso l'interno dell'abitacolo.

Dalla macchina uscì un bambino. Aveva circa sette anni e teneva in mano uno smartphone. Doveva averlo interrotto mentre giocava o guardava un video. Un po' a disagio, fissò il gruppo di estranei con i suoi grandi occhi verde-azzurro.

«Questo è Noah» annunciò Chloé, mettendo entrambe le mani sulle spalle del piccolo e spingendolo dolcemente verso Maël. «Tuo figlio.»

# 6

## Il figlio

Per un istante a Sylvia sembrò che il suo cuore stesse per fermarsi. Scrutò il bambino, e malgrado ogni singola fibra del suo corpo si rifiutasse di credere a ciò che aveva sentito, bastava guardarlo per capire che era tutto vero. Noah aveva gli stessi occhi di Maël, i suoi capelli scuri e ribelli, la stessa fossetta sul mento, la stessa bocca. Poi il bimbo si liberò dalla stretta della madre e corse veloce come un fulmine verso il cancello.

Il primo a reagire fu Maël, che gli andò dietro, mentre Solenn si avvicinava a Chloé come se volesse schiaffeggiarla. All'ultimo momento, però, riprese il controllo e si fermò, ansimando.

«Non te lo permetterò» sibilò la bretone a denti stretti. «Se pensi di potergli anche appioppare un figlio, dopo tutto quello che gli hai fatto, allora non mi conosci proprio!»

«Non può venire meno ai suoi doveri» ribatté lei, caparbia. «E tu non puoi farci niente, Solenn.»

In quel momento tornò Maël, tenendo stretto il bambino. Noah stava tentando disperatamente di divincolarsi, agitando le gambe con tutte le sue forze. Era terrorizzato. La madre non lo aveva preparato a quell'incontro?

Maël mise giù il piccolo, con cautela, gli posò la mano sinistra sulla nuca e la destra sulla pancia. Gli sussurrò qualcosa in tono calmo. E Noah si rilassò di colpo.

«Vuoi tornare in macchina?» gli chiese poi, con dolcezza.

Lui annuì, distogliendo lo sguardo. Maël aprì la portiera e lasciò che si arrampicasse all'interno. Prima di richiudere, il bambino si girò un'ultima volta verso di lui. «Tu non sei mio padre» disse, in tono ostile.

«Se lo dici tu» rispose Maël, senza perdere la calma.

«No!» gridò più forte Noah, evidentemente insoddisfatto della sua reazione. «Non lo sei. Il mio papà è a Parigi!» Poi sbatté la portiera e abbassò la sicura.

Maël rimase fermo per un istante a contemplare il finestrino oscurato. Sylvia provò una fitta al cuore a vederlo così confuso e spaesato. Voleva correre da lui e stringerlo tra le braccia, ma i pochi metri che li separavano somigliavano sempre più a un abisso insormontabile.

«Perché non mi hai mai detto niente?» chiese Maël in un tono che Sylvia non gli aveva mai sentito usare prima. Ferito, confuso, ma anche addolorato. «Quanti anni ha Noah? Sette? Mi hai piantato in asso otto anni fa mentre eri incinta di mio figlio e adesso ti presenti qui così? Ho un bambino di sette anni e non ne sapevo niente?»

Maël si era avvicinato a Chloé, parlando a voce sempre più alta. All'ultima frase stava gridando. Lei si ritrasse e distolse lo sguardo. Si strinse di nuovo le braccia intorno al corpo, come per proteggersi.

«È una storia lunga» disse. «Ho freddo, non possiamo parlarne dentro?»

«No» ribatté Maël, glaciale. «Rispondimi. Perché non mi hai detto niente?»

Sylvia non riuscì più a trattenersi. Si avvicinò a Maël e gli posò dolcemente una mano sul braccio.

«Maël» sussurrò, quasi sorpresa di essere tanto tranquilla.

«Vieni, andiamo dentro. Bisogna parlarne con calma. In fondo si tratta di...»

Non riuscì a finire la frase. Già, di cosa si trattava? D'istinto, si portò la mano sul ventre. Noah era davvero... Chiuse gli occhi, si costrinse a inspirare, per scacciare il turbinio di pensieri che la stava assalendo. Bisogna prima analizzare la situazione, ripeteva sempre ai suoi clienti. Andare nel panico, prendere decisioni affrettate e agire di conseguenza non portava a niente di buono. La crisi andava affrontata: in quella macchina c'era un bambino, sconvolto e confuso dalle azioni degli adulti che gli stavano intorno.

«Chloé, per favore, di' a tuo figlio di uscire dall'auto. Non può restare seduto lì al buio. Andiamo dentro» si sentì dire con voce ferma, come se avesse impostato il pilota automatico. «Così parliamo con calma di questa... cosa.»

Incrociò lo sguardo di Solenn e ammutolì. *Sei completamente impazzita?* sembrava che volesse dirle. Ma che altra scelta aveva? Se Chloé fosse stata sola l'avrebbe cacciata senza pensarci due volte. Ma c'era anche Noah. Quella sconcertante novità si stava facendo strada nella sua mente. Maël aveva già un figlio. Il figlio che desiderava tanto esisteva già. E non era lei la madre.

Il piccolo si rifiutò di scendere dall'auto, neanche fosse una specie di fortino. Si era barricato dentro e stringeva la cintura di sicurezza come se ne andasse della sua vita. Chloé provò a parlargli per tranquillizzarlo, ma lui continuava a ripetere: «Voglio andare a casa! Per favore, *maman*, perché non torniamo a casa? Non voglio stare qui!».

«Lascialo in pace» si intromise Maël dopo un po'. «Solenn, per favore, portagli una coperta. Onestamente, al suo posto non vorrei uscire nemmeno io.»

Nella stanza adiacente all'ufficio faceva un insolito freddo. Sylvia rabbrividì. Le lampade al neon illuminavano impietosamente i cerchi scuri sotto gli occhi che Chloé aveva coperto con il trucco. Sylvia notò che aveva lo stile della perfetta parigina: vestiti casual ma di marca, la proverbiale aria di superiorità che continuava a ostentare nonostante tutto. Si sedette sul bordo della sedia indicatale da Sylvia, mentre Maël si appoggiava con la schiena alla porta, incrociando le braccia sul petto.

Sylvia prese l'iniziativa. «Per iniziare potresti presentarti, Chloé. Se non sbaglio non ci siamo mai viste prima.»

«Non ti sbagli infatti» intervenne Maël. «Io e Chloé siamo stati insieme per tre mesi, anni fa. Poi lei è scomparsa. Questo è tutto.»

«*Otto* anni fa» precisò Chloé. «E non è colpa mia se per te era più di un flirt estivo. All'epoca non mi era nemmeno passato per la testa che un giorno... voglio dire, che ci saremmo incontrati di nuovo un giorno. Ma visto come stanno le cose...»

«Ecco appunto, come stanno le cose?» si intromise Sylvia, nel tentativo di mettere chiarezza nella situazione. «Noah dice di avere già un padre.»

La donna serrò le labbra e fissò lo sguardo sulle mani, che teneva intrecciate sul tavolo.

«Ho sempre pensato che fosse di Alain» disse alla fine. «Quando ho scoperto di essere incinta non mi ha nemmeno sfiorata il pensiero che potesse essere di un altro. Ero già tornata a Parigi da tempo... e ovviamente ho dato per scontato che il bambino fosse del mio ragazzo.»

«Avevi un ragazzo e non mi hai detto niente?» sbottò Maël. L'amarezza nella sua voce spaventò Sylvia.

Era possibile che ne soffrisse ancora? Era passato così tanto tempo. Provava ancora qualcosa per Chloé?

«*Écoute*, Maël» gli disse, come se lui avesse sollevato un'obiezione sciocca. «Cosa avrei dovuto dirti? La nostra è stata un'avventura, tutto qui, e non puoi certo dire che non ti sia piaciuta.» Sorrise, sicura di sé, con troppa sufficienza. Sylvia si sentì contorcere le viscere.

«Hai fatto crescere mio figlio a un altro.» Maël serrò i pugni.

«Ma non potevo sapere...»

«Non provare a mentirmi.» Maël non la lasciò finire. «Ti conosco, anche se ci siamo frequentati solo per poco tempo. Me ne accorgo se dici una bugia.»

«*Je m'en fous*» ribatté Chloé, sollevando il mento con aria di sfida. «Pensa quello che vuoi, non importa. Noah è tuo figlio, e devi assumerti le tue responsabilità.» Guardò Sylvia negli occhi per la prima volta. La sua espressione non era esplicitamente ostile, sembrava più che altro curiosa di vedere come avrebbe reagito alle sue parole. Sylvia resse il suo sguardo, anche se si sentiva sempre più a disagio. Desiderava così tanto dare un bambino a suo marito. E all'improvviso tornava dal passato di Maël questa specie di arpia con un figlio suo. «Ebbene» continuò Chloé, rivolta a Maël, «mi dispiace se questa cosa sconvolge i tuoi piani. *C'est la vie, n'est-ce pas?* Così è la vita, mio caro.»

«Ma perché adesso?» insistette Maël, inferocito. «Perché hai deciso di venire ora? È finita con questo Alain, o è successo qualcos'altro per cui ti sei ricordata di me?»

La donna si incupì, come se le avessero tirato un ceffone. Abbassò le palpebre. Sembrava stanca. «Voleva a tutti i costi un altro bambino» si rassegnò a dire. «Noah non doveva essere figlio unico, diceva sempre così. Ma non riuscivamo a concepirlo. Così Alain ha avuto la fantastica idea di fare degli accertamenti.» Chloé stava fissando le pareti a cui erano attaccati i progetti per il centro visitatori, ma Sylvia non era sicura che li vedesse davvero. «E ha scoperto di essere sterile. Ecco spiegato come una vita può andare a rotoli da un momento all'altro.»

Seguì un lungo silenzio, interrotto soltanto dal ronzio delle lampadine al neon. Il vento riprese a soffiare intorno alla villa, ululando. Sylvia pensò al bambino in macchina e provò pena per lui. Tutto il suo mondo era stato stravolto dalla leggerezza di sua madre. Una madre che aveva mentito a se stessa e agli altri.

«Faremo un test di paternità» dichiarò Maël, glaciale. «E se dovesse risultare positivo ti porterò via Noah. Posso giurartelo.»

Chloé lo osservò con un piccolo sorriso beffardo. Poi alzò le spalle.

«Ma lui *è* tuo figlio» disse, alzandosi. «E io sono sua madre. Quanto a tutto il resto, vedremo.» Lanciò a Sylvia un'occhiata indecifrabile, e le disse: «Non voglio litigare. E avrei preferito di gran lunga non dover venire qui, ma non potevo fare altrimenti». Poi si avvicinò a Maël, guardandolo negli occhi. Anche se era molto più alto di lei, Chloé non sembrava intimidita. Al contrario, appariva forte e sicura di sé.

«Dove pensi di andare?» chiese lui, furioso.

Chloé estrasse un biglietto da visita dalla borsa e glielo passò. «Questo è il mio numero. Siamo alloggiati sulla terraferma, a casa di papà. La strada la ricordi ancora, vero? E adesso fammi passare, è ora di mettere a letto tuo figlio.»

Ripensando a quella serata, tempo dopo, Sylvia non riusciva a spiegarsi come fosse sopravvissuta alla cena. Per fortuna Coco, Gurvan e gli altri aiutanti erano già andati via quando lei e Maël entrarono nella cucina che profumava di *galettes* e ragù. Oltre alla padrona di casa, a tavola li aspettava Pierrick, con un bicchiere di liquore alle erbe fatto in casa da lui che aveva stappato per festeggiare il loro ritorno dal viaggio di nozze.

Il viaggio di nozze. Sylvia sospirò. Al loro rientro da Madeira, soltanto poche ore prima, la sua più grande preoccupazione era l'inatteso incontro con sir James. Adesso le sembrava tutto irrilevante rispetto alla comparsa di quella orribile donna nelle loro vite.

«Te l'avevo detto da subito che era una stronza» disse Solenn, mentre andava a riscaldare il ragù.

Sylvia si era augurata che lo lasciasse in pace. Mentre si spostavano in cucina, aveva cercato di parlare con lui della situazione, ma era stato inutile. Maël si alzò e uscì senza salutare, sbattendosi addirittura la porta alle spalle.

«Lascialo stare» le consigliò Solenn, vedendola alzarsi da tavola per corrergli dietro. «È meglio se resta da solo per un po'. Raccontami della Sylviana. È andato tutto bene? Dove l'hanno messa?»

Sylvia tornò a sedersi, titubante. Non aveva mai visto Maël in quello stato. Era veramente la cosa migliore lasciarlo in pace? Si sentì raccontare – quasi come se la sua voce non le appartenesse – del giardino botanico, del posto spettacolare assegnato alla Sylviana, e dell'antichissimo albero di camelia in cui si erano imbattuti durante una gita. Non riusciva a capacitarsi di quante cose fossero successe nelle ultime ore. E poi c'era qualcos'altro. Una leggera pressione nel basso ventre, dapprima impercettibile e poi sempre più forte, un dolore che si attenuava per poi riassalirla all'improvviso.

Quando finalmente tornò a casa, Maël si era già messo a letto. Tese l'orecchio per ascoltare il suo respiro ma, nonostante avesse la netta sensazione che fosse ancora sveglio, quando lo chiamò lui non rispose. Si svestì facendo meno rumore possibile e andò in bagno a farsi una doccia. Mentre l'acqua scorreva, notò con sollievo che la strana sensazione al basso ventre era scomparsa. Ma contava ancora qualcosa che fosse incinta, adesso che c'era anche Noah?

Sylvia si richiamò all'ordine. Se Noah era davvero figlio di Maël, allora sarebbe stato il benvenuto in casa loro. Ma ovviamente sapeva che non si poteva portar via un bambino a sua madre come se nulla fosse. Cosa pensava Maël? Che Chloé glielo avrebbe lasciato senza combattere? Impossibile. Nessuna mamma lo farebbe. Ma quindi cosa voleva quella donna? Se questo Alain era uscito dalla sua vita era probabile che avesse bisogno di soldi. Cos'altro?

Sylvia chiuse l'acqua e si avvolse stretta nel suo morbido asciugamano. Poi si infilò il pigiama e tornò in punta di piedi in camera da letto. Si mise di nuovo all'ascolto. Non sentiva il respiro regolare da cui di solito capiva che Maël stava dormendo. Provò ancora a sussurrare il suo nome nell'oscurità, anche stavolta senza ricevere risposta.

Nel cuore della notte Sylvia si svegliò da un brutto sogno madida di sudore. Appena aprì gli occhi le immagini che l'avevano spaventata si dissolsero. Rimase soltanto un dolore sordo al basso ventre. Quando, ancora mezza addormentata, raggiunse il bagno a tastoni, si accorse con orrore di avere il pigiama zuppo di sangue.

Le lacrime non smisero di scorrerle sul viso mentre faceva una doccia, indossava una camicia da notte pulita e prendeva una pillola contro i fin troppo noti dolori mestruali. Guardò il suo riflesso allo specchio, pallido e con gli occhi rossi di pianto. Non era incinta. Sarebbe mai riuscita ad avere un bambino?

Restò sveglia a lungo a fissare l'oscurità. Com'era ingiusta la vita. Chloé, quella donna senza scrupoli, aveva concepito per caso. E lei invece soffriva da mesi. Era troppo intelligente per abbandonarsi all'autocommiserazione. Si impose di riprendere il controllo e tornare a essere la persona razionale che era sempre stata. Maël la amava, ne era sicura. Avrebbero affrontato insieme qualunque cosa, per quanto potesse essere difficile.

Ma non riuscì ad addormentarsi, così andò in cucina e si preparò una borsa di acqua calda, prese un'altra pastiglia e si fece un tè alle erbe. Attizzò il fuoco, si avvolse in una coperta di lana e si sedette su una sedia a dondolo davanti al camino.

Il caldo la fece sentire meglio. Finalmente il farmaco iniziò a fare effetto, e il dolore sembrò attenuarsi. Le fiamme creavano un particolare gioco di luci e ombre sul ritratto di Lucie sopra il camino, dandole un'aria giovane e trasognata, proprio come nei suoi ricordi della meravigliosa vacanza insieme al mare. Allora doveva avere avuto cinque o sei anni, e Lucie le sembrava un elfo: alta, slanciata e sempre in movimento, con i riccioli dorati che le incorniciavano il viso. Mentre sua madre passava le giornate in spiaggia, Lucie correva insieme a lei sulla battigia, la lanciava in aria, le raccontava storie che Sylvia era convinta fossero favole. Soltanto molto dopo, quando era cresciuta e in famiglia avevano smesso di nominare Lucie, aveva capito che sua zia aveva inventato quelle storie appositamente per lei. Per diverse estati aveva sentito la sua mancanza, ma poi, distratta dalle tempeste della pubertà, non aveva più pensato a lei.

*Davvero non hai mai voluto figli?* chiese con il pensiero al ritratto.

*Volevo molto bene a Maël,* sembrò risponderle sua zia. *Prenditi cura di lui.*

Di colpo Sylvia si sentì tranquilla. Poteva veramente essere quello il suo destino? Sarebbe dovuta diventare per Noah quello che Chloé non voleva o non poteva essere? Non era simile al ruolo che Lucie aveva assunto per Maël quando aveva dodici anni, al posto della madre naturale? Purtroppo Maël non le aveva ancora raccontato cosa lo avesse spinto a scappare di casa quando era solo poco più che un bambino. Forse il ricordo era ancora troppo doloroso. In Solenn e Lucie aveva trovato affetto e calore, e aveva deciso di tagliare i ponti con sua madre. Non aveva nemmeno voluto invitarla al loro matrimonio. Sperava che tra Noah e Chloé non si arrivasse a quel punto...

Sylvia pensò al piccolo, a quanto le fosse sembrato chiuso, recalcitrante, arrabbiato. Chi era lei per lui? Una figura marginale nel dramma messo in scena da sua madre? La moglie dell'uomo che adesso scopriva essere il suo papà, quando per anni aveva pensato che fosse un altro? Persino suo padre doveva sembrargli uno sconosciuto, e Sylvia sospettava che lo avrebbe rifiutato ancora a lungo, ammesso che un giorno fosse riuscito ad accettarlo. Molto dipendeva da Chloé, ovvero dalla donna di cui si diceva che fosse stata il grande amore di Maël.

Sotto lo sguardo indagatore di Lucie, Sylvia ricordò che lei stessa non aveva detto la verità a Maël quando si erano conosciuti. All'inizio gli aveva taciuto di avere un legame sentimentale: e lei non era soltanto fidanzata come Chloé, ma sposata. Era sicura di essere nella posizione di giudicare la madre di Noah? No, decisamente no. E anche se era vero quello che diceva Solenn, cioè che la parigina aveva un pessimo carattere, era comunque compito suo, di Sylvia, aiutare Maël ad affrontare quella situazione così delicata nel migliore dei modi.

O forse stava mentendo a se stessa? C'era spazio per lei in quell'affollato ménage? E se tra Maël e Chloé le cose si fossero sistemate? Padre, madre, figlio... Non era la soluzione più ovvia?

Il fuoco si era quasi spento, i ciocchi incandescenti avevano formato una piccola montagna. L'acqua nella borsa si era raffreddata, e Sylvia rabbrividì. Dalla finestra filtrava la luce dell'alba. Il viso di Lucie, che fino a un attimo prima le era sembrato così vivo, parve impallidire. Sylvia sentì vacillare la sua sicurezza. Maël aveva amato Chloé alla follia. Un amore così può mai sopirsi del tutto? Non era forse riuscito a dimenticarla solo quando aveva incontrato lei? Quindi lei cos'era? Un tappabuchi? Qualcosa di cui si era accontentato, non potendo avere l'altra? Ma adesso Chloé era tornata, insieme al figlio che Maël desiderava tanto...

La porta si aprì, facendola sobbalzare.

«Sei qui» disse Maël, sollevato. «Che succede, Sylvia? Che ci fai al buio?»

Lei allungò le braccia verso di lui, che si avvicinò e la strinse. «Stanotte mi è venuto il ciclo» disse, schiarendosi la voce roca e flebile.

«Oh, tesoro» le sussurrò lui all'orecchio. «Non prenderla troppo male. Non fa niente.» *Ovvio, tanto un figlio ce l'ha già*, sussurrò una vocina maligna nella sua testa. *Per questo non fa niente...* «Preparo un caffè» disse Maël, affettuoso. «Ti farà bene, vedrai.»

Lei annuì e lo guardò armeggiare in cucina, sentendo i suoni abituali delle stoviglie e l'odore del caffè appena fatto. Tutto come sempre. Eppure tutto diverso.

«Maël» gli disse quando le portò la tazza fumante.

«Sì?»

«Posso farti una domanda?»

«Tutte quelle che vuoi, *chérie*!»

«Provi ancora qualcosa per Chloé?»

Il sorriso gli morì sulle labbra. Si voltò di spalle con un movimento brusco. «Oh, Sylvia» mormorò. Si alzò e andò in bagno.

Lei sentì scorrere l'acqua della doccia. Si sarebbe presa a schiaffi. Eppure, non aveva il diritto di chiederglielo? E perché non le aveva risposto?

## 7

## Acque agitate

Quella mattina Sylvia se la prese comoda, anche se era lunedì e dopo la vacanza aveva una montagna di lavoro arretrato. Si sentiva troppo stanca e abbattuta, e aveva bisogno di ritrovare il suo equilibrio interiore prima di potersi dedicare a qualsiasi altra attività.

Riempì la vasca di acqua calda e ci mise in infusione un sacchetto di stoffa con fiori di lavanda e rosmarino che le aveva regalato Rozenn a Natale. Mentre il suo corpo si rilassava, rifletté sugli eventi che l'avevano spinta a concedersi un bagno rigenerante di lunedì mattina. Non le era mai successo in vita sua. D'altronde era anche la prima volta da quando vivevano insieme che Maël era uscito per andare al vivaio senza salutarla. Più ci pensava, più si sentiva inquieta.

Si costrinse a restare lì distesa e tranquilla per altri cinque minuti, a rilassare i muscoli. Poi respirò a fondo e provò a scacciare via la preoccupazione.

Prima di tutto voleva trovare suo marito e scambiare qualche parola con lui, ma appena fuori dalla porta si trovò davanti l'architetto e il capocantiere, intenti a dibattere sul drenaggio delle fondamenta.

«Per fortuna l'abbiamo incontrata» disse l'architetto, e le

spiegò subito la questione. Sylvia si lasciò illustrare i progressi del progetto, prese un paio di decisioni e, prima che se ne rendesse conto, si era già fatto mezzogiorno. Soltanto dopo aver salutato i due si accorse che il suo stomaco brontolava per la fame. Quando entrò nella cucina di Solenn li trovò tutti lì: Gwen, Coco, Gurvan, il nuovo apprendista e Pierrick. Il posto accanto al suo, però, era vuoto.

«Dov'è Maël?» chiese.

Pierrick sollevò lo sguardo per un attimo, poi tornò a concentrarsi sul suo piatto. Coco e Gurvan erano immersi in una conversazione, o fingevano di esserlo. Sylvia cercò con lo sguardo Solenn, che le stava mettendo nel piatto una fetta fumante di *quiche*.

«È sulla terraferma» disse, scrutando Sylvia con i suoi occhi acuti. A giudicare dalle ombre scure che li circondavano, nemmeno lei aveva dormito molto.

Sylvia decise di non indagare oltre finché c'erano anche gli altri. Di solito era informata dei piani di Maël e si sentiva in imbarazzo a dover elemosinare informazioni. Ma poi intuì cosa potesse averlo portato sulla terraferma. *Siamo alloggiati sulla terraferma, a casa di papà*, aveva detto Chloé. *La strada la ricordi ancora, vero?*

Ripensò al modo in cui la donna aveva guardato Maël mentre lo diceva, e avvertì l'ennesima fitta allo stomaco. L'effetto dell'antidolorifico doveva essere finito. Per fortuna non aveva fatto in tempo a condividere con Solenn la speranza di essere incinta, almeno lei si sarebbe evitata la delusione.

«Mi aiuti a raccapezzarmi su quello che mi sono persa nelle ultime due settimane?» chiese Sylvia.

Solenn annuì.

Della maggior parte delle cose la bretone si era già occupata senza problemi. A Sylvia restavano da gestire un paio di offerte da parte di alcuni artigiani. E poi c'era una lettera da Parigi, dell'ufficio per la protezione ambientale. Buone notizie, a quanto pareva: avevano i requisiti necessari e potevano accedere al bando per i fondi da destinare al centro ornitologico. Adesso doveva soltanto leggere pagine su pagine di regolamento e compilare una domanda il più esaustiva possibile per dimostrare che rispettavano veramente i parametri.

Quando ebbero esaurito gli argomenti lavorativi, senza troppi giri di parole Solenn le domandò: «Allora, che cosa pensi di fare?».

Sylvia alzò gli occhi dai documenti. «A che proposito?»

«Di Chloé e del bambino.»

Lo sguardo duro di Solenn la spaventò.

«Be', è una decisione che spetta a Maël. Se Noah è suo figlio, allora...»

«Per quanto mi riguarda, la parola di quella donna non vale un bel niente» la interruppe Solenn, concitata. «Quindi il fatto che sia lei a dirlo non garantisce che il bambino sia veramente figlio di Maël.»

«Solenn, io...»

«Quella è capace di tutto, Sylvie. Una madre sa chi è il padre di suo figlio. Te lo dico io, lo ha sempre saputo. Ma si è presentata solo adesso perché quell'altro l'ha scaricata. Intende approfittarsene perché sa che Maël è buono.» Sospirò, stremata. Evidentemente la vicenda la coinvolgeva molto.

«Penso comunque che sia una buona idea fare un test di paternità» disse Sylvia, cercando di mostrarsi tranquilla. La rabbia di Solenn le rendeva le cose ancora più difficili. «Ma hai visto Noah?» aggiunse. «Non ti sembra che assomigli tantissimo a Maël?»

«E anche se fosse? Sai cosa significherebbe?» Sylvia inspirò a fondo, costringendosi a mantenere la calma. «Non hai idea di quanto abbia sofferto Maël quando Chloé è sparita da un giorno all'altro. Non lo ha nemmeno salutato. Per settimane erano stati inseparabili. E poi un giorno si è ritrovato davanti al cancello sprangato della casa vacanze della famiglia di lei con i croissant appena sfornati in mano. Si era dileguata, come se non fosse mai esistita.» Scosse la testa, esterrefatta. «Per un anno Maël non ha detto una sola parola» aggiunse, abbassando la voce. «Non puoi nemmeno immaginare che sofferenza sia stata assistere a quello spettacolo.»

Sylvia sentì un brivido attraversarle la schiena.

«Dov'è andato Maël?»

Quando Solenn la guardò negli occhi, si rese conto di sapere già la risposta. «Da lei, ovviamente. Ha detto che voleva chiarire la questione. Qualunque cosa significhi. Ad ogni modo il chiarimento sta andando avanti già da un paio d'ore.»

Se le era sembrato che la mattinata volasse, il pomeriggio si trascinò con una lentezza straziante. Sylvia si concentrò sulla documentazione per il ministero dell'Ambiente, ma continuava a guardare dalla finestra verso il cortile, aspettando con sempre maggiore apprensione il momento in cui il furgoncino di suo marito avrebbe finalmente attraversato il cancello d'ingresso.

Si pentì per l'ennesima volta di avergli chiesto, quella mattina, se provava ancora qualcosa per Chloé. Lui non l'aveva presa bene, e in effetti avergli rivolto quella domanda in un momento per lui così delicato forse non era stata una grande idea. E se invece lo avesse fatto riflettere sulla cosa? Sylvia guardò l'orologio. Erano quasi le cinque. Come faceva a sapere che cos'era successo nelle ultime ore a casa di Chloé?

Si alzò e uscì, alzando gli occhi al cielo. Varcò il cancello a grandi passi e fu subito investita dalle violente raffiche di vento che infuriavano fuori dalla cinta muraria protettiva. Il livello dell'acqua stava salendo. Se Maël non fosse tornato in fretta, avrebbe dovuto passare la notte sulla terraferma.

Sylvia attraversò il parcheggio dei visitatori fino alla particolare pietra, probabilmente un menhir, che segnava il punto in cui si incrociavano due sentieri, uno dei quali conduceva al porticciolo dov'erano ormeggiate le barche. Da lì, tempo permettendo, si aveva una visuale completa sulla passerella. Niente: solo la penombra, e nessuna macchina. Con quel tempo anche i pochi turisti abbastanza coraggiosi da avventurarsi in Bretagna in aprile avevano rinunciato a uscire. Bisognava essere pazzi per non restarsene a casa oppure in uno degli accoglienti ristoranti sulla costa a godersi un tè caldo con una *galette* o una porzione di cozze e patatine fritte.

Una folata di vento insolitamente violenta fece rabbrividire Sylvia. Non aveva senso restare lì ad aspettare che suo marito tornasse a casa. Arrossì di vergogna a quel pensiero. Si girò e si avviò a passi veloci verso il cancello. Notò la luce accesa nella cucina della villa e si fermò un attimo, indecisa. Doveva chiedere a Solenn dove si trovava la casa di Chloé e andarci di persona? Ma a che scopo? Per stare accanto a Maël? E lui come l'avrebbe presa? Se si fosse sentito controllato e si fosse arrabbiato ancora di più?

Dietro la tenda Sylvia intravide un'ombra che si spostava avanti e indietro. Era la bretone, indaffarata a preparare la cena. L'avrebbe aspettata, come tutte le sere. Ma Sylvia non sopportava l'idea di affrontare il suo sguardo preoccupato. E poi non aveva per niente fame. Si strinse nella giacca a vento e decise di tornare a casa.

Nell'open space si gelava. Con dita tremanti sistemò i ciocchi di legna e accese il fuoco, aiutandosi con dei rametti secchi di pino. Mentre armeggiava davanti al focolare ripensò a come si era sentita la prima volta che era arrivata sull'isola. Era tutto nuovo per lei: le maree, la mutevolezza del tempo, il fuoco nel camino, le camelie. E il sentimento che si era scoperta a provare per Maël.

Si voltò verso il ritratto di Lucie. Lo sguardo di sua zia sembrava assente. *Strano*, pensò. A volte il quadro le appariva vuoto e senza vita, per poi tornare a essere espressivo un attimo dopo.

Si girò, dando le spalle al camino. Scorse le camelie rosse e il bigliettino lasciati da Solenn per augurare loro il bentornato a casa, e si sentì invadere dalla tristezza. Pensò alla signora delle camelie, la cortigiana dell'Ottocento Marie Duplessis. Si diceva che portasse sempre una camelia bianca appuntata sugli abiti, tranne quando aveva il ciclo, nel qual caso ne sceglieva una rossa.

Si guardò intorno nel salone e, per la prima volta da quando si era trasferita insieme a Maël nella ex rimessa delle barche, rifletté su cosa avrebbe fatto se lui non ci fosse più stato. Cosa diceva il testo della canzone sulle cui note avevano ballato al matrimonio? *Se la vita un giorno ti portasse via da me, se tu morissi lontano da me, non importa se tu mi ami perché morirei anch'io.*

Ma non era possibile che se ne andasse, vero? E dov'era allora? Sentì crescere l'angoscia e si impose di mantenere la lucidità. Quei pensieri irrazionali erano ingiustificati. Ma dentro di lei si stava facendo strada la paura di essere tradita di nuovo, come le era successo con Holger. Anche con lui si credeva al sicuro, eppure le aveva mentito e aveva agito alle sue spalle, mandando all'aria i suoi progetti. E se fosse successo di nuovo? No, non lo avrebbe sopportato una seconda volta.

Il telefono squillò, riportando Sylvia alla realtà. Sapeva che era Maël, prima ancora di sollevare il ricevitore.

«Sono da Noah, Sylvie» disse. Dal tono sembrava felice. «È tardi, non riesco a tornare in tempo. Le previsioni danno alta marea e mare mosso. Volevo dirtelo per non farti preoccupare.»

Le nuove informazioni rimbalzarono nella mente di Sylvia senza che fosse capace di dare loro un senso. «Da Noah?» chiese. «E Chloé dov'è?»

«Chloé? È qui anche lei, ovviamente» rispose Maël, come se fosse una domanda assurda. Poi sembrò realizzare cosa intendeva la moglie. «*Écoute*, Sylvie. La casa è grande, io dormo nella stanza degli ospiti, sia chiaro. Voglio soltanto... Devo provarci, lo capisci? Non voglio che Noah abbia paura di me.»

«Certo» rispose lei. Si sarebbe presa a schiaffi.

Certo? L'unica cosa certa era che Maël doveva tornare a casa subito! Non avrebbe chiuso occhio per tutta la notte. Suo marito sotto lo stesso tetto di quella donna...

«Grazie» disse Maël, evidentemente sollevato. «Sapevo che avresti capito. Sei la migliore. *À demain, chérie.*»

Poi, il silenzio. Maël aveva riattaccato. Sylvia restò immobile con il ricevitore in mano. Avrebbe voluto gridare.

Buttar giù due bicchieri del *lambig* di Brioc non servì a niente, anzi. Non era una gran bevitrice, e in più da quando stava cercando di avere un bambino aveva quasi smesso di bere. Ma non era incinta, quindi non importava. Sapeva che era una pessima idea e che la mattina dopo se ne sarebbe pentita, così buttò via il resto e prese un sonnifero. Si distese a letto, coprendosi per metà il viso con il cuscino.

Ma non riusciva a dormire. Le succedeva spesso, a dire il

vero. Quando Maël era via per una conferenza o da un cliente, di notte avvertiva la sua assenza quasi come un dolore fisico. Lui sosteneva che gli succedeva la stessa cosa, e che quando lei non c'era passava la notte sveglio a lavorare, finendo di scrivere un articolo per una rivista specialistica o studiando un nuovo innesto in laboratorio, pur di non stare a letto da solo.

*Forse non è vero*, si disse Sylvia. Forse erano soltanto parole. Altrimenti perché rimanere in quella casa? Era veramente soltanto per il bambino?

Si girò dall'altra parte con un gemito. La testa le pulsava. Non era stata una grande idea prendere il sonnifero dopo tutto quell'alcol. E così le ore si trascinarono, lente e pesanti come piombo. Continuava a scivolare in sogni angoscianti come pantani appiccicosi. Sogni nei quali, in un modo o nell'altro, restava bloccata e non riusciva a prendere un treno, non arrivava in tempo a un appuntamento, perdeva un autobus. Soltanto per ritrovarsi in un posto dove non voleva andare: una scogliera sferzata dal vento, un lastrone di ghiaccio che si stava sciogliendo, una barca con una falla.

E poi si risvegliò di colpo. Aveva sentito il rumore della porta. Era tornato. Andava tutto bene. Il sollievo era un balsamo per i suoi pensieri confusi.

Tese le orecchie. Conosceva a memoria il numero di passi che servivano per attraversare l'open space, ogni singola asse scricchiolante. Tra un attimo avrebbe aperto la porta della camera da letto. Il cuore le batteva forte. Gli sarebbe saltata al collo, si sarebbe stretta a lui, gli avrebbe detto quanto lo amava. Ancora qualche istante e sarebbe entrato.

Nel silenzio, trattenne il respiro. Ma non arrivò nessuno. La casa, di solito così piena di rumori, taceva. Sylvia si sentì il sangue pulsare nelle tempie.

Forse era andato in bagno. Sicuramente aveva dato per scontato che stesse dormendo e non voleva svegliarla. Così si alzò, si infilò la vestaglia sul pigiama e aprì la porta della camera da letto. La casa era buia. Il bagno vuoto. Attraversò la sala, notò un residuo di braci ardenti nel camino. Nient'altro. Non riusciva a crederci. Aprì addirittura la porta d'ingresso e guardò il cielo, come se avesse potuto trovare una risposta lassù. Milioni di stelle emanavano un luccichio tremolante. Nessuna traccia di temporali. Nessuna traccia di Maël. Certo. Era da suo figlio. Da quella donna.

Sylvia rientrò in casa. Erano quasi le cinque. Fece un paio di calcoli. Per sicurezza diede un'occhiata al calendario delle maree accanto allo specchio del bagno. La passerella doveva essere di nuovo percorribile. D'istinto, si vestì e preparò una valigia con lo stretto indispensabile. Uscì dalla porta sul retro, si mise in macchina e partì. Sarebbe arrivata a Le Mans per l'ora di colazione.

«Qualunque cosa succeda, la mia porta è sempre aperta per te» era solita dirle Veronika. Aveva già dovuto accettare l'offerta dell'amica una volta. E quella notte aveva di nuovo bisogno di lei.

# 8

## Ospiti indesiderati

«Sei impazzita?»

Sylvia fissò spaventata la sua amica. Aveva appena raccontato a Veronika tutta la storia, dall'arrivo di Chloé fino alla telefonata di Maël.

«Ma...» balbettò, «perché?»

«Come ti viene in mente di lasciarlo da solo in una situazione del genere?» Veronika pulì la bocca sporca di omogeneizzato alla frutta di Lili, poi si girò a guardarla con le sopracciglia aggrottate. «Sylvia! Mi fa sempre piacere vederti, lo sai, ma oggi non dovresti essere qui, dovresti essere con lui.»

Sylvia deglutì. «Vero, lui è da Chloé» obiettò. «È stato lì tutta la notte.»

«Ed è proprio per questo che ha bisogno di trovarti a casa quando tornerà» ribatté Veronika, togliendo il bavaglino a sua figlia. «È la cosa più importante al momento!» Poi esitò e scrutò attentamente Sylvia. «Non penserai che... No! Maël non lo farebbe mai. Ti ama, Sylvia. Lo sai.»

«Solenn dice...»

«Non importa, lei è prevenuta nei confronti di Chloé. È come una madre per Maël. È normale che abbia un'avversione per la donna che lo ha piantato in asso anni fa. Forse in questo caso dovresti fare un'eccezione e non darle retta. Cerca di ascoltare il tuo cuore. È quello l'importante.» Sylvia si prese il viso tra le mani ed emise un gemito. «Ti è venuto il ciclo, vero?» aggiunse Veronika, posando una mano su quella dell'amica. «Mi dispiace tanto. Ma sai già come la penso. Un mese in più o in meno non cambia niente.» Prese la piccola Lili dal seggiolone. «E viste le attuali circostanze forse non sarebbe nemmeno stato il momento giusto, no?»

«Il momento giusto? E quando sarebbe? Ho l'impressione che non ci sarà più un momento giusto.»

Sylvia si alzò. Sperava di trovare conforto a casa della sua amica. O almeno comprensione. Ma evidentemente si era aspettata troppo da una madre felice con una relazione stabile, nella quale era impossibile che saltasse fuori un'ex amante con un bambino...

«Sylvia, per favore, siediti» la pregò Veronika, afferrandola dolcemente e riportandola verso la sedia. «Ecco, puoi tenere in braccio Lili e farle fare il ruttino? Non devi fraintendere le mie parole. Sono sempre sincera con te, lo sai. Un'amicizia non vale niente se non ci si dicono le cose in faccia. Mangiamo qualcosa, ti va? Preparo un'omelette.»

Stremata, Sylvia si lasciò cadere sulla sedia. Tenne in grembo la sua figlioccia, bevve il caffè e mangiò quello che le offriva l'amica. All'improvviso si rese conto che un'ondata di stanchezza minacciava di inghiottirla.

«Adesso stenditi un attimo a riposare.» La voce di Veronika le giungeva ovattata. Senza opporre resistenza si lasciò portare fino al divano e coprire con un plaid. Si addormentò immediatamente.

Sylvia si svegliò sentendo qualcuno dire: «No, tutto bene, è qui. Non ti preoccupare... no, adesso sta dormendo».

«Chi è?» chiese, speranzosa, tirandosi su. Non poteva che essere Maël, preoccupato di non averla trovata al suo rientro.

«Solenn» rispose Veronika. «Si è svegliata» aggiunse, al ricevitore. «Vuoi parlare con lei? No? Certo. Glielo dico. *Salut.*»

Delusa, Sylvia sprofondò di nuovo nei cuscini del divano.

«Solenn è preoccupata» le disse Veronika, sedendosi accanto a lei. «Maël non è ancora tornato.» Tirò distrattamente un pilucco della coperta in cui era avvolta l'amica.

«Che ore sono?» chiese Sylvia, con voce flebile.

«Quasi le dieci.» Sembrava meno sicura di sé adesso.

«Allora devo andare.»

«Vuoi che io e Lili veniamo con te?»

Sylvia fece cenno di no e spostò la coperta. Veronika si alzò per farle spazio.

«Pensi davvero che non sia successo niente tra...» Non riuscì nemmeno a finire la frase.

L'amica scosse la testa con veemenza. «Dovresti avere più fiducia in lui» disse, affettuosa. «Siete appena tornati dal viaggio di nozze. Andava tutto bene tra voi? O c'è qualcosa che non so? Un motivo serio per dubitare di lui?»

«No. La vacanza è stata perfetta. Forse sono soltanto isterica.» Provò a ridere, ma ne uscì un suono forzato. «Chi se lo sarebbe aspettato da me?»

«È più che comprensibile, Sylvia» la rassicurò Veronika. «Questa storia di Noah è una cosa grossa, ma il flirt estivo con la madre risale a otto anni fa. All'epoca non vi conoscevate nemmeno. E tu eri sposata, non te lo dimenticare. Non c'è motivo di rimproverargli il suo passato.»

«Certo che no.»

«Pensi che lei voglia riconquistarlo?»

Sylvia alzò le spalle. «Non ne ho idea. Forse nemmeno Chloé

al momento sa bene cosa vuole. Stava insieme a un uomo convinto di essere il padre di Noah. Dev'essere stato uno shock per lui scoprire dopo tanti anni di essere sterile. Immagino che l'abbia cacciata di casa.»

Per un po' rimasero entrambe in silenzio, poi Sylvia si alzò con aria decisa.

«Sai una cosa?» chiese Veronika, alzandosi a sua volta e stringendo le mani dell'amica tra le sue. «Adesso vai lì e fai vedere a questa donna con chi ha a che fare. Combatti!»

Sylvia annuì. «Era proprio quello che avevo intenzione di fare. Posso usare il bagno?»

«Sicuro! Sei a dir poco impresentabile.» Veronika scoppiò a ridere e andò a cercarle un accappatoio.

Quando si guardò allo specchio Sylvia capì cosa intendeva Veronika. Aveva un aspetto terribile. Era ora di riprendersi.

Mezz'ora dopo era completamente trasformata. I capelli brillavano, il viso era accuratamente truccato.

«Grazie, Vero» disse, salutandola in corridoio. «Hai altri consigli da darmi prima che vada?» domandò, ridacchiando.

«Assolutamente. Fai una scenata di gelosia a tuo marito.» Poi aggiunse, più seria: «Stagli vicina. Ha bisogno di tutto il supporto che puoi dargli».

Veronika aveva ragione. Sylvia poteva soltanto sperare di essere all'altezza di quello che la aspettava. Avrebbe voluto portare Veronika con lei, ma sarebbe stato assurdo tornare sull'isola accompagnata dall'amica. Doveva farcela da sola.

Quando arrivò a casa, verso mezzogiorno, riuscì a percorrere la passerella per un soffio, poco prima che la marea si alzasse. Notò subito, con suo grande sollievo, che il furgoncino di Maël era al suo posto in cortile. Lui invece era alle serre, ad analizzare delle talee con Gurvan. Quando la vide, sul suo volto si dipinse un sorriso.

«Sei qui, che bello!» esclamò, andandole incontro. Sylvia si abbandonò, sollevata, alle sue tenerezze. «Non è fantastico? Abbiamo un bambino.»

Lei si irrigidì istintivamente tra le sue braccia. Cosa intendeva con quell'*abbiamo*? Stava coinvolgendo anche lei? Era una cosa bella, si disse. Allora perché non riusciva a gioirne?

«Non sei felice» disse Maël, sorpreso e deluso al tempo stesso. Era una constatazione, non una domanda.

«È tutto così... così inaspettato» riuscì a dire Sylvia a fatica.

Maël annuì. «Sì, lo è.»

«E come fai a essere certo che Noah è veramente tuo?» osò chiedere Sylvia.

Lui la fissò intensamente, come se stesse cercando dentro di lei la vera Sylvia, quella che conosceva. «Lo so e basta» disse alla fine, voltandosi per tornare a lavorare.

«Maël» lo chiamò lei.

Lui si girò e le sorrise. «Sì?»

«Possiamo... possiamo parlarne un attimo con calma?»

Lui lanciò un'occhiata alle talee. Lo capiva. Le aveva abbandonate al loro destino per due settimane. In altre circostanze sarebbe corso subito a controllarle.

«Certo» rispose. «Andiamo! Facciamo una passeggiata?»

Lei annuì, cercando di sciogliere il nodo che le serrava la gola. Da dove doveva iniziare? Cosa era meglio dire e cosa era meglio evitare?

«Parlami di lui» lo esortò, mentre camminavano. «L'altro giorno era molto confuso. È riuscito a calmarsi?»

«Non è stato facile» rispose Maël. «È molto diffidente. Penso che sia complicato per lui.»

Sylvia lo ascoltava ansiosa, ma lui non disse altro. «Pensi che abbia accettato l'idea che tu sia...?»

«No, temo di no» la interruppe Maël. «Ma sarebbe stato chiedere troppo. Mi ha parlato di suo padre, o meglio, dell'uomo che pensa sia suo padre. E mi ha fatto vedere i giocattoli che lui gli ha regalato. Alla fine abbiamo giocato insieme.» Si fermò di colpo e la guardò. «Sylvie, è tutto così incredibilmente nuovo per me. Per noi. Abbiamo bisogno di tempo. Tempo da passare insieme.»

Sylvia annuì. Si fermò anche lei e lo abbracciò, poggiandogli una guancia sul petto. Sentiva il suo cuore che batteva, un suono familiare, un ritmo che tante volte l'aveva cullata fino a farla addormentare. Avvertì la sua mano sulla schiena, e respirò profondamente. Si sentiva bene tra le sue braccia.

«Sono così felice che tu abbia capito, Sylvie» disse lui con un filo di voce. «Che dovevo restare lì. È così, vero? Mi capisci? Sei stata da Vero, giusto? Perché? Ti ho fatta preoccupare?»

Gli occhi di Sylvia si riempirono di lacrime, non sapeva se fosse per il sollievo o la vergogna. «No» mentì. «Volevo soltanto... volevo vedere Lili. E...»

«Sì?» chiese dolcemente, stringendola più forte. «Cos'altro?»

Sylvia non riuscì più a trattenere i singhiozzi. E poi le lacrime iniziarono a scorrere senza freni. *Per favore non lasciarmi*, pregò in silenzio. Maël la tenne stretta finché non potè di nuovo respirare tranquillamente.

«Solenn dice che sei stato molto innamorato di Chloé» sussurrò, quando fu in grado di parlare.

Maël rimase in silenzio qualche istante, come se aspettasse che lei aggiungesse dell'altro. Poi annuì. «Sì, ha ragione» ammise. «L'ho amata fino al punto di perdere la testa. Però è passato, Sylvie. Quel periodo è stato un inferno, ma ormai sono guarito. Vorrei non doverla vedere mai più. Se non fosse per Noah... Questo cambia tutto.» Le prese le spalle e la scostò leggermente da sé per poterla guardare negli occhi.

Sorrise e le baciò le palpebre. Il mascara e la matita applicati con tanta cura dovevano essersi irrimediabilmente sciolti, Sylvia ne era sicura. Ma Maël l'aveva vista in tutte le condizioni possibili e immaginabili, e non si vergognava. «D'ora in poi vivranno qui con noi» annunciò Maël alla fine.

Sulle prime Sylvia non capì di chi stesse parlando. «Chi?» chiese.

«Noah e Chloé» rispose lui. «Così posso stargli vicino. È meglio di dover andare a casa loro, non trovi?»

Sylvia lo fissò esterrefatta. «Ma dove? Dove vivranno?»

«Ho pensato alla villa» rispose Maël, lasciando la presa sulle sue spalle. «Nelle stanze degli ospiti al primo piano mi sembra perfetto. È la soluzione migliore. E forse a un certo punto si potrebbe costruire un appartamento tutto per loro. Per il momento però c'è spazio a sufficienza da Solenn.»

Sylvia era senza parole. Cosa avrebbe detto Solenn?

«E sono già... voglio dire... quando arrivano?»

«Non abbiamo ancora discusso i dettagli» replicò lui. «Forse domani. Ah, a proposito, ti dispiace dirlo tu a Solenn? Non l'ho ancora incontrata. A dopo, *chérie.*»

E tornò al lavoro.

«Mai e poi mai» sbottò Solenn. I suoi occhi scuri lampeggiavano. «Mi rifiuto. Quella donna non metterà piede in casa mia!» Il bollitore atterrò con un forte clangore sui fornelli. L'acqua traboccò dal beccuccio e spense la fiamma con un sibilo.

Sylvia era in piedi accanto al tavolo della cucina, ancora confusa. Capiva fin troppo bene la reazione di Solenn.

«E vieni a chiedermelo proprio tu!» continuò a inveire la bretone. «Vuoi veramente fare una cosa del genere a te stessa? Devi avere qualche rotella fuori posto, Sylvia.»

«Solenn» la fermò lei, nel tentativo di tranquillizzarla. «Non è stata una mia idea. Mi ha chiesto Maël di dirtelo. Vuole poter stare vicino al bambino.»

«Allora ha dato di volta il cervello anche a lui!» Le ci vollero tre tentativi per riaccendere il fuoco, tanto le tremavano le mani per l'indignazione. «Proprio come allora. Quella donna è come un veleno per lui.»

«Ma se Noah è suo figlio» obiettò Sylvia, anche se si sentiva sull'orlo delle lacrime, «non voglio che torni sulla terraferma tutti i giorni. L'alternativa sarebbe che ci trovassimo un appartamento vicino casa di Chloé. Ma non lo lascio più tornare da solo da lei...»

«Vuoi andartene dall'isola?» Solenn fece un passo avanti. Non stava urlando, ma assunse un'aria minacciosa.

«No, Solenn, non me ne voglio andare» rispose Sylvia, sentendosi crollare addosso di colpo tutta la stanchezza. «Sto solo provando a trovare una soluzione!»

«La soluzione è semplice» dichiarò Solenn, prendendo il bollitore dai fornelli e sbattendolo sul tavolo così forte da farla sobbalzare. «Maël deve mettere fine a questa farsa.»

*E come?* avrebbe voluto chiederle Sylvia, ma restò in silenzio. Quando Solenn era così agitata era inutile cercare di farla ragionare.

Sylvia finse di dover tornare al cantiere e rimase per un po' a osservare gli operai che gettavano ghiaia nei fossati intorno alle fondamenta, in modo da far defluire al meglio l'acqua piovana e non far creare accumuli lungo il muro perimetrale. Scambiò due chiacchiere con il capocantiere e poi andò in ufficio da Gwen per discutere della gestione del personale in vista delle imminenti vacanze di primavera. Come tutti gli anni, in quelle due settimane si aspettavano una marea di visitatori, e Gwen aveva preparato una lista di nomi di donne del paese che di solito davano una mano facendo da guida ai turisti. Dei clienti veramente interessati all'acquisto, invece, si occupavano Sylvia, Solenn, Gwen, e pochi altri fidati collaboratori.

«Elinor e Marie-Noëlle purtroppo ci hanno dato buca» le riferì Gwen. «Una ha un esame a breve e l'altra sarà in vacanza con il fidanzato.»

«Chiediamo a Rozenn, allora» propose Sylvia. «Forse può suggerirci qualche altra persona da chiamare.»

«Ha telefonato Maylis, per il bistrot» aggiunse Gwen. «Hai tempo per fare una chiacchierata con lei questo fine settimana? Torna a trovare sua madre.»

Sylvia guardò il calendario alla parete. Non aveva idea di che giorno fosse. Ah sì, martedì. Lei e il marito erano tornati da Madeira appena due giorni prima, ma le sembrava che fossero passati mesi.

Chiese a Gwen di invitare Maylis per un tè domenica pomeriggio, controllò la posta elettronica e rispose alle email più urgenti. Dal conto dell'attività risultava che la seconda rata della Sylviana era stata pagata. Le tornò in mente la figura imponente di sir James, lo strano modo in cui aveva squadrato Maël dalla testa ai piedi, con la ruga tra le sopracciglia che si faceva più marcata. Cosa tramava quell'uomo? Prima che potesse spingere oltre quella riflessione, però, squillò il telefono. Il giorno dopo avrebbero consegnato una partita di cemento per le fondamenta.

Informò il capocantiere e controllò le previsioni del tempo per l'indomani. Non era prevista pioggia, erano fortunati. Per precauzione avrebbe chiesto comunque a Pierrick: il vecchio marinaio era in grado di prevedere il meteo meglio di chiunque altro.

Sylvia era impegnata a cercare un buco nella sua agenda per un coaching di tre giorni richiesto da uno dei suoi ex clienti tedeschi, quando sentì delle voci in cortile. Si alzò per andare a vedere cosa fosse. Forse erano clienti che volevano parlare con Maël. Ma poi riconobbe la voce alterata di Solenn, ed ebbe un triste presentimento.

Fuori, infatti, c'era Chloé. Con una mano stava trascinando un'enorme valigia, mentre con l'altra stringeva Noah. Il bambino portava sulle spalle uno zaino colorato da cui sbucava una scimmia di peluche. L'immagine aveva un che di toccante: sembravano due profughi in cerca di asilo. E forse, in un certo senso, era proprio così.

Solenn, dal canto suo, non sembrava affatto commossa. Con le mani affondate nelle tasche, si rivolse a Chloé. «Non mi interessa cosa ha detto Maël. Questa è casa mia, e non sta a lui decidere chi deve trasferircisi. Qui non c'è posto per voi.»

Chloé non la degnò di uno sguardo. Tirò fuori il cellulare e iniziò a digitare un messaggio con aria determinata. Sylvia li raggiunse di corsa. Ma cosa poteva dire? Solenn aveva ragione, in fondo. Anche se fino a quel momento era stato irrilevante, era pur sempre lei la proprietaria dell'Isola delle Camelie. La madre di Noah era appena arrivata e stava già distruggendo l'armonia della loro comunità. Come sarebbe finita?

«*Maman*» piagnucolò Noah, mettendosi a sedere sulla valigia. «Voglio tornare a casa.»

«Adesso è questa casa nostra, tesoro» rispose Chloé, mettendo via il cellulare. Per tutta risposta Solenn si voltò e sparì in cucina, sbattendosi la porta alle spalle.

Sylvia rifletté sul da farsi mentre il furgone di Maël entrava in cortile. Evidentemente Chloé lo aveva informato: non c'era altra spiegazione per la sua presenza lì a quell'ora. La turbò un po' constatare il potere che quella donna esercitava su suo marito. Ma si costrinse a riprendere il controllo.

«*Salut*, Noah» disse Maël. Il bambino girò la testa dall'altra parte e iniziò a battere i talloni contro la valigia. «Che succede?» aggiunse, rivolto a Chloé.

«Solenn dice che non possiamo stare qui» rispose lei, ostentando indifferenza e spostando il peso da una gamba all'altra, con le braccia incrociate sul petto.

Maël sembrava sorpreso. «Non avevamo detto che sareste arrivati domani?» chiese.

Chloé alzò le spalle. «Oggi o domani che differenza fa?»

Solenn era ricomparsa sulla soglia. A quanto pareva non riusciva a restarsene in casa. «Da quando sei tu a decidere chi può vivere in casa mia?» aggredì Maël.

Sylvia trasalì. Non si sarebbero messi a litigare davanti a un'estranea, vero?

«Hai ragione» rispose Maël, gentile come sempre. Sylvia tirò il fiato, sollevata. «Mi dispiace, Solenn, non avevo pensato che potesse essere un problema per te.» Sembrò riflettere per un attimo. «Vorrà dire che Noah e sua madre vivranno a casa con noi. Staremo un po' stretti ma possiamo arrangiarci. Giusto, Sylvie? In mansarda c'è abbastanza spazio. Possiamo costruire un secondo bagno, volevo già farlo da tempo.»

Sylvia si sentiva come paralizzata. Non poteva dire sul serio. Ma Maël stava già prendendo la valigia di Chloé.

«*Attends*, Maël» intervenne rapida Solenn. «Non se ne parla. Non c'è abbastanza spazio lì da voi. Se proprio insisti, posso concedervi temporaneamente la stanza degli ospiti. Temporaneamente, hai capito? Non può diventare una soluzione definitiva. Ci siamo intese, Chloé?»

«Sei stata chiarissima» rispose Chloé con un ghigno.

Sylvia tirò di nuovo il fiato, ma era basita. Maël lo avrebbe fatto veramente? Senza nemmeno parlarne prima con lei?

Solenn si stava sacrificando per lei, e Sylvia lo sapeva. Incrociò lo sguardo d'intesa della bretone, misto a rabbia e preoccupazione. *Te l'avevo detto*, sembrava dirle, *Maël ha perso la testa*. Sylvia iniziò a chiedersi se non fosse vero.

Quella sera alla tavola di Solenn sedevano due nuovi ospiti. Coco, Gurvan e Iven, il nuovo apprendista, non fecero caso a loro. Erano troppo giovani per ricordarsi di Chloé. Dall'espressione di Gwen e soprattutto da quella del vecchio Pierrick, invece, sembrava che Solenn avesse avvelenato la cena.

Maël pareva non essersi accorto di niente. Si sforzò inutilmente di parlare con Noah. Il piccolo si rifiutava ostinatamente di mangiare, e sedeva a braccia incrociate e con gli occhi bassi. Sylvia osservava gli affettuosi tentativi di suo marito con una stretta al cuore. Ma capiva anche il piccolo. Doveva sentirsi circondato da sconosciuti. Chissà cosa gli aveva raccontato Chloé.

Quando lei si alzò per portare il bambino a letto, sentirono tutti la vocina disperata di Noah che implorava sua madre di tornare a Parigi.

«Non voglio dormire qui» continuava a ripetere, aggrappandosi al corrimano. «Voglio tornare da papà. Perché mi hai portato qui, mamma? Perché non possiamo tornare a casa?»

Sylvia rimase ad ascoltare inorridita la voce che si allontanava e si trasformava in un singhiozzo lamentoso mentre Chloé lo trascinava su per le scale.

«Che stronza» commentò Solenn. Poi guardò negli occhi Maël, che era impallidito al pianto del piccolo. «Dobbiamo parlare, Maël. Io, tu e Sylvia. Adesso. Ma non qui. Mi hai portato un nemico in casa, caro mio, e ora mi inviti da te a prendere un bicchiere di *lambig. Compris?*»

# 9

## La fuga

«Non capisco» disse Maël. Sembrava confuso e ferito. «Quando sono arrivato io mi hai accolto. Qual è il problema?»

«Il problema è Chloé.» Gli occhi scuri di Solenn lampeggiavano dalla rabbia.

Maël si abbandonò contro lo schienale della sedia e contemplò pensieroso le camelie rosse del loro bouquet di bentornato. «Preferirei anche io che non fosse coinvolta» disse infine. «Ma è la madre di Noah. Il mio piano, dopo che Noah avrà preso confidenza con me e Sylvia, è di chiedere a Chloé di lasciarlo con noi.»

«Vuoi dire senza di lei?» indagò Sylvia con cautela.

Maël annuì convinto. «Sì. Chloé non è sicuramente entusiasta di restare qui sull'isola. È abituata alla grande città. Vorrà tornare a casa.»

«E pensi che lo lascerebbe con noi?»

«Sì, perché no? Altrimenti perché sarebbe venuta qui? Certo, non succederà da un giorno all'altro...»

«Avete già parlato di questa possibilità?» lo interruppe Sylvia. Non riusciva a immaginare che una madre potesse accettare di dar via suo figlio in quel modo. «Ieri sera, magari?»

Maël scosse la testa. «Non ho parlato molto con Chloé» spiegò. «Sono stato con Noah, ero lì per lui.»

«E tu pensi veramente» si intromise Solenn, «che lei un giorno sparirà e ti lascerà Noah?»

«Cos'altro potrebbe volere?»

Solenn sbuffò. «Soldi, per esempio. Ti costringerà a pagare per mantenerlo.»

«È un suo diritto» la interruppe Maël. Stava iniziando ad alterarsi. «O pensi che non voglia provvedere a mio figlio?»

«Potrebbe volere anche altro» continuò Solenn, ignorando la sua domanda. Sylvia avrebbe preferito che smettesse di insistere. Maël era a un passo dal perdere il controllo, lo sentiva. Ma la bretone evidentemente non aveva intenzione di contenersi. «Potrebbe cercare di riconquistarti.»

Sylvia trattenne il respiro. Maël aveva l'aria di essere stato colpito da un fulmine.

«È assurdo» sbottò alla fine. «È stata lei a lasciarmi. Non mi vuole. Ed è un bene. Non sono più interessato a lei. Dio santo, devo ripeterlo ogni cinque minuti?» Solenn e Sylvia restarono in silenzio. «Sylvie, lo pensi anche tu?»

Lei esitò. Poteva dire apertamente quello che pensava? *Sì, devo farlo*, si disse. *Non possiamo smettere di essere onesti l'una con l'altro per colpa di questa donna.*

«Be'» replicò con tatto, «non escludo che voglia...»

Ma fu costretta a interrompersi, perché Maël si alzò così all'improvviso da far cadere la sedia con un terribile fracasso.

«Pensi veramente che farei una cosa del genere?» gridò fuori di sé, prendendo a camminare avanti e indietro.

«No, Maël, non è quello che ho detto» cercò di tranquillizzarlo. «Penso solo che possa far parte dei suoi piani.»

Maël si fermò davanti a sua moglie e la fissò furioso. «Ti fidi così poco di me, allora?» le disse, con un tono di voce che lasciava trapelare tutta la sua delusione. «Non siamo sposati nemmeno da un anno e già sei convinta che possa cedere al fascino della prima donna che passa?»

«No, Maël, per favore...»

«Sì, invece» la interruppe lui. «Sei gelosa, ammettilo. Ed è... semplicemente ridicolo.»

«*Arrête*» intervenne Solenn, dura. «Basta. Smettila subito. Ti rendi conto di cosa pretendi da Sylvia? E da me, anche? No, tieni la bocca chiusa e ascoltami adesso! Io e Sylvia siamo dalla tua parte, e questo lo sai bene. Però bisogna stabilire un paio di regole, altrimenti non si può andare avanti. Prendi decisioni senza interpellarci. Per esempio, che quei due possono vivere qui sull'isola, a casa mia. Non puoi farlo. Perché fino a prova contraria sono io la proprietaria di questo posto, spero che tu non lo abbia dimenticato. E se è così, colgo l'occasione per ricordartelo.»

Dopo questo sfogo calò il silenzio. Sylvia sentiva distintamente il vento ululare dentro e fuori dal muro perimetrale. Non si era accorta di aver trattenuto il respiro. Comunque si rigirasse la cosa, Solenn aveva ragione. C'era mancato poco che Chloé sedesse con loro in salotto quella sera. Se non era successo era soltanto grazie al provvidenziale intervento della bretone. L'anziana non sopportava Chloé, e Sylvia sapeva che le era costato molto accoglierla, ma Maël sembrava non essersene reso minimamente conto.

«Hai ragione» disse lui dopo un po'. «Ma pensavo che capiste quanto è importante tutto questo per noi. Non soltanto per me, Sylvie. In fondo vogliamo entrambi un bambino.»

Sylvia annuì. Gli occhi le si riempirono di lacrime. Pensò a quello che le aveva detto Vero. Non era il momento di essere egoista. Certo, avrebbe voluto un figlio suo, ma adesso c'era Noah, e doveva cercare di essere una buona madre per lui, ammesso che ne avesse avuta la possibilità. Detto questo, il piano di Maël le sembrava molto poco realistico. Che razza di donna avrebbe accettato la sua proposta?

«Stai attento a quella lì» aggiunse Solenn, in tono dolce ma deciso. «Ti ha già fatto soffrire in passato. Non lasciare che si metta tra voi due. Hai un buon cuore, Maël, ma a volte sei troppo ingenuo.» Si alzò e si stiracchiò la schiena. Il suo sguardo si posò sul ritratto di Lucie sopra il camino, e impallidì. «Vuoi sapere cosa disse Lucie di Chloé, all'epoca?» Maël tacque e distolse gli occhi, ma Solenn non lo stava guardando. «Ci sono persone il cui destino è rendere felici gli altri. E altre per cui è il contrario.» Recuperò la borsa dallo schienale della sedia e se la mise a tracolla. «D'ora in poi la regola è questa: qualunque decisione ci sia da prendere su questa situazione, dobbiamo prima parlarne tutti e tre insieme. *D'accord?*»

«*D'accord*» rispose Maël, alzandosi. «Ti accompagno» disse.

Solenn scosse la testa. «Non penso proprio che mi perderò nel mio giardino. Resta con tua moglie. E cerca di essere comprensivo con lei. Ha sopportato un bel po' di cose da quando siete tornati.»

Dopo che Solenn se ne fu andata la casa restò a lungo silenziosa. Nell' open space faceva freddo, e Sylvia avrebbe volentieri acceso il fuoco, ma qualcosa le impediva di tornare alla normalità. Osservò preoccupata l'espressione combattuta sul viso di suo marito.

Alla fine alzò lo sguardo e le disse: «Sto soltanto cercando di fare la cosa giusta».

Non lo aveva mai visto tanto turbato e confuso. Le venne in mente la sera in cui le aveva parlato per la prima volta di suo padre.

«Lo so» disse con le lacrime agli occhi, posando una mano sulla sua.

Lui la afferrò subito e la strinse come se non fossero in salotto ma su una barca in alto mare. «Devi aiutarmi» la pregò, disperato. Sembrava stanco, e Sylvia intuì che nemmeno lui doveva aver dormito la notte prima. «Te ne supplico.» Aumentò ancora di più la presa.

«Lo farò, amore mio.»

Maël scoppiò in lacrime. Non lo aveva mai visto piangere, e le spezzò il cuore. Si alzò, fece il giro del tavolo e si sedette vicino a lui. Poi lo prese tra le braccia. Lui si abbandonò al suo calore, posandole la testa sulla spalla. Tutto il suo corpo era scosso da tremiti.

«Ha detto» sussurrò non appena ebbe smesso di singhiozzare, «che può decidere di andarsene da un momento all'altro. Non mi darà il suo indirizzo di Parigi.» Si asciugò le lacrime col dorso della mano. «Così lo perderei di nuovo, capisci? Non lo ritroverei mai più.»

Sylvia venne travolta da un'ondata di rabbia. Era stata a un passo dal provare compassione per Chloé. Ma adesso capiva che quella donna giocava con i sentimenti altrui. Minacciandolo di portargli via suo figlio, era convinta di tenere Maël in pugno.

Solenn aveva ragione: dovevano restare uniti. Soltanto così sarebbero riusciti a contrastarla.

«Scoprirò chi è davvero questa Chloé» disse, con voce dolce ma determinata. «Anzi, prima di tutto dove vive suo marito. Non è facile come pensa lei. Non potrà più ricattarti. Lascia fare a me, tesoro.»

Maël si avvinghiò a lei. Sentiva di avergli tolto un peso.

«Grazie, Sylvie» sussurrò. «Speravo tanto che mi capissi.»

Quella sera andarono a dormire presto. Erano stanchissimi, ma non rinunciarono a rannicchiarsi uno vicino all'altra. Sylvia pensò al discorso di Pierrick al loro matrimonio. Aveva detto che niente e nessuno avrebbe mai dovuto separarli. I loro corpi erano come fusi insieme, dalle punte dei piedi alle labbra, finché non rimase un solo centimetro che non fosse a contatto con la pelle dell'altro. Sylvia avvertì qualcosa sciogliersi dentro di lei. Liberarsi finalmente della tensione e abbandonarsi all'uomo che amava, ritrovare il contatto del suo corpo, le fece immensamente bene. Per sentirlo ancora più vicino avvinghiò una gamba alle sue e rimasero stretti così ancora per un po', finché anche il loro respiro non si sincronizzò e nessuno dei due fu più in grado di dire dove finisse uno e iniziasse l'altro.

«Ti amo» le sussurrò Maël all'orecchio.

Sylvia cercò di immortalare quel momento per conservarlo nel profondo del cuore per l'eternità e ricordarsene nei momenti della disperazione e del dubbio. Come un talismano in grado di proteggere l'eroina di una favola da qualunque pericolo. Come un incantesimo che, se evocato, può sconfiggere qualsiasi ostacolo.

Era ancora buio quando Sylvia si preparò il caffè la mattina dopo, ascoltando con attenzione il meteo alla radio. Nonostante le buone previsioni, nella notte si erano addensate nuvole temporalesche, e al momento stava piovendo a dirotto. Poteva soltanto sperare che si trattasse di uno scroscio passeggero e che il tempo sarebbe migliorato per quando avrebbero dovuto procedere alla colata di cemento per i lavori di rinforzo delle fondamenta.

Versò una tazza anche per Maël e gliela portò in camera da letto, camminando in punta di piedi.

«Sei già sveglia?» chiese lui, ancora mezzo addormentato. «Che ore sono?»

«Quasi le sette» rispose Sylvia posando la tazza sul comodino. «Oggi iniziamo a lavorare alle fondamenta. E poi ho un sacco da fare in ufficio.»

Maël si mise a sedere e la attirò a sé nel letto. «Ti ricordi Madeira?» le mormorò all'orecchio, stringendole un braccio intorno alla vita.

«Come potrei dimenticarlo» sussurrò lei, baciandolo dolcemente.

«Non riesco a credere che soltanto pochi giorni fa eravamo lì a far colazione a letto» disse Maël. Sylvia gli si fece più vicina, avvertendo il suo corpo caldo attraverso la stoffa dei vestiti, assaporando quel momento di intimità. Poi si staccò lentamente da lui.

«Devo andare» disse, baciandolo un'ultima volta sulla punta del naso. «Tu che fai oggi?»

Maël sospirò e prese la tazza di caffè. «Gurvan ha trovato dei parassiti nella quarta serra. Dobbiamo capire come debellarli. Forse dovremo svuotarla del tutto. Speriamo che non sia così grave.» Spostò la coperta e si alzò. «Ce la fai a seguire i lavori da sola?» aggiunse quando Sylvia era già alla porta.

«I lavori non sono un problema, basta che smetta di piovere. Ma forse non è il caso di lasciare Solenn da sola con Chloé.»

«Chiamami se hai bisogno di me» le disse Maël dalla soglia del bagno. «Stavo comunque pensando di iniziare a delegare qualche responsabilità in più a Gurvan. È diventato veramente bravo. Sono felice che lavori con noi.»

Sylvia si infilò un paio di scarpe chiuse e uscì di casa. Il temporale si era trasformato in una pioggerella leggera. Si coprì la testa con il cappuccio, sollevata. Nonostante ci fosse bassa marea, le onde si infrangevano violente contro gli scogli al di là del muro di cinta. Attraversò rapida il parcheggio e uscì dal Jardin aux Camélias passando dal grande portone di legno. Nuvole scure tinte di viola dalla luce mattutina si spostavano verso la terraferma. I cavalloni sollevati dal vento si schiantavano sulla costa, ma la passerella era agibile.

Dopo non molto Sylvia intravide i fari di un enorme camion che si stava avvicinando all'isola. Doveva essere la betoniera, seguita da un pulmino con a bordo gli operai del cantiere. Il camion si fermò di colpo. Che succedeva? Sperava che non ci fossero problemi con la passerella. Pierrick le aveva assicurato che era abbastanza solida da sostenere il peso delle macchine edili. Con suo grande sollievo, poco dopo la colonna di veicoli si rimise in movimento.

Mentre il cielo si schiariva, anche Pierrick uscì dal giardino delle camelie e la raggiunse.

«Non dovresti stare qui fuori» le disse. «Ci penso io. E poi c'è anche il capocantiere.»

«*Bonjour*, Pierrick» rispose lei, salutandolo con due baci sulle guance. «Mi conosci, mi fa piacere esserci. E poi non si fanno lavori del genere tutti i giorni, *n'est-ce pas*?»

Andarono incontro al convoglio in silenzio e aspettarono mentre i veicoli raggiungevano l'isola e si fermavano davanti a loro. La portiera del passeggero si aprì.

Sylvia non riusciva a credere ai suoi occhi. Due braccia forti tenevano sospeso un ragazzino scalciante. L'uomo nel camion imprecava.

«Se non ti calmi subito» ruggì «giuro che ti lascio cadere. Hai capito?»

Noah atterrò con un tonfo tra le braccia di Sylvia. La sua giacca a vento era bagnata fradicia. Aveva in spalla lo stesso zaino del giorno in cui era arrivato, quello da cui spuntava la scimmia di peluche.

«Cos'è successo?» chiese Sylvia al conducente. Riusciva a malapena a far stare fermo Noah, che continuava a scalciare. «Come hai fatto a finire dentro quel camion?» aggiunse, rivolta al bambino.

Una testa dai corti capelli a spazzola fece capolino dal finestrino. «Il nano lo abbiamo raccolto sulla passerella, *madame*» spiegò l'uomo. «Ci stava venendo incontro a piedi. Dice di voler andare a Parigi. E se non lo avessimo preso noi sono sicuro che a quest'ora ci sarebbe già arrivato.» Nell'abitacolo riecheggiò una chiassosa risata. «Dove portiamo il cemento?»

«Faccio io» si affrettò a dire Pierrick. «Tu porta il piccolo fuggitivo ad asciugarsi, Sylvie!»

Era più facile a dirsi che a farsi. Noah stava colpendo Sylvia agli stinchi con i suoi stivaletti di gomma, e non la smetteva di graffiare e mordere. Cercava di divincolarsi con tutte le sue forze. Sylvia temeva che si sarebbe gettato in mare se lo avesse lasciato, così lo tenne stretto per la giacca a vento.

«Smettila» esclamò, cercando invano di sottrarsi ai suoi calci. «Vieni con me, andiamo alla villa. Ti preparo una cioccolata calda.»

«Non voglio» sbraitò il bambino, strattonando il piumino per liberarsi. «Lasciami, me ne voglio andare da qui!»

A Sylvia non restò altra scelta che afferrarlo per la vita e trascinarlo come un sacco fino alla villa. A metà strada, il piccolo le morse un avambraccio, facendole venire le lacrime agli occhi. «Smettila, mi fai male!»

«Non voglio tornare da mia madre» gridò lui.

Per un attimo rimasero a fissarsi, entrambi furiosi.

«Allora vieni a casa mia» decise Sylvia. «Non puoi scappare

così, Noah. Se vuoi tornare a Parigi dobbiamo trovare un altro modo.»

Il bambino smise di colpo di agitarsi e osservò Sylvia. I suoi occhi verde-azzurro, così simili a quelli di Maël, le squarciarono l'anima.

«Dove abiti?»

«Laggiù, in fondo al giardino.»

«E mi aiuterai?»

«Vedremo cosa posso fare.»

«Promettilo!»

«Non faccio promesse che non posso mantenere. Ci proverò. Questo sì, posso promettertelo.»

Noah si fermò a riflettere. Lanciò una rapida occhiata alla casa di Solenn. La luce nella cucina al pianterreno era accesa. La stanza degli ospiti al primo piano, invece, era ancora buia.

«Va bene» dichiarò. Sembrava essere cresciuto di colpo. «Da che parte andiamo?»

Sylvia cercò di prenderlo per mano, ma Noah la scansò. Malgrado fosse bagnato fradicio, mantenne una dignità quasi toccante. A Sylvia ricordò ancora una volta Maël. Quando arrivarono a casa riuscì a convincerlo a sfilarsi gli stivali pieni d'acqua e a togliersi la giacca a vento e i pantaloni zuppi. Tirò fuori da un cassetto un paio di suoi bermuda e insieme li fissarono con una cintura. Poi gli diede dei calzini lavorati a maglia da Rozenn, accese il fuoco nel camino e mise a riscaldare il latte per preparare la cioccolata.

Per tutto il tempo tenne furtivamente d'occhio il bambino, che non aveva più spiccicato una parola da quando erano entrati in casa. Lo vide contemplare a lungo il modellino di una barca a vela, frutto del lavoro lungo e minuzioso di Pierrick, che gliel'aveva regalata per il matrimonio. Noah la osservava da tutte le angolazioni. Quando Sylvia gli portò la tazza fumante sollevò a malapena lo sguardo.

«Anche mio papà ha una barca a vela» disse il piccolo, rompendo finalmente il silenzio. «A due alberi» aggiunse, orgoglioso.

«E tu sai già governarla?» si informò Sylvia.

«Certo» rispose lui, come se fosse ovvio. «Per Natale papà mi ha regalato una iole. A giugno, per il mio compleanno, mi insegnerà a guidarla da solo. Me lo ha promesso.»

Prese con cautela la tazza di cioccolata e annusò il liquido bollente. «È fatta con il latte, vero?» chiese, scettico.

Sylvia annuì, e Noah assaggiò. Appena scottò un po' meno, vuotò la tazza con avidità.

«Hai fame?» chiese lei, passando mentalmente in rassegna il contenuto del suo frigorifero. Da quando erano tornati dalla vacanza non aveva avuto tempo di fare la spesa, e poi mangiavano quasi sempre da Solenn. Aprì un'anta della credenza e trovò una confezione di *madeleine*. Fece appena in tempo ad aprire la busta che Noah agguantò un dolcetto.

«*Merci*» disse. «Posso avere un altro po' di cioccolata?»

Stavolta se ne versò mezza tazza anche per lei, e prese una *madeleine*. Restarono seduti in silenzio per qualche minuto, evitando di guardarsi negli occhi. Il braccio di Sylvia bruciava nel punto in cui Noah lo aveva morso, però non voleva alzarsi la manica e rimproverarlo per quello che aveva fatto. Era sollevata di vederlo così tranquillo. Ma temeva che quella pace potesse essere di breve durata.

Alla fine il bambino bevve l'ultimo sorso dalla sua tazza e ammonticchiò le briciole sul tavolo.

«Voglio tornare a Parigi» annunciò.

«Da chi vuoi andare?» chiese Sylvia.

«Da mio padre, ovviamente.» Noah strinse le labbra e la guardò con aria di sfida. «E non venire a dirmi che questo... questo giardiniere è mio padre. È una bugia.»

«Chi è tuo padre, allora? E dove vive?»

«Te l'ho già detto» ribatté Noah, aggressivo. «A Parigi.»

Sylvia pensò alla minaccia di Chloé di portare di nuovo via il bambino a Maël. Non sarebbe stato male scoprire dove abitava il «papà» di Noah.

«E lui sa dove sei?» chiese Sylvia.

Noah fissò un punto sulla superficie del tavolo, alzò le spalle e le lasciò ricadere. «Non lo so» rispose, asciugandosi gli occhi con i pugni. Sylvia si accorse che si stava sforzando di non piangere.

«Senti, Noah» disse, con fare accondiscendente. «Che ne dici se adesso chiamiamo tuo padre? Puoi dirgli che vuoi tornare a casa. Così può chiarire le cose con tua mamma e... non so, forse viene a prenderti. Che ne pensi?»

Lui stava giocherellando con le briciole sul tavolo. Sembrava immerso in una profonda riflessione. Poi alzò lo sguardo. «Non puoi accompagnarmi da lui?»

Era più un'implorazione che una richiesta, e Sylvia non poté fare a meno di provare compassione per quel bambino. Cosa era successo prima che Chloé decidesse di fare i bagagli e mettersi in macchina insieme a suo figlio?

«Parigi è molto lontana» rispose. «E non mi sembra una buona idea fare tutta quella strada senza sapere se tuo padre sarà contento di vederci.» Tacque e rimase a osservare le diverse espressioni che si susseguivano sul viso di Noah. Il bimbo increspò le labbra e mise il broncio. Non sembrava così sicuro che suo padre sarebbe stato felice di vederlo presentarsi alla porta all'improvviso.

«Papà era molto arrabbiato» raccontò dopo un po', esitante. «Però... non so perché. Io non ho fatto niente, ma all'improvviso...»

Si girò, continuando a lottare contro le lacrime. Sylvia trattenne il respiro. Noah pensava di essere la causa del litigio? In un certo senso lo era, in effetti. Soltanto che il bambino era convinto di aver fatto qualcosa di sbagliato e si stava tormentando per capire cosa. E come poter rimettere tutto a posto.

«Sai che facciamo?» disse. «Ora lo chiamiamo. Forse nel frattempo si è calmato ed è preoccupato per te. Che ne pensi?»

Noah tirò su col naso, e Sylvia gli passò discretamente un fazzoletto di carta. Si pulì via il muco, con aria combattuta. «L'ho già chiamato tante volte» sussurrò alla fine, disperato. «Ma non mi risponde.»

«Con il tuo cellulare?» chiese Sylvia, e Noah annuì tristemente. «Allora fai provare me» propose, prendendo il suo telefono. «Mi detti il numero?»

Con grande sollievo di Sylvia, Noah recitò le cifre. Le digitò e rimase in attesa con il cuore in gola. «Come si chiama tuo padre?» chiese.

«Alain Dufèvre» bisbigliò Noah.

Al terzo squillo una voce maschile rispose con un secco: «*Allô?*».

«Parlo con il signor Alain Dufèvre?»

«Sì» rispose lui. «Come posso aiutarla?»

«Suo figlio vorrebbe parlarle» annunciò Sylvia, guardando Noah che la fissava con gli occhi spalancati. Decise di approfittare della momentanea esitazione di Alain. «Sono Sylvia Riwall, Noah è qui da noi in Bretagna. Mi ha chiesto di chiamarla. Vuole parlare con lui? Penso che gli farebbe veramente...»

«Non è necessario, *madame*» la interruppe lui. «Non so come Noah sia arrivato da lei, ma... il fatto è che io non ho figli. *Au revoir.*»

«Aspetti un attimo» insistette Sylvia. «Non riattacchi. Comunque vadano le cose tra lei e Chloé... qui stiamo parlando di un bambino che sta soffrendo. Non riesco a credere che la cosa le sia indifferente.»

Le sembrò che all'altro capo della linea l'uomo avesse tratto un profondo sospiro.

«Prima lo capisce meglio è» disse alla fine. «Non parlerò con lui, renderebbe soltanto le cose più difficili. La saluto, *madame.* E per favore non mi richiami più.»

Aveva riagganciato. Noah la fissava con gli occhi colmi di speranza. Sylvia non sapeva come comunicargli la notizia.

Deglutì. Aveva la bocca secca. Poi decise di dire la verità. Noah aveva sentito fin troppe bugie. «Non vuole parlare con te» disse, guardando il viso del piccolo che si deformava.

«Devo tornare a casa» gemette. «Devo parlargli, da uomo a uomo. Lo diceva sempre anche lui. Non c'è niente che due uomini ragionevoli non possano chiarire parlando. Devo andare a Parigi, devo farlo e basta!»

Noah posò il braccio sul tavolo, ci appoggiò sopra la testa e iniziò a singhiozzare. In quel momento si sentì bussare violentemente alla porta. Visto che Sylvia e Maël non la chiudevano mai, un attimo dopo Chloé entrò come una furia. Noah cambiò immediatamente atteggiamento. Si asciugò le lacrime, si rimise a sedere dritto e nascose la sua preoccupazione sotto una facciata scontrosa ma convincente.

«Sei qui!» esclamò sua madre, sollevata. «Ti ho cercato su tutta la dannata isola e...» Guardò Sylvia. «Dove lo hai trovato? E cosa sono quei vestiti?» Chloé squadrò suo figlio da capo a piedi.

«I suoi erano bagnati» spiegò Sylvia, lanciando una rapida occhiata al bambino. «Così glieli ho tolti per lasciarli asciugare. Eccoli.»

Lo sguardo di Chloé si spostò dagli abiti fradici a suo figlio, per poi passare a osservare la sala. Spalancò leggermente gli occhi per lo stupore: era evidente che non si aspettava tanto buon gusto nell'angolo più remoto del giardino delle camelie.

«Accomodati pure» le disse gentilmente Sylvia, ma Noah si era già alzato dalla sua sedia.

«Andiamo, *maman*» la esortò con quel suo strano tono da adulto, riservando a Sylvia uno sguardo nel quale a lei sembrò di cogliere profondo dispiacere, ma anche gratitudine e una specie di complicità. Con un tacito accordo avevano deciso di non accennare né alla telefonata a Parigi né al tentativo di fuga di Noah. E di certo Pierrick non avrebbe raccontato niente.

Il bambino si avvicinò un'ultima volta al modello della barca a vela e passò dolcemente la mano sull'alberatura.

«Come hai fatto a bagnarti così?» chiese Chloé in tono di rimprovero.

«Non so» rispose lui, infilandosi gli stivali. «Sono uscito a fare una passeggiata e ha iniziato a piovere all'improvviso. Grazie per la cioccolata» aggiunse, rivolto a Sylvia.

«Di niente» rispose lei, sorridendo. «Torna quando vuoi.»

La porta si richiuse alle loro spalle. Sylvia rimase a lungo a riflettere seduta al tavolo ricavato dalle assi di una barca. Alla fine salvò in rubrica il numero di Alain Dufèvre. Doveva scoprire cos'era successo tra lui e Chloé. Trattenere il bambino sull'isola contro la sua volontà non era una soluzione. Doveva chiarire le cose con l'uomo che pensava fosse suo padre.

Sospirò. Maël avrebbe dovuto farsene una ragione. Anche se non era facile.

# 10

## La serpe

Altre tre betoniere approdarono sull'isola. Per fortuna il tempo tenne. Sylvia constatò che il capocantiere aveva tutto sotto controllo e per il momento non c'era bisogno di lei. In ufficio aveva lavoro a sufficienza per tenersi impegnata diversi giorni, così era già mezzogiorno quando entrò nella cucina di Solenn.

La sua stoica amica bretone era ai fornelli. Sylvia intuì il suo stato d'animo dalla stizza con cui sbatteva le stoviglie.

Chloé era seduta al tavolo con l'aria di aspettare che qualcuno le mettesse il piatto sotto il naso, mentre Noah, che se ne stava pallido e assorto al suo fianco, stava armeggiando con il suo smartphone.

Sylvia salutò Solenn, le diede due baci sulle guance e sentì che si rilassava. «*Ça va?*» Solenn sbuffò, alzò gli occhi al cielo e lanciò un significativo sguardo ai suoi ospiti. «Tutto bene voi?» chiese allegra Sylvia ai due. «Perché non diamo una mano a Solenn ad apparecchiare? Noah, per favore, riporta il cellulare in camera. Non è carino usarlo a tavola. Poi mi aiuti con le posate, okay? Chloé, i piatti sono dietro di te, nella credenza. Oggi hai preparato la zuppa, Solenn? Allora ci servono sia i piani sia i fondi.»

Con grande soddisfazione di Sylvia, Noah si alzò e si avviò verso la porta.

«La vostra connessione internet è pessima» le disse in tono di rimprovero, prima di dirigersi di sopra a passi pesanti.

Sua madre invece non accennò a muoversi.

«Non sei in albergo, Chloé. Saresti così gentile da aiutarmi?» le fece notare Sylvia, cortesemente ma con decisione, tirando fuori da un cassetto i tovaglioli. Fin dai tempi di Lucie ciascuno degli ospiti abituali aveva un portatovagliolo d'argento con un'incisione personalizzata. Una nave per Pierrick, per esempio, e diversi fiori per i giardinieri. Sylvia ne cercò due non ancora assegnati. Chissà se a Noah sarebbe piaciuto quello con il gabbiano. Se avesse avuto le ali, sarebbe già volato via... Sylvia posò di nuovo lo sguardo su Chloé, ancora seduta a tavola con lo stesso atteggiamento indifferente. «Se vuoi vivere qui, renderti utile mi sembra il minimo. Non ti aspetterai che Solenn debba servirti?»

Un sorriso divertito si disegnò sul viso di Chloé, come sempre accuratamente truccato. Si alzò con studiata lentezza. «*Eh bien*» disse, ironica. «Vedo che è stato introdotto il tipico regime tedesco...»

«Chiudi il becco» si intromise Solenn. «Fai come dice Sylvia, altrimenti dovrai vedertela con il tipico regime bretone. E credimi, siamo molto meno cordiali.»

Chloé andò alla credenza e prese i piatti. «Sì, questo l'ho già notato» osservò divertita, iniziando ad apparecchiare. «A casa avevo una governante per fare queste cose.»

«Allora puoi tornartene là» rispose Solenn, aggressiva. «Nessuno ti trattiene!»

Chloé le rivolse il suo sorriso sarcastico. «Forse tu no» sibilò. «Maël mi ha implorata di restare. È solo per questo che...»

In quel momento Sylvia si accorse che Noah era tornato in cucina.

«*Maman*» disse, tirando la manica di Chloé. «La signora ha ragione! Perché non torniamo a casa? Cosa ci facciamo qui? Mi manca la scuola. E si arrabbieranno tutti...»

«Andrai a scuola qui, *mon petit lapin*.»

Sylvia notò che il bambino stava cambiando espressione.

«Qui? Ma qui non ci sono scuole! Non c'è proprio niente. Sei impazzita?»

«Calmati» ribatté Chloé, dura. «Che fine hanno fatto le buone maniere?»

A giudicare dalla sua faccia, Noah avrebbe volentieri lanciato un piatto contro la parete, ma strinse le mani a pugno, abbassò il mento e tacque. Il suo sguardo attraversò la stanza e si fermò su Sylvia. Poi uscì come una furia dalla cucina e si affrettò su per le scale. Di sopra, una porta si chiuse di schianto.

«Che succede?» chiese Maël, che stava entrando proprio in quel momento. Si sfilò la giacca a vento e la appese a un gancio vicino alla porta.

«Tuo figlio ha avuto un piccolo sfogo, niente di cui preoccuparsi» replicò Chloé in tono leggero, sistemando i piatti sul tavolo.

«Dobbiamo parlare» disse Sylvia, determinata. «Subito dopo mangiato. Noi quattro: io, tu, Maël e Solenn. Così non si può andare avanti. Se tu e Noah volete davvero vivere qui ci devi un po' di spiegazioni, mia cara Madame Dufèvre.»

Chloé la fissò irritata. Evidentemente non si aspettava che Sylvia conoscesse il cognome di suo marito.

«Mi sembra un'ottima idea» le venne in aiuto Maël. «Dovrebbe esserci anche Noah, non pensate?»

Chloé non sembrava entusiasta, e anche Sylvia non era d'accordo che il bambino scoprisse in quel modo che la sua vecchia vita era andata in mille pezzi. Ma un attimo dopo si aprì la porta e la cucina venne invasa dal vento primaverile, dalle voci allegre e dalle risate degli altri collaboratori. Il nuovo apprendista aveva seguito l'esempio di Coco e Gurvan e si era colorato i capelli di un giallo acceso.

«Dio mio» esclamò inorridita Solenn, «rosso, giallo e verde. Forse è ora che io scambi due parole con Fleurette.»

«Magari ti tingerà i capelli di blu la prossima volta che vai da lei» la prese in giro Coco, passandosi una mano sul caschetto rosso.

«Adesso ti mancano soltanto tutti quei pezzi di metallo in faccia» disse Pierrick a Iven.

«Dai tempo al tempo» rispose Gurvan, ridacchiando.

Mentre facevano baccano con le sedie per prendere posto, Sylvia chiese a Chloé di andare a chiamare Noah. Arrivò a tavola soltanto dopo la zuppa, con gli occhi rossi di pianto e avvinghiato alla mano di sua madre.

Il cuore di Sylvia si strinse a guardare il piccolo prendere posto tra Chloé e Pierrick, anche se era ovvio che lui avrebbe preferito essere da tutt'altra parte. Ascoltò solo per metà il racconto di Maël sui danni causati dai parassiti nella quarta serra.

«Non mi succedeva da tantissimo tempo» stava dicendo. «Ho paura che dovremo sgombrarla per risolvere il problema. Speriamo di riuscirci senza prodotti chimici.»

«Quante piante sono state colpite?» si informò Sylvia. Con la coda dell'occhio notò che Pierrick aveva provato a rivolgere la parola a Noah, il quale aveva aggrottato la fronte e stava rispondendo di malavoglia. Non capiva cosa l'anziano gli stesse dicendo. E forse nemmeno Noah comprendeva tutto, visto il forte accento bretone di Pierrick.

«Un centinaio» rispose Maël preoccupato. «Ma stai tranquilla, risolveremo tutto.»

Dopo aver sparecchiato, Solenn mise a tavola una grossa scatola di latta piena di biscotti al burro.

«Se vuoi puoi venire a darmi una mano» stava dicendo adesso Pierrick. Noah sembrava indeciso, mentre l'adulto stava già spingendo indietro la sedia per alzarsi. «Che dici, *petit copain*?» gli chiese. «Ci portiamo i biscotti in officina?»

«Va bene» rispose il piccolo.

«Solenn» disse Pierrick, rivolto alla padrona di casa, «saresti così gentile da prepararci un pacchetto per la merenda?»

«Dove vai?» domandò Chloé, irritata.

«A riparare una barca» le spiegò il figlio.

«Proprio così, *madame*» confermò Pierrick, infilandosi in una tasca della giacca i biscotti che Solenn aveva avvolto in un canovaccio. «Non riesco a credere di avere finalmente un manovale. Andiamo, Noah!»

«Io non sono un manovale» protestò il cocciuto bambino quando erano già alla porta.

«Ah no?» chiese Pierrick, serio. «Che peccato. È una delle mansioni più importanti. È quello che sa sempre qual è lo strumento giusto da passare. Peccato, davvero, pensavo che sapessi farlo!»

Sul volto di Noah comparve l'accenno di un sorriso. Prese la giacca a vento dal gancio con più decisione. «Certo che so farlo» disse. Poi chiuse la porta alle spalle di entrambi.

Coco, Gurvan, Gwen e Iven finirono il loro caffè e tornarono al lavoro. A tavola rimasero Solenn, Maël, Sylvia e Chloé.

«Volete altro caffè?» propose Solenn facendo per alzarsi, ma Sylvia le mise una mano sul braccio, costringendola a rimettersi a sedere.

«Penso che ne abbiamo tutti bevuto abbastanza, grazie» rispose in tono affettuoso. «Adesso quello che ci serve è un po' di chiarezza.» Guardò Chloé, le cui palpebre tremolavano come se stessero per chiudersi. «Sono molto curiosa di sapere come immagini il tuo futuro e quello di Noah.»

Chloé cercò lo sguardo di Maël, ma lui non diede segno di volerla aiutare. Si morse il labbro inferiore.

«Non lo so» ammise alla fine, voltandosi supplichevole verso Maël. «Io... È stato tutto così inaspettato.» I grandi occhi di Chloé si riempirono di lacrime. «Io stessa l'ho scoperto soltanto un paio di giorni fa.»

«Che Noah non è figlio di tuo marito?» chiese Sylvia. «E davvero non hai mai avuto il minimo sospetto?»

L'altra scosse violentemente la testa e prese un fazzoletto dalla borsa. Si soffiò il naso e si asciugò gli occhi.

«È difficile da credere» mormorò Solenn, incrociandosi le braccia sul petto con disapprovazione.

«Cosa sa Noah di tutta la storia? Cosa gli hai raccontato?» chiese Sylvia, cauta.

L'altra arricciò le labbra e sporse il mento verso di lei con fare aggressivo. «Non mi piace per niente questa specie di terzo grado.»

«Nessuno ti sta facendo il terzo grado» si immischiò Maël. «Anch'io penso, come Sylvie...»

«Sylvie, Sylvie, Sylvie» sbottò Chloé. «Tutto gira intorno a Sylvie. Pensi mai con la tua testa?»

Di colpo in cucina calò il silenzio. Si sentivano soltanto il gocciolio del rubinetto e il lieve ronzio del frigorifero. Il cuore di Sylvia batteva così forte che sembrava stesse per esplodere. Non si aspettava che si arrivasse allo scontro così in fretta. *Meglio prima che dopo*, pensò. Adesso dipendeva tutto dalla risposta di Maël.

«Sai, Chloé» disse lui dopo un po'. La freddezza del suo tono turbò Sylvia. «Se fosse stato per me ti avrei già mandata via da un pezzo. L'unico motivo per cui sei ancora qui è Noah. Per te forse ci sono cose più importanti, ma a me e Sylvia interessa soltanto il bene del bambino. Quindi rispondi alle nostre domande se vuoi che ti aiutiamo a trovare una soluzione ai tuoi problemi.»

Il colorito chiaro di Chloé si fece ancora più pallido. Di colpo sembrò di nuovo vulnerabile. «A Noah ho detto la verità» spiegò, con voce tremante. «Che suo padre, cioè Alain, non vuole più avere niente a che fare con lui. Che il suo vero padre è un uomo che avevo conosciuto prima di sposarmi. E che saremmo andati da lui.»

Sylvia era allibita. «Hai detto a Noah che suo padre non voleva più saperne di lui?»

«È la verità» ribatté Chloé, brusca. Grosse lacrime sgorgavano dai suoi occhi castani, facendo sbavare i contorni perfetti della matita e lavando via il mascara dalle ciglia. «È quello che ha detto. Che non voleva più vedere nessuno dei due. Che lui non ha figli.» Piangeva inconsolabile, e Sylvia non riusciva più a distinguere se il suo fosse un dolore autentico o se facesse parte della messinscena. Di certo non doveva essere stato facile per lei, ma avrebbe dovuto usare più tatto con suo figlio. Aveva solo sette anni! Le tornò in mente lo sguardo accorato di Noah mentre la guardava parlare al telefono con Alain Dufèvre.

«E il bambino vi ha sentiti litigare?» chiese, cercando di controllarsi.

Chloé scosse la testa. «Non credo, era nella sua stanza. Poi l'altro giorno sono andata a prenderlo a scuola e siamo venuti qui. In macchina gli ho raccontato tutto.»

Sylvia si scambiò uno sguardo con Maël. Come ci si poteva aspettare che Noah capisse?

«Quindi Noah non ha avuto l'opportunità di salutare la persona che da sempre crede essere suo padre?»

Sylvia non si accorse subito della reazione di Maël. Era diventato improvvisamente pallido, come se fino a quel momento non avesse preso in considerazione quell'aspetto della faccenda. Evidentemente la sorpresa di avere un figlio aveva occupato la sua mente a tal punto da offuscare tutto il resto. Solo adesso iniziava a riflettere su cosa significasse per Noah.

«Si abituerà» commentò Chloé.

Si era calmata, aveva preso uno specchietto dalla borsa e aveva iniziato a ripulirsi con il fazzoletto le macchie scure di trucco intorno agli occhi, il tutto sotto lo sguardo di disapprovazione di Solenn.

«Capisco perché Alain fosse così... furioso» osservò Sylvia. «Ma non possiamo escludere che prima o poi si calmi e cambi idea. In fondo ha fatto da padre a Noah da quando è nato...»

«Alain ha un carattere di ferro» la interruppe Chloé, arricciando le labbra e rimettendo tutto a posto nella borsetta. «Quando decide una cosa non torna più indietro. E se dovesse pentirsi della sua scelta... Be', non proverò certo compassione per lui, visto come mi ha trattata.»

Maël sembrava turbato. Forse stava immaginando come ci si sentisse a farsi portar via un figlio dopo sette anni. A scoprire di non esserne il padre. E poi vederlo sparire da un giorno all'altro.

«Qui però non si tratta di tuo marito» le fece notare Sylvia. «Si tratta di Noah. Come potrà mai accettare Maël se è convinto di avere già un padre?»

Per un paio di secondi nessuno disse niente. Poi Solenn ruppe il silenzio.

«Quel che è stato è stato» sentenziò. «La cosa importante

adesso è: che si fa? Resterai sull'isola con il bambino? Vuoi davvero che vada a scuola qui? E tu? Non puoi startene seduta in eterno nella mia cucina.»

Chloé fissò Solenn con gli occhi sgranati, come se avesse parlato in cinese. Poi si rivolse a Maël. «Provvederai tu a noi» annunciò, come se fosse una cosa già decisa.

«Provvederò volentieri a Noah» ribatté lui. «Tu invece devi trovare il modo di cavartela da sola. O chiedere un mantenimento all'uomo che hai sposato. Questo è quanto.»

Adesso era Sylvia a essere sorpresa. Allora Maël ci aveva già pensato? Chloé lo fissava supplichevole, come se sperasse di intenerirlo. Lui sostenne il suo sguardo senza battere ciglio.

«Andiamo, Chloé» le disse, persino compiaciuto. «Saprai fare qualcosa. Non sei andata all'università?»

«Con un bambino?» ribatté lei in tono di rimprovero, come se fosse tutta colpa sua. «E come? Ci siamo sposati il prima possibile.»

«Comunque sia, Chloé dovrà contribuire alle spese» intervenne Sylvia. «Io e Solenn calcoleremo l'ammontare. Quanto al lavoro... forse può trovarsi qualcosa sulla terraferma, visto che Noah andrà a scuola lì. Ci sono diversi hotel a cui potrebbe fare comodo una receptionist.»

«E il centro visitatori?» propose Maël. Sylvia cercò invano di intercettare il suo sguardo per fargli capire che non intendeva approfondire l'argomento. Voleva veramente affidare a quella donna un compito di responsabilità nella loro attività? «Non stiamo cercando qualcuno che possa dirigerlo?»

«Vedremo» lo liquidò lei, alzandosi. «Ci vorrà del tempo visto che dobbiamo ancora costruirlo. E nel mentre ci sarà occasione di conoscersi meglio e capire se può trattarsi di un impiego adatto a lei.»

Chloé la fissò con l'espressione di un gatto che ha individuato una preda deliziosa su un ramo facilmente accessibile e non sa da che parte attaccarla.

Quel pomeriggio telefonò un cliente di Parigi che spesso aveva fatto ordini di camelie da regalare ai suoi fornitori.

«Avete qualcosa di speciale per me?» chiese a Sylvia. «Questa volta l'occasione è il fidanzamento di mia figlia. Le piacerebbe molto un albero. Ma dev'essere qualcosa di unico.»

Sylvia gli promise di occuparsene personalmente, e dal momento che la festa di fidanzamento era prevista per il fine settimana successivo, decise di lasciare l'ufficio e andare al vivaio. Cercò Maël nelle serre, ma non lo trovò.

«È sulla terraferma» la informò Gurvan, che aveva appena finito di pulire la serra vuota con una pompa ad alta pressione. «Ci servono dei nematodi, e si trovano soltanto a Brest.»

«Cosa sono i nematodi?» chiese Sylvia.

«Vermi» spiegò il giardiniere, come al solito di poche parole. Si tolse la tuta da lavoro e infilò la giacca militare che portava quasi sempre. «Mangiano le larve di queste bestiacce. Così possiamo fare a meno di usare prodotti chimici.»

«E funziona?»

«Se lo dice il *patron*, sì.»

Il tono di Gurvan trasudava rispetto e venerazione per Maël, una cosa che l'aveva sempre commossa. Decise di chiedere a lui consiglio per scegliere l'albero di camelia per la figlia del cliente di Parigi. Gurvan la portò nella seconda serra, dove tenevano gli alberi più piccoli.

«*Esme Spence*» disse, indicandole una pianta già cresciuta. «Non capita spesso che prenda questa forma. E ha un buonissimo profumo.»

Sylvia la osservò dubbiosa. Era carina, niente da dire. Ma il cliente avrebbe apprezzato la sua particolarità? Qualcosa di più appariscente sarebbe stato meglio. «Abbiamo altri innesti di Maël della stessa grandezza?»

Gurvan si grattò il piercing, prese una gomma da masticare dalla tasca della giacca e aggrottò la fronte. «Conosci la *Feu Breton*?» chiese, e lei annuì animatamente.

Certo che la conosceva. Era la camelia che Maël le aveva fatto vedere durante la sua prima visita al vivaio. In quel periodo i fiori color crema della pianta si erano appena schiusi, rivelando un cuore rosso carminio che scintillava come fuoco. In quell'occasione Maël l'aveva baciata per la prima volta, e, anche se avrebbe evitato volentieri i problemi che erano seguiti a quel bacio, il suo cuore fremette come sempre al ricordo di quella giornata.

«Oh, sarebbe perfetta» rispose Sylvia, entusiasta. «Dov'è?»

«Qui vicino.» Gurvan le fece strada. «Guarda, le tue piccole Sylviana.» Il giardiniere si era fermato accanto a un tavolo vicino all'ingresso della serra, e stava indicando cinque piante in miniatura. «Una ha già un bocciolo!»

«Gurvan» esclamò Sylvia, spaventata. «Perché non sono nella serra chiusa a chiave, quella dietro l'ufficio?»

«Per via della luce» spiegò Gurvan. «Gli fa bene stare qui. Vedi, hanno già...»

«Ma è troppo pericoloso. Conosci le condizioni del contratto. Se una di queste piante dovesse lasciare l'isola...»

«Non succederà» la rassicurò Gurvan. «Ci siamo qui io e Coco. Non preoccuparti. E poi...»

Si interruppe, cercando le parole.

«E poi cosa?» lo incalzò lei.

«Be', è una notevole... voglio dire... niente di interessante...

Non ho mai...» Si interruppe ancora, grattandosi di nuovo il piercing alle labbra.

«Per favore, riportale nella vecchia serra» disse Sylvia, innervosita dal suo discorso inconcludente.

«Stai tranquilla» disse Gurvan, quasi offeso.

Ma Sylvia non era per niente tranquilla. Decise di parlarne con Maël quella sera stessa. Quelle piante, propaggini dell'albero che avevano appena venduto al giardino botanico di Madeira, dovevano assolutamente essere tenute sotto chiave. In teoria avrebbero dovuto distruggerle, ma nessuno ne aveva avuto il coraggio.

Rivedere la *Feu Breton* le aveva evocato vecchi ricordi. Era tutto davanti ai suoi occhi, come se fosse appena successo. La confusione che aveva provato all'arrivo, quando si aspettava un vivaio in rovina e invece si era ritrovata in una magica coltivazione di camelie. E non solo. In mezzo a quelle piante stupefacenti aveva incontrato l'uomo della sua vita: si era innamorata di lui appena lo aveva visto.

Mentre guidava per tornare indietro notò lo stretto e quasi invisibile viottolo che digradava lungo il fianco orientale della parete di roccia e conduceva alla piscina naturale protetta dal vento dove lei e Maël avevano fatto l'amore per la prima volta. Lo imboccò quasi senza pensarci.

Quando scese dall'auto una folata la travolse con tutta la sua forza. Malgrado vivesse sull'isola nell'Atlantico ormai da tempo, la violenza di quelle raffiche non aveva ancora smesso di sorprenderla. Arrivava da ovest, trascinando con sé nuvole gonfie di pioggia. Sull'orizzonte, dove i raggi del sole lambivano le onde spumeggianti, vide rilucere per un attimo un piccolo arcobaleno. Sul fianco della scogliera rivolto verso la terraferma c'era un sentiero che conduceva ancora più giù, verso il mare. Sylvia lo seguì, e dopo pochi metri fu di nuovo al riparo dal vento. Era tanto tempo che non andava laggiù, nemmeno con Maël. L'ultima volta era stata dopo il matrimonio, l'estate precedente.

Avrebbe potuto fare quella strada a occhi chiusi, e sapeva che presto avrebbe raggiunto la nicchia protetta dalle onde. A seconda delle maree, intorno alla piscina si formava un cerchio di sabbia fine, che spariva in inverno e ricompariva in primavera, come per magia.

Arrivandoci, Sylvia notò qualcosa di strano. C'erano delle impronte.

«*Salut*, Sylvie» disse all'improvviso una voce femminile. Per poco a Sylvia non prese un colpo. Appoggiata a uno scoglio e mezza nascosta dalla roccia, Chloé sedeva sul suo asciugamano e ostentava una smorfia sotto gli occhiali da sole. «Non ci si riesce proprio a liberare di te, *mon Dieu*! Mi hai spaventata a morte.» Poi rise e le indicò il posto libero sull'asciugamano accanto a lei. «Vieni» la esortò, «siediti.»

Sylvia si adagiò sulla sabbia tiepida cercando di mantenere una certa distanza da lei.

«Come sei arrivata qui?» le chiese, ancora confusa.

«Come te, direi» rispose Chloé, divertita. Sylvia si accorse che la stava squadrando attentamente dietro le lenti scure. Non si sarebbe mai aspettata di trovarla lì. In realtà era lei a non riuscire a liberarsi di Chloé.

Ma poi si diede una scossa.

Dovevano... be', magari non proprio diventare amiche, ma almeno provare a conoscersi meglio. Era indispensabile, soprattutto se avessero continuato a vivere insieme. Stava giusto cercando un argomento innocuo da cui partire per fare conversazione, quando Chloé si girò verso di lei con un sorriso malinconico.

«Ha portato qui anche te la prima volta?» chiese, e scoppiò in una fragorosa risata quando notò l'espressione raggelata di Sylvia. «*Tiens!* A quanto pare Maël non è così fantasioso. Non che ci sia tanta scelta di nidi d'amore qui sull'isola, dico bene?»

Senza mai smettere di guardarla, Chloé si lasciò ricadere sulla sabbia, piegò una gamba e ci appoggiò sopra l'altra con disinvoltura. Sylvia era impietrita. Tutti quei ricordi... Era possibile che anche Chloé avesse gli stessi?

«Non mi piace molto farlo all'aperto» continuò a blaterare Chloé. «Ci si riempie tutti di sabbia. E poi questa è così fine che si infila dappertutto, *n'est-ce pas*? Ma è molto romantico, niente da dire, soprattutto di notte, con la luna piena. Ci siete già stati?» Lanciò a Sylvia uno sguardo impenetrabile e poi si girò. «Noah potrebbe essere stato concepito proprio qui» continuò, ma Sylvia aveva sentito abbastanza. Si tirò su. «*Mais attends*, dove vai?» la chiamò l'altra.

Sylvia si scosse via la sabbia dai pantaloni. Non poteva ascoltare una parola di più. «Devo andare» annunciò in tono sommesso, furiosa con se stessa.

Chloé si era rimessa a sedere e la stava fissando. «Tu non hai figli, vero?» domandò in tono quasi compassionevole, e la cosa peggiore era che sembrava persino autentico. «Ne vorresti?»

Sylvia si voltò bruscamente. Voleva rispondere, ma non sapeva cosa dire. Alla fine riuscì a mormorare uno stentato «A dopo» e corse più veloce che poteva su per il sentiero roccioso. La sua era sembrata una fuga, era chiaro. E in effetti lo era. Non ce l'avrebbe fatta a sopportare la compagnia di Chloé nemmeno per un altro secondo.

Quando raggiunse la macchina le faceva male un fianco e le

mancava il fiato. Si sentiva ferita, anche se razionalmente sapeva che non ce n'era motivo. Chloé era solo una piccola impertinente con un sesto senso per le debolezze altrui. Eppure ogni singola fibra del suo corpo stava gridando: *Come ha potuto Maël...*

Si sforzò di respirare e pensò a quello che le aveva detto Veronika. Non aveva senso essere gelosi del passato. All'epoca lei e Maël non si conoscevano nemmeno. Poteva portare chi voleva nel suo posto preferito. Invece era gelosa. Gelosa e arrabbiata all'idea che quel meraviglioso ricordo ormai fosse rovinato per sempre. Il solo pensiero che lui e Chloé avessero concepito un figlio nello stesso luogo in cui aveva stretto lei tra le braccia per la prima volta le era insopportabile.

Salì in macchina. Era così agitata che le ci vollero due tentativi per riuscire ad accendere il motore. Per timore che Chloé potesse seguirla, guidò fino al punto in cui lo sterrato si ricongiungeva con la strada principale. Poi spense il motore e cercò di calmarsi. Si guardò nello specchietto retrovisore.

«In quel periodo tu eri sposata con Holger» sibilò al suo riflesso. «Non hai motivo per comportarti da pazza!»

Eppure i suoi occhi si erano riempiti di lacrime. E non riuscì ad arginare un'ondata di autocommiserazione. Perché quella donna orrenda era dovuta tornare nella vita di Maël? Cosa aveva fatto di male per meritarselo?

Per un po' lasciò scorrere le lacrime e si accorse che piangere le faceva bene. Chi dice che bisogna essere sempre e solo razionali? Dopo essersi sfogata si sentì più leggera, con le idee più chiare. Uscì dall'auto, chiuse gli occhi e lasciò che il vento le accarezzasse il viso, come quando da piccola spalancava le braccia e provava a farsi trasportare dalla brezza.

«Ci amiamo» gridò. «Soltanto questo conta.»

Una violenta folata le strappò le ultime parole di bocca, trascinandole via. Per un attimo senza tempo le sembrò che il vento fosse suo amico, che l'avesse capita e curata.

Non aveva bisogno di ricordi legati a luoghi particolari. Forse Chloé sì, perché aveva calpestato l'amore di Maël e adesso lo aveva perso per sempre: per lei doveva essere importante tornare nei posti in cui erano stati felici. Ma non per Sylvia.

O sì, invece?

La ferita bruciava ancora, come una piccola spina sottile, mentre guidava, attraversava il cancello di fronte alla casa di Solenn e guardava il furgone di suo marito parcheggiato al suo posto. Una dolorosa eco delle parole della donna che aveva concepito e partorito il figlio di Maël.

Forse doveva andare così, si disse, vedendolo uscire dal suo ufficio e illuminarsi appena si accorse che lei era lì, come se l'avesse cercata dappertutto. Si sentiva amata come poche altre donne al mondo e aveva il privilegio di abitare in quel luogo paradisiaco. Ma probabilmente in ogni paradiso c'è un serpente nascosto da qualche parte. E il suo si chiamava Chloé.

# 11

## Ferite

«Ho incontrato Morgane in paese» le raccontò Maël, mentre prendevano un caffè in piedi nella cucina di Solenn. «Stasera passa a conoscere Noah. Per la scuola. Dov'è, a proposito?»

«Non lo so. Forse è ancora con Pierrick in officina.»

Lui la squadrò attentamente. «Hai pianto?»

Sylvia cercò di assumere un'aria leggera e distolse lo sguardo. «Un po'» ammise.

Maël le posò una mano sulla guancia, girandole di nuovo il viso verso di lui. «E perché?»

Sylvia sorrise dolcemente e gli diede un bacio. «È acqua passata» lo rassicurò. L'ultima cosa che voleva era raccontargli dell'incontro con Chloé. Aveva troppa paura di essere di nuovo travolta da quei sentimenti irrazionali. «Andiamo a cercare Noah? Ah, e poi ho venduto un albero di *Feu Breton*, non è fantastico?»

Uscirono e imboccarono il sentiero che conduceva alla rimessa di Pierrick.

«Questa passione di Noah per le barche...» osservò Maël, mentre attraversavano il cortile.

«Suo padre gli ha insegnato ad andare a vela» spiegò Sylvia.

Maël si fermò di colpo e la fissò. «Come lo sai? E, già che ci siamo, come sapevi il suo cognome?»

Lei scoppiò a ridere. «Ops. In realtà sarebbe un segreto tra me e Noah, ma posso confidartelo se mi prometti di non dirlo a nessuno, soprattutto a sua madre.»

Gli raccontò del tentativo di fuga di Noah, di come fosse stato fermato sulla passerella da uno dei camionisti e di quello che si erano detti nel *Ti Bag*.

«Vuole tornare a casa a tutti i costi» concluse Sylvia. «Ho persino chiamato Alain Dufèvre perché Noah voleva parlargli.»

«Cosa?» esclamò Maël, sbalordito. «E che ha detto?»

Sylvia notò l'agitazione nel suo sguardo, la paura di perdere il bambino appena ritrovato. «Che non ha figli. Pensa, non ha voluto che glielo passassi. Ha detto che avrebbe soltanto reso le cose più difficili. E mi ha chiesto di non richiamarlo più.»

Maël la guardò turbato e si girò verso la costa. «Povero piccolo» disse alla fine. «Come si fa a essere tanto insensibili?» Scosse la testa incredulo. Poi sembrò venirgli in mente una cosa. «Questo però significa che hai il suo numero?»

Sylvia annuì. «E il cognome. Non devi più aver paura che Chloé scompaia nel nulla se non obbedisci ai suoi ordini.»

«A meno che non lo porti da tutt'altra parte» obiettò lui, preoccupato.

Sylvia scosse la testa e gli strinse dolcemente la mano. «Non lo farà. Chloé resta vicina alle persone che pensa di poter controllare, quelle che hanno un qualche obbligo nei suoi confronti. A proposito, sai qualcosa della sua famiglia?»

Maël aggrottò la fronte. «Suo padre deve essere molto ricco. I suoi sono divorziati da tempo, lei era ancora adolescente quando è successo. Se non sbaglio la madre vive da qualche parte ai Caraibi, in Martinica, forse. Non hanno contatti. Anzi, ho sempre avuto l'impressione che Chloé la odiasse.» Alzò le spalle. «Ma lo sai, io questa gente con i soldi non la capisco.»

Sylvia sorrise. «Andiamo da Noah, allora?» propose in tono affettuoso, e il viso di Maël si illuminò.

«Cos'altro hai scoperto su mio figlio?» le chiese dopo aver ripreso a camminare.

«Che per Natale questo Alain gli ha regalato una iole» spiegò, mentre scendevano i gradini scavati nella roccia. «E che gli ha promesso di insegnargli a governarla per il suo compleanno.»

Per un po' Maël non parlò, come se avesse bisogno di tempo per elaborare la notizia. Solo quando arrivarono in fondo ai gradini riuscì a dare voce ai suoi pensieri.

«Non so nemmeno quando è il suo compleanno. Non è...»

Fece per allontanarsi, ma Sylvia non lasciò la sua mano, e anzi la strinse forte.

«Non so il giorno preciso, ma a giugno, mi ha detto. Possiamo scoprirlo. Abbi pazienza, ci vuole tempo.» In parte lo stava dicendo anche a se stessa.

Trovarono Noah con le guance arrossate e una pesante raspa stretta tra le mani, intento a raschiare la chiglia di una vecchia barca. Quando li vide lasciò cadere l'attrezzo e fece un passo indietro.

«Che succede?» chiese sospettoso, spostando lo sguardo da Sylvia a Maël.

«Niente» rispose lei. «Siamo venuti a vedere se ti diverti.»

Noah alzò le sopracciglia e protese il labbro inferiore. Somigliava così tanto a Maël che per un attimo Sylvia si dimenticò di respirare.

«Stiamo lavorando» dichiarò Pierrick, strizzando l'occhio a Maël. «Vero, Noah?»

«Vi ha mandati mia madre?» indagò il piccolo.

«No» rispose Maël. «Non so nemmeno dov'è.»

Sylvia si chiese se non avessero commesso un errore, piombando laggiù a sorpresa proprio quando il bambino si stava finalmente rilassando.

«Non se ne sarà mica andata via?» chiese Noah spaventato.

«No, stai tranquillo» si affrettò a rispondere Sylvia. «L'ho vista poco fa, stava facendo una passeggiata sull'isola. Tornerà sicuramente a cena.»

Ma il bambino era tutt'altro che tranquillo. «Mia madre odia le passeggiate» obiettò preoccupato. «Quando l'hai vista?»

«Meno di un'ora fa» rispose lei. «Era distesa al sole in un posto bellissimo e tranquillo vicino alla scogliera. Se vuoi possiamo andarci insieme un giorno. C'è anche una piscina naturale, ti piacerebbe.»

Sylvia percepì lo sguardo sorpreso di Maël sulla sua schiena. Ma non si girò, rimase concentrata su Noah. Il bambino sembrava finalmente tranquillizzarsi.

«Esiste davvero?» domandò. «Mamma me lo ha raccontato. Ma com'è fatta una piscina naturale? Non ne avevo mai sentito parlare.»

«Allora dobbiamo portarti a vederla» promise Sylvia. «Adesso togliamo il disturbo.» Guardò l'orologio. «La cena è alle sette, mi raccomando.»

«*Mais oui*» replicò Pierrick, alzando gli occhi al cielo. «Sono trent'anni che la cena è alle sette, Sylvie. Pensi che me lo sia improvvisamente dimenticato?»

«Non mi avevi detto che...» esordì Maël, e Sylvia gli lanciò una rapida occhiata. Alle loro spalle le onde si infrangevano sul molo. La marea aveva raggiunto il suo punto più alto a mezzogiorno, e adesso la passerella stava emergendo di nuovo dalle acque. «È per questo che hai pianto?» le chiese, stringendole dolcemente gli avambracci. «Avete litigato?»

Lei esitò. Doveva dirglielo? Non sarebbe servito soltanto a mettere di cattivo umore entrambi?

«Non abbiamo litigato» si decise a dire. «Chloé ha solo pensato bene di raccontarmi, senza che glielo avessi chiesto, che è stata lì con te tempo fa.»

Fece per girarsi, ma Maël la tenne stretta e la guardò negli occhi. «E ti ha ferita» disse. Sylvia alzò le spalle. Malgrado il suo proposito di non lasciar trapelare niente, non riusciva proprio a sembrare indifferente. Maël inarcò le sopracciglia, ricordandole l'espressione di Noah quando si era seduto a tavola con lei. «Ma è stato tanto tempo fa» continuò. «Io e te non ci conoscevamo nemmeno. Come può farti soffrire, Sylvie?»

Lei aprì la bocca per ribattere qualcosa, ma poi lasciò perdere. Aveva ragione. Eppure in un certo senso anche no. Perché non poteva soltanto abbracciarla e consolarla? «Non c'è problema» disse. «Mi abituerò.»

«All'idea che ho un passato?» insistette Maël, questa volta più irritato. «Abbiamo tutti un passato, Sylvie, anche tu!»

«Certo, lo so.» Per l'amor del cielo, sapeva che avrebbe fatto meglio a non dire niente! Ma era stato lui a chiederglielo, no? «Non ti sto accusando di nulla.»

«Vorrei ben vedere!» sbottò lui, brusco. «È tutto un continuo accusarmi, anche quando non dico niente. Tu, Solenn. Persino Chloé! Non la smettete mai di attaccarmi e di pretendere l'impossibile da me. E non so più cosa fare per farvi contente e convincervi a lasciarmi in pace. Sylvie, io...»

Si voltò di colpo. Per un attimo Sylvia rimase immobile, come paralizzata, non sapendo come reagire a quello sfogo improvviso. Turbata, si avvicinò a suo marito, gli posò la testa sul petto e lo abbracciò. «Maël» disse con un filo di voce. «Non ti sto accusando di nulla, ripeto, lo sai che ti amo.»

«Allora aiutami, Sylvie!» Era disperato. «E non farti assalire da continui dubbi.» Le strinse le spalle, la fece arretrare di qualche passo e la guardò negli occhi. «Sei tu la donna che amo» disse con convinzione. «Ti ho sposata perché voglio passare tutta la mia vita con te. Adesso ho scoperto di avere un figlio, e voglio che anche lui ne faccia parte. Lo capisci?»

Sylvia annuì.

Non stava già facendo tutto quello che era umanamente possibile per aiutarlo? Forse, per non complicare ancora di più la situazione, avrebbe dovuto mettere in secondo piano i suoi sentimenti. Almeno per il momento. Doveva stare accanto a suo marito, nella buona e nella cattiva sorte.

Per cambiare argomento, mentre stavano tornando al Jardin aux Camélias chiese a Maël dei nematodi, i vermi di cui le aveva parlato Gurvan.

«Sono degli antiparassitari naturali» le spiegò. Nel frattempo avevano raggiunto il cortile, e Maël recuperò dal furgone un pacchetto avvolto nel cellophane trasparente contenente una sostanza friabile. «I nematodi sono troppo piccoli, per cui non sono visibili a occhio nudo, ma in questo pacchetto ce ne saranno cinquecento milioni. Li scioglieremo nell'acqua e la useremo per annaffiare le radici.»

«Iniziate oggi?»

Maël guardò l'orologio e annuì. «Se ci danno una mano anche gli altri possiamo farcela.»

Le diede un bacio veloce, montò in macchina e si allontanò. Sylvia rimase ancora un attimo sotto il vecchio albero di camelia. Il sole era scomparso dietro un fitto banco di nubi, e l'aria si era raffreddata. Si strinse nella giacca di lana e ripensò a quello che aveva detto Maël. In altri tempi probabilmente sarebbe rimasto zitto e avrebbe tenuto per sé i suoi sentimenti. Forse doveva apprezzare che avesse imparato a dar voce al suo disagio, anche se per lei non era piacevole.

*Conviviamo tutti con le nostre ferite*, pensò, ed entrò in ufficio. *Nessuno di noi è una pagina bianca. Ho avuto la fortuna di non avere una suocera difficile come tante altre mogli.*

*E in cambio mi è capitata Chloé.*

Poco prima delle sette Sylvia attraversò il cancello principale, attirata da un meraviglioso tramonto che aveva colorato le nuvole delle più varie sfumature di arancione.

Una macchina stava percorrendo la passerella proprio in quel momento. Sylvia la riconobbe: era la Dyane di Morgane. Se quel trabiccolo riusciva ancora a mettersi in moto era solo grazie a Laurent, il marito di Veronika. Era un grande appassionato di quei vecchi modelli: lui stesso guidava la Citroën DS, a bordo della quale aveva accompagnato Veronika e Sylvia da Le Mans a Quimper quando avevano cercato di impedire la vendita dell'isola. Il fatto che non fosse arrivata in tempo non era dipeso né da lui né dalla macchina, ma dalla folla di manifestanti infuriati che aveva bloccato loro il passaggio. *A ripensarci, è un miracolo che il salvataggio sia riuscito lo stesso*, si disse Sylvia.

Morgane spense il motore e scese. «Sono in anticipo?» chiese allegra, baciando l'amica su entrambe le guance. «Dov'è il piccolo?»

«Al lavoro» rispose Sylvia ridacchiando, e accennando alla rimessa per le barche. «Pierrick lo ha fatto prigioniero.»

Morgane scoppiò a ridere. «Be', allora è in ottime mani.» Poi si fece pensierosa. «Solenn mi ha raccontato che è successo anche con Maël quando è arrivato sull'isola. All'inizio si è attaccato a Pierrick, lo seguiva dappertutto.»

«Sì.» sospirò Sylvia. «Quei due si assomigliano molto.»

Morgane la fissò curiosa. «Ed è difficile per te?» chiese, comprensiva.

Sylvia alzò le spalle e le lasciò ricadere. «Il fatto che Maël abbia un figlio? No, mi piace Noah.»

«E Chloé, invece? È incredibile che abbia avuto il coraggio di ripresentarsi qui. Siamo tutti sconvolti! Nessuno ha mai capito cosa Maël ci trovasse in lei.» Morgane guardò di nuovo Sylvia, poi aggiunse: «Senza contare che all'epoca gli morivano tutte dietro. Non che lui non se ne fosse accorto...». La maestra roteò gli occhi.

«Anche tu?» la provocò Sylvia.

«Io ero all'università a Nantes» rispose, «ma che tu ci creda o no, proprio l'estate in cui è spuntata questa ochetta ero innamorata persa di tuo marito. Non ti preoccupare, è stato tanto tempo fa» si affrettò ad aggiungere, notando l'espressione di Sylvia. «Maël e io siamo solo grandi amici da molti anni. Anzi, dove si è cacciato?»

«Al vivaio» rispose Sylvia, aprendo la porta della cucina di Solenn. «Arriverà tra poco.»

Furono accolte da un delizioso profumo di timo e formaggio gratinato.

«Mmm» mormorò Morgane. «Non sapete quanto siete fortunati ad avere Solenn che cucina per voi tutte le sere!»

«Oh no, lo sappiamo eccome!» esclamò Sylvia.

La porta si aprì e i giardinieri entrarono a passi pesanti, allegri e stremati come tutte le sere. Nel frattempo sul cortile era calato il crepuscolo. Maël, Chloé, Pierrick e Noah mancavano ancora all'appello.

«Siete riusciti a finire con i nematodi?» chiese Sylvia a Coco.

«Tutti i vermi sono in posizione di combattimento» rispose

la ragazza con un ghigno. I piercing scintillarono riflettendo la luce della lampada. «Domani per sicurezza diamo un'altra passata. Entro le vacanze di primavera le piante dovrebbero essere di nuovo presentabili. Che si mangia stasera, Solenn?»

Pierrick entrò in cucina, seguito da Noah. Il bambino stringeva in mano un pezzo di legno e sembrava raggiante. «Costruiremo il modello di una barca» annunciò trionfante. Poi alzò lo sguardo e il sorriso gli morì sulle labbra. «Dov'è la mamma?» chiese.

«Arriva tra poco» rispose Coco. «Maël ha detto che l'avrebbe accompagnata lui. Era da noi al vivaio poco fa. Non preoccuparti, piccoletto. Qui non è tanto facile perdersi.»

Scoppiò a ridere, ma Noah si rabbuiò. Fissò Coco con sguardo furibondo, si girò e si concentrò sul pezzo di legno che aveva tra le mani. Adesso Sylvia riusciva a distinguere il profilo abbozzato dello scafo di un'imbarcazione.

«Che tipo di nave costruirete?» chiese Morgane.

Noah fece finta di non aver sentito, e non alzò nemmeno gli occhi. Rimase immobile, seduto tra Pierrick e Iven, con il modellino di legno in grembo.

Fuori si era fatto buio, e Sylvia si stava giusto domandando dove fossero Maël e Chloé quando finalmente arrivarono. Lei entrò in cucina con una risata melodiosa, e anche Maël sembrava di umore migliore. Sylvia notò che Chloé aveva indossato una delle giacche da lavoro di Maël – che le stava fin troppo grande – sopra i suoi vestiti. La appese a un gancio accanto alla porta. Noah seguì l'arrivo di sua madre con sguardo torvo, anche se sembrava sollevato di vederla.

«Dove sei stata?» le chiese.

Chloé fissò divertita suo figlio. «Ho lavorato» annunciò orgogliosa, come se fosse una notizia sensazionale.

Noah non si mostrò colpito, anzi, con aria quasi sprezzante le chiese: «Non vorrai metterti anche tu a fare la *giardiniera*?».

«Perché no?» ribatté lei. Poi il suo sguardo intercettò Morgane. «Noi non ci conosciamo, vero?» chiese.

Morgane le rivolse un freddo sorriso.

«Ma certo che conosci Morgane!» intervenne Maël. «Non ti ricordi? Siamo andati al mare con lei e altri amici un paio di volte.»

Chloé aggrottò la fronte. «Morgane» ripeté, pensierosa, come se si stesse sforzando di ricordare. «Ma certo, Morgane! Cos'è che studiavi? Pedagogia! Volevi fare l'insegnante, se non sbaglio.» Si guardò intorno trionfante, come se avesse appena risolto un indovinello difficilissimo. «E allora? Sei diventata una maestra alla fine?»

«Sì, dirigo la scuola elementare del paese.»

«Oh, ma è meraviglioso.» Chloé sorrise e si rivolse verso Noah, che sembrava aver recuperato l'appetito e stava per affondare la forchetta nella sua seconda porzione di maccheroni al formaggio. «Morgane è la direttrice della tua nuova scuola. Non è fantastico? Forse potresti andare addirittura nella sua classe!»

Noah lasciò cadere la forchetta e fissò inorridito prima sua madre e poi Morgane. «Ma...» riuscì ad articolare a fatica. «Io non posso! Ho già una scuola!» Guardò tutti i presenti in cerca di aiuto, prima di rivolgersi direttamente a Morgane. «Non verrò nella sua stupida scuola, *madame*!» dichiarò furioso. «Frequento l'istituto privato St. Martin nel Quinto Arrondissement di Parigi. Quando sarò più grande andrò al Lycée Notre Dame de France, come mio padre. Mi ha già iscritto quando ero piccolissimo!»

Si fermò per riprendere fiato senza smettere di fissare i suoi interlocutori. Sylvia era ammirata dal bambino, non poteva negarlo. Ma sapeva che stava combattendo una battaglia senza speranza. Maël, afflitto, teneva la testa china sul suo piatto. Tutti avevano smesso di mangiare. Soltanto Chloé sembrava perfettamente calma.

«Andrai a scuola qui, *mon petit lapin*» disse, gentile ma con tono deciso.

Per Noah fu la goccia che fece traboccare il vaso. «Non sono il tuo coniglietto!» gridò. «Sei impazzita, per caso? Perché mi hai trascinato qui? Papà aveva ragione. Sei una... una irresponsabile!»

«*Tais-toi!*» lo sgridò Chloé. «Tuo padre è qui a tavola con noi. Piantala con le tue sceneggiate!»

Il bambino tremava da capo a piedi per la rabbia e la disperazione. «Sei irresponsabile e pretenziosa. Papà lo dice sempre, e ha ragione.»

La madre scoppiò in una risata lugubre, facendolo incollerire ancora di più.

«Ecco cosa succede quando si mandano i bambini in questi costosi istituti privati» disse, parlando agli altri adulti seduti a tavola. «Diventano precoci e ribelli.» Poi si rivolse di nuovo al figlio. «Ti farà bene andare in una classe normale con altri bambini normali, Noah.»

«Non ci penso nemmeno!»

Il bambino prese il cellulare dalla tasca dei pantaloni e digitò un paio di cifre. «Chiamo la polizia» annunciò. «Dico che mia madre mi ha rapito...» Ammutolì di colpo, fissando impietrito il piccolo schermo.

«Allora?» chiese Chloé beffarda. «La polizia non ti risponde?»

Noah era diventato bianco come un lenzuolo. «Deve... è successo qualcosa» balbettò. «Non funziona.»

«Forse si è scaricato?» ipotizzò Iven, prendendoglielo dalle mani. «Fammi vedere.»

Il bambino sembrava un naufrago a cui era stato sottratto l'ultimo appiglio.

«Non è per quello» spiegò Chloé. «Alain lo ha fatto bloccare. Insieme al mio e a tutte le carte di credito.»

Noah scosse la testa come per scacciare una mosca fastidiosa. «Non può essere, non lo farebbe... Lui non fa queste cose» sussurrò.

«Oh sì. E non dovrebbe sorprenderti, dopo quello che hai combinato.» Poi aggiunse, a beneficio degli altri adulti, prima di tutto di Maël: «Ha telefonato a un compagno di scuola e gli ha chiesto di informare la polizia che è stato rapito. Il padre del bambino, preoccupato, ha contattato Alain. E anche me, ovviamente. Per fortuna non ha chiamato la polizia». Noah si sgonfiò come un palloncino bucato. «Sei stato molto maleducato, Noah!» continuò sua madre in tono severo. «Riesci a immaginare quanto sia stato imbarazzante per Alain?»

A queste parole il piccolo perse del tutto il controllo. Scoppiò a piangere disperato. Si alzò, ma prima che potesse scappare via Pierrick lo afferrò con le sue braccia nodose e lo abbracciò.

«Che razza di madre sei!» apostrofò Chloé. Cullò il bambino mormorandogli qualche parola di conforto in brezhoneg. «Vuoi venire a dormire dal vecchio Pierrick stanotte?» gli chiese alla fine.

Noah annuì, affondando il viso nella camicia di flanella dell'anziano.

«Nemmeno per sogno!» sbottò la donna.

Pierrick la freddò con i suoi occhi chiarissimi. «Ehi, stupida ragazzina, perché non fai un favore a tutti e chiudi il becco una buona volta?»

# 12

## Il cardigan di mohair

«Per qualunque cosa vieni pure da noi» disse Sylvia a Pierrick a bassa voce. «La porta è sempre aperta. A qualunque ora, okay?»

Esausto, Noah si era avvolto in una coperta di lana su un lettino accanto alla stufa, e non si muoveva. La casetta di Pierrick, nel cuore del giardino delle camelie, era piccolissima ma accogliente.

«Non preoccuparti» rispose lui, stringendo la mano di Sylvia. «Dormirà come un sasso. Non è un periodo facile per quel piccoletto.»

«Non gli piace essere chiamato così» disse Sylvia, sorridendo. «Avresti dovuto vedere che occhiataccia ha lanciato a Coco prima.»

Pierrick ridacchiò. «Se lo faccio io è diverso... Noi siamo *mignons.*»

«*Mignons?*»

«Significa "amici", Sylvie. È ora che inizi a imparare la nostra lingua» la prese in giro il bretone. «E adesso vai a dormire, *ma fille*. Domani è un altro giorno.»

Lei esitò un attimo. «Ti assicurerai che non scappi di nuovo?» chiese, preoccupata.

«*Mais oui*, Sylvie» la tranquillizzò. «Non penso che ci riproverà.» Lanciò un'occhiata al lettino, poi uscì insieme a lei dalla casa e accostò la porta alle sue spalle. «Pensaci» disse in un sussurro, «per lui è come se avesse perso suo padre oggi. Capisci?» Sylvia fece sì con la testa. Non aveva considerato la cosa in quei termini. «Domani il mare sarà calmo» riprese Pierrick, «lo porto con me a pescare.» Si grattò pensieroso il mento ispido. «Se vuoi il mio consiglio, per il momento lascerei perdere la scuola. Non è la fine del mondo se perde un paio di giorni. Diamogli un po' di tempo per elaborare le novità.»

Sylvia annuì, baciò Pierrick sulle guance rugose e si avviò a piedi verso il *Ti Bag*, immersa nei suoi pensieri.

Quando entrò in casa, scoprì che Maël non era solo. Chloé si era accomodata sulla sedia a dondolo davanti al camino. Indossava il suo cardigan di mohair color malva e un paio di suoi calzini di lana.

Le servì un momento per riprendersi. Doveva essere meno sospettosa, Maël glielo aveva detto poche ore prima. No, non voleva restarci male, e meno che mai passare per una moglie diffidente e gelosa. Ma era veramente necessario che quella donna indossasse i suoi vestiti e occupasse la sua sedia preferita? E soprattutto, cosa ci faceva in casa loro?

Malgrado il disappunto, Sylvia riuscì a salutare i due – seduti pacificamente davanti al fuoco mentre lei si preoccupava del bambino – come se fosse la cosa più normale del mondo. Poi si avviò rapida in camera da letto per cercare qualcosa da indossare al posto del cardigan di mohair, e soprattutto per poter stare un attimo da sola. Ma porca miseria! Era troppo chiedere una serata tranquilla dopo una lunga giornata di lavoro?

Afferrò il primo maglione che le capitò sottomano e se lo infilò. Soltanto allora si rese conto che era quello di alpaca appartenuto a Lucie che Solenn le aveva regalato per il suo compleanno. La zia doveva averlo indossato pochissimo: era praticamente nuovo. Lei stessa trovava il materiale fin troppo delicato e pregiato per le faticose giornate bretoni, e lo aveva tenuto da parte per un'occasione speciale. A quanto pareva era arrivata. Inspirò a fondo. Il cardigan era molto leggero, eppure aveva l'impressione che in un certo senso la proteggesse, come un'armatura.

Quando tornò in sala, Maël aveva avvicinato una sedia al camino. «Vieni» disse, «siediti al mio posto, Sylvie. È già caldo.»

«Spero non ti dispiaccia se ho messo il tuo maglione» disse Chloé, sfoderando un sorriso imbarazzato. «Non ho i vestiti giusti per questo clima. Maël è stato così gentile da...»

«Non c'è problema» la interruppe Sylvia, prendendo posto tra i due. «Potrei accompagnarti a fare shopping. A Quimper c'è un negozio che vende bellissimi capi di lana. Troveresti sicuramente qualcosa.»

Percepì lo sguardo di gratitudine di Maël.

«Per il momento ho ben altri problemi» rispose Chloé. «Temo di aver bisogno di un buon avvocato.»

Sylvia la fissò sbalordita. «Non ne hai uno di cui ti fidi?»

Chloé frequentava i migliori ambienti di Parigi, doveva conoscere un sacco di avvocati.

Scosse la testa. «Tutti quelli che conosco sono amici di Alain» spiegò. «E naturalmente si tratta di lui. O meglio, del mantenimento che deve pagarmi. È pur sempre mio marito, no? Non può cancellarmi dalla sua vita come se niente fosse.»

Rivolse uno sguardo implorante a Maël, che però sembrava del tutto assorto nella contemplazione delle fiamme nel caminetto.

«Posso darti il numero di Monsieur Millet» propose Sylvia. «Con lui ci siamo sempre trovati bene.»

Chloé non rispose. Continuava a fissare Maël come se volesse convincerlo con lo sguardo a voltarsi verso di lei.

Sylvia andò nel suo angolo studio e prese la rubrica da un cassetto. Appuntò il numero dell'avvocato su un foglio di carta e tornò in salotto.

«Eccolo» disse, allungandole il bigliettino. «Chiamalo quando vuoi.»

Lei contemplò il pezzo di carta come se fosse un corpo estraneo.

«Non potresti chiamarlo tu?» chiese. «Il mio cellulare non funziona più, come quello di Noah.»

«Allora vieni domani in ufficio» si sentì rispondere Sylvia in tono sorprendentemente gentile ma distaccato. «Puoi telefonargli da lì.»

Chloé ripiegò il biglietto e se lo infilò nella tasca dei pantaloni. Il suo sguardo si spostò sul ritratto sopra il camino.

«Non era in casa di Solenn, prima?» chiese. «Lo ha dipinto quell'olandese, Hendrik van Outen. Sapete che le sue opere sono diventate molto richieste?» Si alzò dalla sedia a dondolo e si mise in punta di piedi. «Sì, ecco qui. Vedi la firma? È un vero van Outen.» Si girò estasiata verso Maël. «A Parigi c'è una sua mostra. Ho visto i manifesti. E in realtà volevo...» Ma il suo entusiasmo sembrò sgonfiarsi di colpo. «Niente, lasciamo stare. Comunque il tuo quadro vale molto, Maël. Mio padre mi aveva accennato di voler comprare un van Outen. Come investimento. Sembra che il valore delle sue opere aumenterà ulteriormente.»

«Il quadro è di Sylvia» rispose Maël. «E per noi il ritratto di Lucie ha sempre avuto un enorme pregio. Vero, *chérie*?»

Sylvia gli rivolse un sorriso di gratitudine mentre lo sguardo di Chloé, perplessa, saettava dall'uno all'altra.

«Lucie era mia zia» le spiegò Sylvia. «È stata Solenn a regalarmi il quadro, come ricordo. Non pensiamo di venderlo. Ma Solenn sarà felice di sapere che il suo vecchio conoscente ha fatto strada.»

Avrebbe provato a farsi mandare un catalogo della mostra per farle una sorpresa.

«Volevamo parlarti di un'altra cosa, Sylvie» disse Maël. «Gwen mi ha detto che quest'anno non abbiamo abbastanza personale per le vacanze di primavera. Saresti d'accordo se Chloé ci desse una mano?»

«E la cosa ti interesserebbe?» le chiese Sylvia, sorpresa.

«Perché no? Potrei dividere i visitatori in piccoli gruppi e accompagnarli nei campi e nelle serre. Maël mi ha mostrato due libri sulle camelie, la loro storia, il fatto che sono nate in Asia e tutto il resto. Penso che potrebbe essere divertente.»

Sylvia la osservò pensierosa. «Fossi in te non punterei al divertimento» obiettò, attenta a non suonare troppo scettica. «Dopo il decimo giro sei stanca, le gambe iniziano a farti male e la gente ripete sempre le stesse domande. Pensi davvero di poter resistere due settimane? Dovrai anche dare una mano agli altri quando non ci sono visite in corso. Saranno giornate molto intense. Ho bisogno di persone di cui potermi fidare.»

Chloé le lanciò un'occhiata offesa. «Non volevo impormi» rispose. «Se non siete d'accordo mi cercherò altro. È soltanto un'offerta.»

Maël posò la mano sul braccio di Sylvia. «E la apprezziamo» disse. «Potremmo fare un tentativo. Che ne dici, Sylvie? Il prossimo fine settimana dovrebbe esserci bel tempo. Perché non la facciamo provare con un paio di visitatori?»

«D'accordo. Ci sarebbe di grande aiuto una persona in più. Ma adesso, a dirvi la verità, sono stanchissima. Penso sia ora di andare tutti a letto. Trovi da sola la strada o vuoi che ti accompagni?»

L'elegante parigina abbandonò il suo posto davanti al fuoco con una certa riluttanza. Nello spazio tra la sala e la porta d'ingresso si tolse i calzini di lana rabbrividendo e si infilò le sue ballerine. Poi si rese conto che avrebbe dovuto togliersi anche il cardigan.

«Tienilo» disse Sylvia. «Te lo regalo. E se vuoi puoi prendere anche i calzini. Hai acceso il camino nella tua stanza, almeno?» Lei scosse la testa. Sembrava di nuovo una bambina spaesata. «Domani chiedo a Pierrick di farti vedere come si fa. Così potrai stare al calduccio anche nella tua camera.»

Chloé la guardò. Nella penombra dell'ingresso il bianco dei suoi occhi sembrava quasi azzurrognolo. E di colpo Sylvia capì il fascino che quella donna esercitava su suo marito.

«Dici sul serio?» chiese, a disagio. «Davvero non vuoi che te lo restituisca?»

Sylvia scosse la testa. Ormai non avrebbe comunque più provato alcuna gioia a indossarlo.

«Ti sta bene» rispose. «Tienilo pure. Vieni, ti accompagno.» Si avvolse un grande scialle di lana sulle spalle, e prese la torcia dal gancio. Maël si avvicinò alla porta, gettando la sua ombra sulle due donne.

«Non vuoi che la accompagni io?» chiese. «Sei stanca, Sylvie.»

«Due passi mi faranno bene» rispose lei, chiudendo decisa la porta.

Il cielo era senza nuvole, e la notte era così chiara che le stelle sembravano vibrare. Sylvia e Chloé avanzarono fianco a fianco alla luce della torcia in un silenzio un po' imbarazzato, rotto soltanto dallo scricchiolio della ghiaia bianca sotto i loro piedi. Quando entrarono nel giardino delle camelie le chiome degli alberi crearono un tetto impenetrabile sopra le loro teste.

«Non mi piace che Noah passi la notte con quell'uomo anziano» disse Chloé, rompendo il silenzio.

«Ti riferisci a Pierrick? Puoi stare tranquilla. È al sicuro con lui.» Restò in attesa di un'obiezione, ma l'altra tacque. «Forse dovremmo rimandare l'inizio della scuola. Fin quando non si sarà ambientato. Sta bene con Pierrick. Domani volevano andare a pescare insieme.»

Chloé si immobilizzò di colpo. «A pescare? Con la barca?»

«Il mare sarà calmo, non devi preoccuparti. E a Noah farà sicuramente bene, è un po' scosso da tutta la situazione.»

«Anche io lo sono» ribatté lei. «Credi che non me ne importi niente?»

«Siamo tutti scossi» le fece notare Sylvia. «Anche per noi è un cambiamento difficile. Ma siamo adulti, Noah invece ha solo sette anni.»

«So quanti anni ha» rispose indignata. «Sono sua madre.»

Sylvia represse un sospiro. «Certo. Dai, andiamo» propose. «Allora sei d'accordo che vadano a pesca?»

Chloé rimase ferma sulla ghiaia ancora per un momento, con aria sdegnata. Poi sospirò e riprese a camminare. «Per quanto mi riguarda, può fare quello che vuole.»

Raggiunsero la villa senza rivolgersi un'altra parola. Sylvia si offrì di accompagnare Chloé fino in stanza, così si ritrovò nella camera dove aveva vissuto la sua prima volta sull'Isola delle Camelie. Il senso di malinconia si acuì fino a diventare quasi doloroso quando si chinò davanti al camino e iniziò ad armeggiare con la legna come le aveva insegnato Maël.

«Ah, Sylvie» disse Chloé, mentre le fiamme divampavano, «casa vostra è così accogliente. Forse io e Noah dovremmo trasferirci da voi. Maël mi ha fatto vedere la mansarda. Certo è tutto un po'... senza pretese. Però penso che...»

«No, Chloé» la interruppe Sylvia, sorpresa dalla risolutezza nella sua voce. «Qui state molto meglio.»

«Ma...»

«No!» ripeté. «Ed è la mia ultima parola.»

Chloé la guardò con gli occhi stretti a fessura, le labbra leggermente arricciate. Poi annuì piano, come a dire: *Staremo a vedere.*

Sylvia tornò a piedi al *Ti Bag*, con il cuore che le martellava nel petto. Camminò veloce e senza accendere la torcia, ormai conosceva l'sola come le sue tasche e per orientarsi le bastava il chiarore delle stelle. Quando emerse dall'ombra gettata dagli alberi di camelia vide la sua casa, inondata dalla luce argentea di una luna piena rotonda e magnifica.

Si fermò e cercò di dominare l'irritazione. Non voleva tornare da Maël in quelle condizioni, non dopo essere riuscita a superare la serata in modo accettabile. Aveva già fatto ogni possibile concessione. Se era necessario sarebbe riuscita ad andare d'accordo con Chloé abbastanza da lavorarci insieme. Ma non la voleva sotto il suo tetto, per niente al mondo. Ed era importante che Maël lo capisse.

Quando entrò in casa lui aveva portato via la sedia in più e stava mettendo dei ciocchi di legna secca nel camino.

«Vieni a sederti con me» disse, offrendole un bicchiere di *lambig.* «Ti ho preparato una tisana della buonanotte.»

Sylvia notò che aveva persino pensato di farle trovare la coperta di lana fatta a mano che due donne del paese le avevano regalato per il matrimonio. Si sedette sulla sedia a dondolo, e, quando si fu avvolta nella coperta ed ebbe bevuto un sorso dalla tazza, Maël le disse: «Grazie, Sylvie».

Lei lo guardò. «Per cosa?»

«Per essere stata così tollerante.»

Un'ondata di tenerezza la travolse, dissipando la sua rabbia per la sfacciataggine di Chloé. Eppure dovevano stare attenti. Quella donna era il genere di persona che non esita a prendersi tutta la mano se le viene offerto un dito.

Per un po' rimasero entrambi a fissare le fiamme che iniziavano a bruciare la legna appena aggiunta, lambendola e creando piccole tacche nere. *È meglio che gliene parli subito*, pensò Sylvia. *Se no faremo la fine di questo legno. Chloé inizierà a corrodere la nostra vita, un centimetro alla volta.* Ma sapeva di dover scegliere con cura le parole, non voleva rischiare di incrinare di nuovo il rapporto tra lei e suo marito.

«Vorrei parlarti di una cosa» esordì. Maël alzò la testa e la guardò attento. «Prima, mentre le accendevo il fuoco in camera, Chloé mi ha chiesto se può venire a vivere qui con Noah. Le ho detto che non voglio.»

Maël la scrutò per un attimo, poi annuì. «*D'accord*. E poi?»

«E poi niente» rispose lei, sollevata e confusa al tempo stesso. Il cuore le batteva come un rullo di tamburi. Maël era forse arrabbiato?

«Lo ha chiesto anche a me» disse lui. «Le ho detto che avrei dovuto parlarne con te. Quindi adesso ha avuto la sua risposta.» Sylvia tirò un sospiro di sollievo. «Anche se mi sarebbe piaciuto avere Noah vicino.»

Il cuore di Sylvia sprofondò. «Al momento sta benissimo da Pierrick» disse. «Per il resto le cose si sistemeranno da sole.»

Maël annuì di nuovo. Ma sembrava incredibilmente triste, così Sylvia gli prese la mano.

«Domani vogliono uscire a pescare. È una bella idea, no?»

«Sì. Pierrick lo ha fatto anche con me, all'epoca.» Vuotò il bicchiere e tornò a fissare le fiamme.

«Be', è un buon segno, no?» continuò Sylvia con dolcezza, decisa a non lasciarsi coinvolgere dallo scoramento di Maël.

Lui la guardò negli occhi. «Ma certo. E nel giro di un paio di giorni Noah si sentirà meglio. O forse gli ci vorranno settimane, o mesi. Imparerà a convivere con il dolore. E se è fortunato come lo sono stato io un giorno sarà un uomo felice. È soltanto che...»

Proprio in quel momento uno dei ciocchi di legna si spezzò, e il cumulo accuratamente costruito nel camino crollò sprizzando scintille. Maël ritrasse la mano e prese l'attizzatoio per riavvicinare i pezzi incandescenti.

Sylvia lo lasciò finire, poi chiese: «Stavi dicendo qualcosa?».

Lui faticò a trovare le parole. «È insopportabile» sbottò alla fine, «che si stia ripetendo tutto. Perché deve essere così? Perché mio figlio deve passare quello che ho vissuto io? Perché, Sylvie? Cosa ho fatto di male per dover rivivere tutto daccapo una seconda volta? Perché devo stare a guardare mentre mio figlio soffre?»

La fissò con sguardo angosciato. Poi si girò bruscamente e si passò una mano sugli occhi. Sylvia andò a sedersi sul bracciolo della sua poltrona e lo strinse tra le braccia. Cercò le parole per confortarlo, ma non le vennero. Qualunque cosa avesse detto sarebbe suonata vuota e superficiale di fronte alla sua sofferenza. Così lasciò che fossero le sue mani a parlare. Continuò ad accarezzarlo, gli scivolò in grembo, gli adagiò il capo sul petto e sperò che la sua vicinanza e la sua tenerezza riuscissero a trasmettergli il suo amore meglio di quanto avrebbero potuto fare le parole.

# 13

## Un talento per le vendite

Il giorno dopo, come previsto da Pierrick, il cielo era azzurro, la temperatura mite e il vento moderato, una rarità per gli abitanti dell'isola, abituati a violente raffiche almeno trecento giorni all'anno. Pierrick aveva ragione: il tempo cambiava sempre dopo una luna piena.

I temporali si erano fermati. Lui e Noah si erano rinchiusi in un mondo tutto loro. L'unico modo di vederli era mettersi a scrutare il pontile alle cinque del mattino o andare a trovarli nella piccola casa in fondo al Jardin aux Camélias.

Trascorrevano le giornate in mezzo al mare a bordo della *Brise* con un cesto di provviste fornito da Solenn, e nessuno sapeva esattamente dove andassero. A volte prendevano il piccolo battello da pesca che Pierrick aveva ribattezzato *Nimue*, come la dea delle sorgenti di un'antica saga bretone, e pescavano vicino all'isola. Evidentemente ottenevano un bel bottino, perché Solenn metteva in tavola pesce fresco tutti i giorni e, a parte Chloé – convinta che il cibo provenisse dal mercato settimanale o dal frigorifero e completamente disinteressata a quello che aveva nel piatto –, tutti si godevano con gioia i frutti del lavoro di Pierrick e Noah.

Per quel fine settimana avevano prenotato quattro gruppi, ma Sylvia sapeva per esperienza che anche altri turisti avrebbero approfittato del bel tempo per visitare l'Isola delle Camelie. Le era capitato più di una volta di incontrare Chloé negli angoli soleggiati del giardino, immersa nella lettura dei libri di Maël. A quanto pareva aveva preso sul serio l'idea di rendersi utile all'attività.

Venerdì pomeriggio Sylvia era ancora in ufficio quando sentì squillare il cellulare. Era Veronika.

«Come stai?» chiese.

«Abbastanza bene a dire il vero, grazie» le rispose.

«Sembri mia zia, quella che risponde sempre: "Bene, tutto considerato".»

Sylvia scoppiò a ridere. «Be', non è così lontano dalla verità. Diciamo che è tutto molto complicato, ma al momento siamo in una fase di calma dopo la tempesta. O prima. Non ne sono sicura. Tu come stai?»

«Una merda» rispose Veronika, e la risata di Sylvia le si bloccò in gola.

«Cos'è successo?»

«Ah, non lo so nemmeno io.» Veronika emise un profondo sospiro. «Io e Laurent... abbiamo litigato. È stata una brutta discussione. E adesso se n'è andato a caccia con il fratello e la sua banda di idioti. Per tutto il fine settimana, maledetto! Riesci a crederci? Anche se odia la caccia e sa benissimo che la detesto anche io!»

Sylvia era sconvolta. Fino a quel momento Veronika e Laurent erano andati d'amore e d'accordo. «E perché avete litigato?» chiese, comprensiva.

«Guarda, non so più nemmeno quello» ammise Veronika. «È questa la cosa peggiore. Era un litigio inutile. Sai una cosa?»

«Cosa?»

«Mi sento soffocare. Un figlio è un'esperienza meravigliosa, certo, e quando viene al mondo sei convinta di non aver bisogno di nient'altro, che essere madre è la sola cosa che conta nella tua vita. Ma Lili ormai ha quasi un anno e... no! Essere madre non mi basta per dare un senso alla mia esistenza!»

«Nel fine settimana ci sarà un po' di confusione, ma non importa. Il tempo è fantastico, metti la bimba in macchina e parti!» Percepì distintamente il sollievo della sua amica.

«Speravo che me lo chiedessi» ammise Veronika.

Sylvia rise. «Ma tu puoi venire quando vuoi! Mica ti serve un invito.»

«Be'» rispose Veronika, «mi pare che ultimamente tu abbia ospiti a sufficienza! Non volevo darti fastidio.»

«Ma Vero!» esclamò Sylvia, indignata. «Tu non mi dai alcun fastidio, lo sai. Sei sempre la benvenuta, in qualunque momento.» Un motivo in più per essere felice di aver protetto la mansarda dalle grinfie di Chloé. «Quando arrivi?»

«Se per te va veramente bene, allora... parto subito, okay?»

«Perfetto!» Sylvia rise. «Che bello! Non vedo l'ora di abbracciarvi!»

«Devo dirtelo, sono impaziente di vedere questa Chloé con i miei occhi» confessò Veronika mentre preparavano insieme la cena nella cucina del *Ti Bag*.

Solenn aveva approfittato dell'ultimo momento di pace prima dell'inizio ufficiale della stagione turistica per andare a trovare sua sorella Rozenn sulla terraferma, e Chloé era andata a recuperare il resto delle sue cose dalla casa delle vacanze del padre e a fare qualche acquisto. Così quella sera Sylvia, Maël e Veronika avrebbero cenato da soli.

«Dovrai aspettare ancora un po', temo» rispose Sylvia, mettendo a riscaldare in forno la *quiche* che aveva portato Veronika.

«Altrimenti... ho un'idea! Perché domani non ti unisci al primo gruppo di visitatori? È meglio se non ci va uno di noi, così non si sente troppo controllata.»

«Chloé fa da guida turistica sull'isola?» chiese Veronika con sorpresa.

Sylvia annuì. «Nel giardino, però, non al vivaio» spiegò. «Voleva rendersi utile, e a me va bene così. In fondo approfitta dell'ospitalità di Solenn, anche se lei vorrebbe affogarla. E comunque mi interessa sapere come se la cava. Ti va?»

Sul viso lentigginoso di Veronika si aprì un sorriso a trentadue denti. Prese a mescolare con slancio l'insalata. «Stai scherzando? Con immenso piacere. Mi preparo anche un paio di domande insidiose per vedere se sa di cosa parla.»

Sylvia rise. «No, meglio evitare.» Tornò improvvisamente seria e assunse un'espressione preoccupata. «Penso che mi dovrò abituare all'idea che Chloé resterà per sempre sull'isola, almeno fin quando Noah non sarà grande abbastanza per andarsene per la sua strada.»

«Dici sul serio?» chiese l'amica, inorridita, versando l'insalata in una ciotola. «Cosa possiamo fare per scacciarla?»

«È proprio questo il punto.» Sospirò. «Niente. Ovviamente Maël vuole che Noah cresca vicino a noi. Soffrirebbe tantissimo se Chloé dovesse di nuovo portargli via il bambino. Quindi non ci resta che abituarci.»

Veronika si appoggiò al bancone della cucina, pensierosa. «Forse non sarà così male» disse dopo un attimo. Poi ridacchiò. «Potreste persino diventare grandi amiche.»

«Ne dubito. Senza contare che un'amica del cuore ce l'ho già. In realtà mi basterebbe che riuscissimo a sopportarci.»

Ripensò allo spiacevole incontro con Chloé alla piscina naturale. Quante altre cattiverie si sarebbe dovuta aspettare da una vita insieme a lei? Tuttavia si era ripromessa di essere più conciliante...

«Intanto domani la tengo d'occhio» dichiarò Veronika.

Dall'altoparlante dell'interfono risuonarono urla stridule.

«La piccola peste si sta svegliando» disse Veronika in tono affettuoso. «Che fine ha fatto Maël?»

«Arriverà tra poco» le assicurò Sylvia, iniziando ad apparecchiare. «C'è sempre un sacco da fare al vivaio prima dell'invasione dei turisti.»

Veronika aveva appena iniziato a dare la pappa a sua figlia quando Maël entrò in casa, felicissimo per la visita a sorpresa.

Trascorsero una serata tranquilla e allegra tutti insieme. Con grande sollievo di Sylvia, Veronika riusciva sempre a far ridere suo marito. Notò che era meno teso, e si stava godendo la compagnia della figlioccia. Per un attimo sembrò aver dimenticato la preoccupazione per Noah e tornò quello di sempre, rilassato e felice. *Passiamo troppo poco tempo da soli*, pensò Sylvia, *o con le persone che amiamo*. Certo, andavano d'accordo con gli altri collaboratori e l'impressione era di far parte di una grande famiglia, ma avevano poche possibilità di ritagliarsi dei momenti tutti per loro.

Verso le undici Laurent chiamò sua moglie sul cellulare. Veronika andò di sopra per parlare con lui con calma e, quando tornò, Sylvia capì subito che le cose tra loro due si erano sistemate.

«Allora?» le chiese lo stesso, con un sorriso. «Avete fatto pace?»

«Ovvio.» Veronika era raggiante. Sprofondò sul divano e accettò un bicchierino di *lambig* da Maël. «Ci mancherebbe!» Fecero un brindisi. «All'amore!» esclamò Veronika. «E all'arte della riconciliazione.»

Il sabato alle dieci del mattino il parcheggio dei visitatori era già quasi pieno. L'anno prima Sylvia e Solenn avevano elaborato un sistema per smistare i flussi di ospiti sull'isola a seconda dei loro interessi. I turisti che volevano solo passare una bella giornata e dare un'occhiata in giro venivano accompagnati nel giardino dalle guide locali, mentre i clienti interessati all'acquisto venivano portati direttamente al vivaio. Per questi ultimi era stato organizzato un servizio di navette che collegava la villa alla zona delle coltivazioni e delle serre, dove Sylvia, Maël e gli altri giardinieri li accoglievano e li dividevano in tre gruppi, in modo da far fare loro il giro senza intralciarsi.

Chloé in teoria avrebbe dovuto limitarsi a fare da guida nel Jardin aux Camélias, ma evidentemente era così brava che dopo il giro con lei nessuno voleva lasciarsi sfuggire l'opportunità di vedere come si coltivavano le camelie. Così nel primo pomeriggio anche Chloé partì a bordo di una navetta. Quando arrivò al vivaio, però, Sylvia la informò che il suo gruppo avrebbe dovuto aspettare, perché per il momento tutti i giardinieri erano impegnati.

«Nessun problema» rispose Chloé. «Li accompagno io.»

Sylvia non fece in tempo a obiettare che Chloé aveva iniziato a spiegare ai visitatori – che la seguivano come pulcini e la ascoltavano rapiti – la riproduzione delle talee, gli straordinari innesti di Maël tramite semi fecondati e molto altro. Alla fine ognuno di loro volle portarsi a casa almeno una camelia, e Sylvia fu costretta ad ammettere che Chloé era un vero talento.

«È una venditrice nata» commentò con Maël.

Durante una pausa videro l'elegante parigina zampettare leggiadra tra le barbabietole con i suoi tacchi vertiginosi e un outfit casual ma ben studiato. Il fascino che esercitava sul suo gruppo – e non solo sugli uomini – era impressionante. Riuscì addirittura a convincere persone per nulla intenzionate a fare acquisti che avevano assolutamente bisogno di una camelia. Non solo. Suggeriva anche di non scegliere le piante piccole e di media misura, che avrebbero impiegato anni a fiorire in tutto il loro splendore. Non era meglio un esemplare già grande? Certo, era possibile che non entrasse nel bagagliaio della macchina, ma sarebbe stato uno straordinario ricordo di quella gita sull'Isola delle Camelie, una volta rientrati a casa a Parigi, Lione o Bordeaux.

Quella sera, quando l'ultima macchina lasciò l'isola appena prima che la marea si alzasse, tirarono tutti un sospiro di sollievo. Anche Veronika si era occupata di qualche cliente, sempre con la piccola Lili in braccio, e aveva aiutato Solenn a preparare la cena. Solo Chloé non mostrava traccia di stanchezza.

«È davvero un peccato che qui non ci sia un albergo» osservò durante la cena, noncurante degli sguardi indignati degli altri commensali. «In molti sarebbero rimasti volentieri. Avete in mente di aprirne uno?»

Solenn la incenerì con lo sguardo.

Maël scosse la testa. «Credimi» rispose, bevendo un altro sorso di sidro, «un albergo è l'ultima cosa che vogliamo.»

«Ma perché?» insistette lei, incredula. «La storia delle maree è un fastidio. Non si sa mai quando la passerella si potrà attraversare o meno. È tutto quasi... antidiluviano.»

«A noi non crea nessun problema» dichiarò Solenn. «Ci convivo benissimo da quando abito qui. E a dirla tutta trovo fantastico che ci siano periodi in cui nessuno può venire a darci fastidio.»

«E in caso di emergenza abbiamo le barche» intervenne Gurvan, di solito alquanto silenzioso. «Se vuoi andare sulla terraferma basta dirmelo e ti accompagno.»

Sylvia non fu l'unica a fissare esterrefatta il giardiniere. Coco gli rifilò una gomitata nelle costole e sussurrò qualche commento in brezhoneg. Gurvan arrossì violentemente e tornò a concentrarsi sul suo piatto.

«Si potrebbe almeno ampliare e sollevare la passerella» continuò imperterrita Chloé. «In modo che la si possa attraversare in qualunque momento. Non può essere così difficile...»

«Lascia stare» la interruppe Maël, serio. «Non abbiamo bei ricordi di progetti come questo qui sull'isola.»

Chloé lo guardò incuriosita e stava per aprire la bocca per chiedere qualcosa quando Solenn si intromise. «Basta con queste stupidaggini» disse, lapidaria. «Va tutto bene così com'è.»

«Ma così resterete indietro» non riuscì a trattenersi dal commentare Chloé. «Chi pensa in questo modo non guarda al futuro!»

Fu Veronika a rompere la tensione con la sua risata allegra. Uno alla volta la seguirono tutti gli altri, e alla fine addirittura Solenn si unì all'ilarità generale. La piccola Lili iniziò a emettere gridolini, finché Maël non si alzò, la prese dal seggiolone e se la mise in grembo. Chloé guardava irritata i presenti, evidentemente incapace di cogliere il lato esilarante di quello che aveva detto.

«È brava» commentò Veronika più tardi, seduta al caldo davanti al camino di Sylvia e Maël. Lili si era addormentata tra le braccia della sua madrina, con la guancia schiacciata contro il suo avambraccio. Il dondolio della sedia aveva dato il suo contributo: ci erano voluti appena cinque minuti per farle abbassare le palpebre.

«Forse sarebbe la persona giusta per il centro visitatori» disse Maël.

«Sì» concordò Veronika. «Sarebbe sicuramente adatta. O volevi occupartene tu, Sylvia?»

Lei scosse la testa. No, non ce l'avrebbe mai fatta. Avevano urgente bisogno di una persona capace per dirigere il centro. E quel giorno la madre di Noah aveva mostrato un nuovo lato della sua personalità. Eppure qualcosa la spingeva a esitare.

«È troppo presto per decidere» replicò. «Non escludo di assegnare a lei quel ruolo, se dovesse restare qui. Ma per ora mancano ancora diversi mesi. Aspettiamo di vedere cosa ha in serbo per noi il futuro.»

«*Chi pensa in questo modo non guarda al futuro.*» Veronika scimmiottò le parole di Chloé, scuotendo la testa. «Mi piacerebbe sapere su quale volantino pubblicitario lo ha letto.»

«Anche per questo vale la pena aspettare» disse Sylvia. «Se continua a darci sui nervi con queste idee in stile sir James la vedo nera per la nostra pace familiare.» Guardò Maël. Sembrava pensieroso, ma non arrabbiato. «E comunque non dovremmo escludere Solenn da queste decisioni» aggiunse. «E per lei Chloé è ancora un tasto dolente.»

Maël si alzò di scatto, spaventandola. Aveva di nuovo toccato un punto debole senza volerlo? Preoccupata, lo vide avviarsi verso l'uscita e indossare la giacca.

«Dove vai?» gli chiese, inquieta.

«Da Pierrick» rispose. «Voglio vedere come sta Noah.»

Sylvia non era sicura che fosse una buona idea, ma lui non le aveva chiesto la sua opinione. Come avvertendo il suo turbamento, la piccola Lili si agitò nel sonno, si rigirò e le sferrò un calcio al basso ventre.

«Dai, la porto a letto» disse Veronika, prendendole la bambina dalle braccia. Così Sylvia si ritrovò di nuovo da sola davanti al fuoco.

*Maël e Vero sono con i loro figli*, non riuscì a impedirsi di pensare. *E a me cosa resta?*

Sapeva di essere ingiusta. Ingiusta e ingrata. Aveva tanto. Un amore da sogno, come non aveva mai osato immaginarlo. Una vita in un luogo paradisiaco e un lavoro che amava. Eppure stava tornando quella sensazione che la tormentava ormai da settimane. La sensazione che, se non fosse diventata madre, sarebbe rimasta incompleta per sempre.

# 14

## Discorsi

Noah sembrava essersi abituato alla vita sull'Isola delle Camelie: era stata un'ottima idea lasciarlo alle cure di Pierrick. Il bambino era abbronzato, aveva le guance arrossate dall'aria di mare, gli occhi luminosi e sfoggiava un atteggiamento diverso, più determinato. Aveva addirittura accettato di andare a scuola, a condizione di poter continuare a vivere da Pierrick e che lui lo accompagnasse e andasse a riprenderlo con la barca.

Durante le vacanze di primavera arrivarono molti turisti stranieri, e Sylvia fu felice di constatare che la fama del Jardin aux Camélias si era estesa oltre i confini della Francia.

Poi arrivò maggio, con le sue tante festività, e infine il giorno di Pentecoste. Le vacanze richiamarono sull'isola una vera e propria fiumana di turisti. Yann, il figlio di Brioc, riattivò il suo servizio di taxi acquatici, accompagnando i visitatori da un lato all'altro della costa, anche con l'alta marea. Quell'anno l'Isola delle Camelie era stata menzionata nella nuova edizione di una famosa guida turistica sulla Bretagna, e ormai non era più un gioiello nascosto. Era decisamente ora di aprire il centro visitatori.

I lavori procedevano bene. Le mura erano state erette, e un gruppo di allegri carpentieri stava lavorando al tetto. I progressi erano visibili. Dopo approfondite discussioni con l'architetto e il capocantiere, Sylvia aveva fissato la data dell'inaugurazione al 1° settembre. Tra i dipendenti del Jardin aux Camélias regnava un'atmosfera rilassata: la fiducia nella buona riuscita del progetto era palpabile. Sylvia era molto impegnata e Chloé si confermava di grande aiuto, anche se Sylvia non era del tutto a suo agio con lei. Trovava che si immischiasse fin troppo spesso in cose che non la riguardavano.

Sylvia aveva notato che negli ultimi tempi Solenn era diventata molto silenziosa. Si rese conto che passavano molto meno tempo insieme rispetto a prima, e quando le propose di trascorrere un pomeriggio in sua compagnia in paese per fare un paio di commissioni e andare a farsi belle nel salone di Fleurette – loro due da sole, senza Chloé – la bretone accettò con inconsueto slancio. Di norma sarebbe stata necessaria una lunga opera di persuasione per coinvolgerla in un'attività tanto civettuola, come la definiva lei.

Per prima cosa fecero la spesa, riempiendo il bagagliaio della macchina di generi alimentari e prodotti di prima necessità. Poi passarono al forno di Loeiza per comprare un grosso pacco di *sablés*, i biscotti al burro preferiti di Solenn.

Quando entrarono nel panificio le altre clienti ammutolirono e le guardarono imbarazzate. Sylvia riconobbe Katell, la sorella nubile del capitano di porto. Le altre due le conosceva soltanto di vista.

«Stavamo giusto parlando di voi» le accolse la fornaia con aria leggermente colpevole. «È da un po' che non ci vediamo.»

Sylvia percepì che Solenn si era irrigidita. Sapeva che la sua amica odiava che gli altri parlassero di lei.

«Ci stavamo chiedendo» continuò Katell con un sorriso di sufficienza, «come vanno le cose nel vostro *ménage à trois.*»

Sulle prime Sylvia non capì di cosa stesse parlando la sorella di Brioc. Anche le altre due donne si erano girate a guardarla interessate.

«Taci!» la apostrofò Solenn.

Una delle due prese a ridacchiare.

«*Vraiment*, Katell, lascia in pace la povera Sylvia» si intromise Loeiza. Poi si rivolse a lei. «Siamo tutte indignate che Maël pretenda tanto da te, tesoro. Questa parigina non sarebbe mai dovuta tornare. Ma posso dirti una cosa: se ne pentirà.»

Sylvia notò con un certo imbarazzo che le altre donne la stavano squadrando incuriosite. Una delle due apparteneva al gruppo di quelle che avevano scommesso che avrebbe indossato un abito confezionato a Parigi per il suo matrimonio, e non il pizzo bretone, ne era sicura. Si chiese se adesso fosse in corso un'altra scommessa, su come sarebbe andata a finire la «questione»: a favore suo o di Chloé? Prese fiato per rispondere, ma la donna si avvicinò a lei.

«È vero che il bambino... È di tuo marito?»

Per un momento nel panificio non volò una mosca.

«Sì» rispose forte e chiaro, in tono allegro, come se fosse la cosa più normale del mondo. «Noah è un bambino meraviglioso. Siamo molto fortunati...»

«Balle!» si intromise un'altra. «E se invece è vero, come puoi essere felice, Sylvie?»

«Piantatela subito!» tuonò Solenn, facendo sobbalzare tutte per lo spavento. «Siete solo un manipolo di sfaccendate pettegole! Perché non lasciate in pace la gente?»

«Non era nostra intenzione...» provò a giustificarsi Katell, ma Solenn non la lasciò continuare.

«Cosa ve ne importa?» inveì. «Dovete sempre demolire tutto, come avete fatto con me e Lucie.»

Le donne distolsero lo sguardo, offese, mentre Loeiza cercava di calmare le acque. «Era molto diverso, Lucie era nostra amica...»

«Sì» sbottò Solenn, «alla fine, forse. Ma quanto ci è voluto perché entrasse nelle vostre grazie? Otto anni? O erano dieci? E per tutto quel tempo non avete fatto altro che raccontare le cose più assurde su di noi, finché non siete state costrette ad ammettere che era un angelo!»

Sbigottita, Sylvia si accorse che Solenn stava trattenendo le lacrime.

«Ed è vero, lo era! Ma questa Chloé è tutto fuorché un angelo» ribatté impassibile la sorella di Brioc. «Non capisco cosa ti prende, siamo dalla parte di Sylvia! Abbiamo già cacciato quella stronza dalla casa delle vacanze del padre. E adesso la manderemo via anche dall'Isola delle Camelie.»

«Voi non farete proprio niente» ribatté Solenn. I suoi occhi scuri lampeggiavano per la rabbia. «Tu soprattutto, Katell, hai capito?»

«Che significa che l'avete cacciata via?» chiese Sylvia alla donna. «Cos'avete fatto?»

Katell le diede le spalle e si mise a fissare il bancone del panificio, come se ci entrasse per la prima volta in vita sua. «Tocca a me?» chiese a Loeiza, e iniziò a elencare tutto quello di cui aveva bisogno. Quando ebbe finito si congedò e lasciò il negozio in tutta fretta, senza guardare negli occhi né Sylvia né Solenn.

«Andiamo» disse Solenn a Sylvia, girandosi a sua volta verso la soglia. «Mi è passata la voglia di biscotti. E per vostra informazione» aggiunse, rivolta alle donne rimaste nel negozio, «potete andarvene tutte al diavolo, pettegole ipocrite!» Spalancò la porta e uscì come una furia. «Non mi va più di andare dal parrucchiere» disse a Sylvia, una volta fuori. «Torniamo a casa.»

Si girò e si rimise in marcia verso la piazza della chiesa, dove avevano parcheggiato.

«Davvero non vuoi andare da Fleurette?» chiese Sylvia quando furono entrambe in macchina. Non aveva ancora acceso il motore. Come Solenn, anche lei aveva bisogno di un momento per elaborare gli ultimi eventi. La bretone scosse la testa e guardò fuori dal finestrino. Probabilmente stava piangendo e non voleva che Sylvia la vedesse. «Non è da te» commentò, per farle cambiare idea. «Se ci diamo per vinte adesso non smetteranno mai di spettegolare.»

Solenn restò in silenzio per qualche minuto. «Non so come fai a sopportarlo» disse alla fine. «Io sono abituata. E poi è...» La sua voce si ruppe, e fu costretta a schiarirsela più di una volta. «A volte vorrei sparire» disse poi. «Non sopporto più questa gente ipocrita e bugiarda. E nemmeno Chloé.»

Sylvia posò una mano sulla spalla dell'amica. «Non è così grave» cercò di tranquillizzarla, pur intuendo che Solenn si stava incolpando di qualcosa. «E poi non ce l'hanno con te!»

«Ma con Maël sì, non te ne rendi conto?» rispose brusca. «Compatiscono te, il che è già abbastanza fastidioso, e criticano lui. E il passo dalla compassione alla cattiveria è breve, ricordatelo. Sbavavano tutte per Maël fino a poco fa, ed è già stato un duro colpo per loro digerire che sia stata tu a prendertelo. Al primo segnale di debolezza ti salteranno alla gola.»

Sylvia la guardò inorridita. Poi si infuriò. «Non mi importa cosa dicono di me» esclamò. «Sono una straniera e lo resterò per sempre. Non possiamo scappare, Solenn. Se andiamo a casa adesso non avremo più il coraggio di tornare. Dobbiamo camminare a testa alta. Forza, riprenditi. Che fine ha fatto il tuo spirito combattivo?»

Per un momento Solenn restò a guardare fuori dal finestrino. In strada stavano passando delle ragazzine, due si tenevano sottobraccio e ridevano sguaiatamente per qualcosa che aveva detto la terza. «Hai ragione» disse. «Andiamo nella tana delle leonesse!»

Quando entrarono nel salone furono accolte dal consueto profumo misto di shampoo, balsamo e lacca per capelli. Sylvia passò subito in rassegna le poltrone. A parte una delle sarte del paese, che sulle prime non riconobbe sotto la massa di bigodini, erano le uniche clienti.

«Bentornate!» le salutò Fleurette, affettuosa come sempre. Sylvia si aspettava già di vederla con un look completamente diverso, visto che la parrucchiera amava cambiare colore di capelli una volta al mese. Dopo essersi tinta i ricci di un'accesa sfumatura di bordeaux, adesso sfoggiava un lucente biondo cenere metallico.

«Cosa facciamo oggi?» chiese a Solenn. «Il solito taglio? O per una volta vuoi provare un colore?»

«Meglio di no, grazie» rispose la bretone. «Hai già trasformato i nostri giardinieri in un semaforo!»

Fleurette scoppiò a ridere. «Un semaforo! Questa me la devo segnare! Allora cosa facciamo, Solenn?»

«Diamo una spuntatina come sempre, Fleurette. Sai come mi piacciono. E non ti azzardare a colorare niente.»

«Ma certo» rispose allegra la parrucchiera, portando un caffè a Sylvia.

Fleurette finì di occuparsi della capigliatura corta di Solenn in un batter d'occhio, senza mai fare accenno alla situazione sull'Isola delle Camelie. Poi fu il turno di Sylvia. Comunicò i suoi desideri alla brava acconciatrice, scelse tre sfumature del suo colore naturale e si rilassò mentre lei le spennellava piccole ciocche con il colore e le impacchettava con l'alluminio. Durante tutto il processo rimase insolitamente silenziosa. Sylvia gliene fu grata.

Era così stanca che per poco non si appisolò durante il tempo di posa. Soltanto quando Fleurette aprì l'acqua per lavarla si accorse che c'era una persona china su di lei. Trasalì per lo spavento. Era la donna anziana di prima, con i ricci perfettamente acconciati, come se stesse andando a una festa.

«Tutte noi facciamo il tifo per te» sussurrò, avvicinandosi all'orecchio di Sylvia. «Per te e per Maël.» Poi ammiccò e si allontanò, scomparendo dalla sua vista.

«Berthe, *mon Dieu*» esclamò Fleurette, indignata. «Come ti viene in mente di spaventarla così? Stava dormendo.»

«Non dovrebbe dormire» ribatté ostinata la vecchia Berthe. «Deve tenere gli occhi aperti, la nostra Sylvia. Spalancati!»

Sylvia non poté fare a meno di ridere e, dopo qualche esitazione, Fleurette si unì alla risata, seguita da Berthe e alla fine addirittura da Solenn.

«Occhi aperti!» esclamavano a turno, senza riuscire a smettere di sghignazzare.

«Certo, Berthe cara» assicurò Sylvia all'anziana donna. «Lo farò senz'altro.»

«Aspetta un attimo» le chiese Solenn più tardi. Erano risalite in macchina, e Sylvia stava per avviare il motore. «Ci ho riflettuto poco fa. E devo dirti una cosa.»

Sylvia lasciò il volante e guardò la sua amica. Con i capelli appena tagliati sembrava molto più giovane. *Peccato che non abbia una compagna*, si ritrovò a pensare. Non era affatto vecchia. E per la prima volta da quando la conosceva si domandò se Solenn sarebbe mai stata in grado di innamorarsi di nuovo.

«Non approvo il coinvolgimento di Chloé nella nostra attività. Anche perché, Sylvie, sono pur sempre *io* la proprietaria.» Le lanciò un'occhiata. «Non fraintendermi, non l'ho mai pensata in questi termini. Siamo una famiglia, una squadra, e vale anche per il vivaio. Ma adesso ho paura che se non stiamo attenti andrà tutto a rotoli.»

«Non credo, Solenn» provò a calmarla Sylvia, ma l'altra si voltò verso di lei così bruscamente da farla sobbalzare.

«Ah, quanto vorrei che avessi ragione!» esclamò. «Sarei molto felice di sbagliarmi. Ma vivere e lavorare insieme come facciamo noi funziona soltanto quando c'è equilibrio. Ed è molto raro che succeda. È un miracolo che con te sia stato così, soprattutto visto che vieni da un mondo completamente diverso. Ne ero così felice. E invece adesso... mi sembra di camminare sul filo del rasoio.» La sua voce si incrinò, e Sylvia temette che stesse di nuovo per piangere.

«So che tu la vedi diversamente» riprese, dopo essersi calmata un attimo. «E anche Maël. Da quando ha saputo di avere un figlio sembra diventato cieco e sordo. In un certo senso lo capisco, ovviamente, ma così non possiamo andare avanti, Sylvie. La vecchia Berthe ha ragione, dobbiamo tenere gli occhi aperti. Chloé vuole prendersi tuo marito. E anche l'isola. Solo un cieco non lo vedrebbe! Qui le cose sono due: o vi fate andar bene questo *ménage à trois*, oppure una di voi due dovrà per forza andarsene.»

Turbata e confusa Sylvia guardò la piazza, poi il portale della chiesa dove nemmeno un anno prima si era sposata. L'opinione di Solenn era importante per lei, e di solito le valutazioni della sua amica si rivelavano corrette. E se questa volta si fosse sbagliata? Era possibile che la sua avversione per Chloé ne offuscasse il giudizio?

«Cosa faresti al mio posto?» si sentì chiedere.

Solenn rimase a lungo in silenzio. «Tu non puoi fare niente» disse alla fine. «Sta a Maël fare qualcosa. Prima di tutto dovrebbe pretendere un test di paternità. Somiglianze o meno, dobbiamo avere la certezza.» Si girò verso Sylvia, gli occhi pieni di compassione. «Pensa un attimo alle implicazioni pratiche. Se Noah è davvero suo, significa che sarà lui a ereditare l'isola se voi due non avrete figli. E anche se tu dovessi avere un bambino, Noah avrà comunque diritto alla sua parte di eredità. Tu non sei menzionata nel testamento di Lucie, perché non si sarebbe mai immaginata che un giorno avresti vissuto qui. Quando io non ci sarò più, l'isola passerà a Maël, così è stabilito. Tu non puoi esercitare nessun diritto, né sull'isola né sull'attività, perché andrebbe contro le ultime volontà di Lucie. Quindi se a me o a Maël dovesse succedere qualcosa, Noah erediterebbe i tre quarti di tutto. In Francia funziona così. E se la madre naturale di Maël fosse ancora in vita ne erediterebbe una parte anche lei, mentre a te resterebbero le briciole. Sì, mi sono informata. Già una volta ci siamo ritrovati a un passo dal tracollo per colpa del diritto ereditario. Tieni presente anche che finché Noah non diventa maggiorenne sarebbe sua madre ad amministrare l'eredità. E tu che fine faresti?» Guardò Sylvia con insistenza. «Ho già più di sessant'anni» continuò. «Non so quanto ancora mi resti da vivere. Nessuno è immune da incidenti o malattie. Dobbiamo essere razionali e pronti ad affrontare lo scenario peggiore possibile. È questo che mi ha insegnato la storia del testamento di Lucie.»

Sylvia tacque, angosciata. Non aveva pensato a tutte quelle cose. Solenn aveva perfettamente ragione. Già una volta l'isola aveva rischiato di finire nelle mani sbagliate. La sola idea che a Maël potesse capitare qualcosa le toglieva il fiato, non voleva nemmeno pensarci. Ma forse avrebbe dovuto. Perché in quel caso, come se perdere lui non fosse stato abbastanza, si sarebbe ritrovata anche senza casa e lavoro. Soltanto pochi anni prima aveva dovuto rimettere insieme da zero i cocci della sua esistenza, dopo aver rinunciato a tutto quello per cui aveva lavorato per tanto tempo. Quella però era stata una sua decisione: aveva scelto di seguire la voce del cuore e rinunciare a una vita senza preoccupazioni finanziarie al fianco di un uomo che l'aveva tradita e che non amava più. Era giusto che Maël riconoscesse il figlio e che lui un giorno sarebbe diventato suo erede. Era molto probabile, a quel punto, che lei non avrebbe mai avuto bambini, e non aveva alcuna intenzione di opporsi. Ma doveva anche garantirsi un futuro.

«È terribile dover pensare a cosa succederebbe se tu e Maël non ci foste più.»

Solenn le prese la mano e la strinse. «Non accadrà tanto presto» la rassicurò. «È solo che abbiamo già avuto brutte esperienze.»

Sylvia annuì. «Chiederò consiglio a Millet. Ma non so come dire a Maël del test di paternità. È alquanto suscettibile sull'argomento.»

«Lascia fare a me» propose Solenn. «Ci penso io. E adesso andiamo a casa, la marea si sta alzando.»

Qualche giorno dopo Sylvia aveva appuntamento dall'avvocato. Espose i fatti e gli chiese consiglio sul da farsi.

Lui la guardò sgomento e aggrottò la fronte. «*Ma chère* Madame Riwall, purtroppo non posso occuparmene io.»

«Perché no?»

«Perché rappresento già Madame Dufèvre» le spiegò. «È stata proprio lei a mandarla da me, o sbaglio?»

Sylvia scosse la testa, senza parole. Sì, aveva consigliato lei a Chloé di rivolgersi al suo avvocato.

«Ma...» balbettò, confusa. «Non si trattava di questioni legate al suo matrimonio? Cosa c'entriamo noi?»

«Assolutamente» rispose il legale, imbarazzato. «Ma visto che Maël sembra essere il padre naturale del figlio di Madame Dufèvre e io la rappresento anche a quel riguardo...»

«Come scusi?» lo interruppe Sylvia. «Lei rappresenta Chloé contro di noi? Ma non è...»

«Per questo mi è sembrato giusto informarvi» si giustificò, sempre più a disagio. «Ho parlato con suo marito. Gli ho spiegato la situazione e gli ho chiesto se, date le circostanze, era d'accordo che accettassi il mandato per conto di Madame Dufèvre. Mi ha detto di sì.» Millet alzò le mani, Sylvia non sapeva se per difendersi o per manifestarle la sua innocenza. «Per me è una situazione molto spiacevole» continuò. «Lei e Madame Lambaol siete mie clienti da anni, per questo mi sono voluto assicurare che per voi non ci fossero problemi. Soltanto che... avendo accettato il mandato di Chloé Dufèvre, sono impossibilitato a...»

Sylvia era indignata. Era inaudito. Di certo Maël non aveva valutato adeguatamente le conseguenze. «Cos'ha in mente quella donna?» chiese, sfinita, pur sapendo che non avrebbe ottenuto risposta.

«Purtroppo non posso parlargliene» rispose Millet, sinceramente desolato.

*Che idiota!* pensò Sylvia. Perché non aveva rifiutato l'incarico? Non aveva un briciolo di dignità? Ma in fondo era soltanto colpa sua. Era stata fin troppo gentile con Chloé, per di più contro il suo stesso istinto.

Raddrizzò la schiena, decisa a ritrovare il suo piglio abituale.

«Questo significa che dobbiamo mettere fine a tutti i nostri rapporti lavorativi?» Millet la assisteva nelle questioni giuridiche legate all'attività del vivaio. Di recente aveva stilato il complicato contratto d'acquisto della Sylviana che, come aveva scoperto nel frattempo, aveva stipulato con sir James Ashton-Davenport. Il solo pensiero le fece correre un brivido lungo la schiena.

«Questo dipende da lei, *madame*» rispose l'avvocato, tornato ai suoi modi professionali e distaccati.

Sylvia annuì e si alzò.

«Ne parlerò con Madame Lambaol e con mio marito» disse, prima di congedarsi.

«Non può essere» tuonò Solenn. «Ha perso completamente la testa?»

Maël spostò lo sguardo dall'una all'altra, frastornato. Era tarda sera e i tre si erano dati appuntamento al *Ti Bag* per parlare della situazione.

«Non riesco veramente a capire!» esclamò. «Cos'altro vuole Chloé? Sono disposto a riconoscere la paternità e a fare tutto il necessario...»

«Ascoltami bene» lo interruppe Solenn. «Il mantenimento di Noah qui c'entra poco. Il bambino vive già da noi, dorme da noi, mangia alla nostra tavola e noi provvediamo a tutto quello di cui ha bisogno. La questione è un'altra, non capisci? E adesso grazie alla vostra gentilezza Chloé ha al suo fianco il miglior avvocato del posto!»

Maël guardò Sylvia confuso. Lei gli strinse la mano. «Purtroppo Solenn ha ragione» disse, calma. «Questo vuol dire che dobbiamo cercarci un avvocato ancora più bravo. Dopodomani vado a Parigi. Éric mi ha consigliato un'esperta di diritto di famiglia. A quanto pare è la migliore del Paese.»

Solenn e Maël la fissarono sorpresi.

«Te l'ha consigliata il fratello di Morgane?» chiese la bretone. «Il giornalista televisivo?»

«Proprio lui» confermò Sylvia. «Per Millet sarà una sgradita sorpresa. E poi ne approfitto per andare al ministero dell'Ambiente. C'è un funzionario che ci sta creando problemi per la storia del centro ornitologico. Devo parlargli di persona.»

Solenn sorrise come non faceva ormai da tempo. «Così mi piaci» esclamò, fiera. «È questa la Sylvia che conosco. Occhi aperti!»

# 15

## La lettera

Era da un po' che Sylvia non andava a trovare Pierrick e il suo protetto in officina. Se ne rese conto nel tardo pomeriggio del giorno prima della sua partenza, quando si recò al pontile per controllare che *La Brise* fosse pronta per portarla sulla terraferma la mattina dopo, visto che la passerella non sarebbe stata agibile. Adorava andare in barca, e le dispiaceva non poterlo più fare tanto spesso. Se continuava così il brevetto di timoniere sarebbe rimasto un sogno nel cassetto.

Le barche oscillavano lievemente spinte dalle dolci onde, producendo un basso gorgoglio. Nel porticciolo c'erano il motoscafo di Gurvan, il battello da pesca di Pierrick, la *Nimue*, e anche il motopeschereccio, *La Brise*. Sylvia controllò che il serbatoio fosse pieno e, come le aveva insegnato Pierrick, diede un'occhiata al motore e all'illuminazione, perché alla sua partenza l'indomani sarebbe stato ancora buio. Era tutto a posto. Invece di tornare in ufficio, però, decise di passare al capanno.

Nonostante lo scricchiolio della porta, il vecchio Pierrick e Noah non sembravano essersi accorti del suo arrivo. Erano in piedi di fronte al piano di lavoro che occupava l'intera parete, le davano le spalle ed erano chini su qualcosa. Il piccolo era dovuto salire su una cassetta di legno per arrivarci. Ciò che stavano facendo sembrava richiedere la loro totale attenzione.

Per qualche istante Sylvia rimase a guardarli. Lavoravano in silenzio, l'uno accanto all'altro. Di tanto in tanto Noah passava a Pierrick un pezzo di legno, una bottiglia di plastica o un attrezzo. Erano in sintonia perfetta. Sylvia si era pentita di essere entrata, sicura di costituire un disturbo, eppure non riusciva ad andarsene.

«*Salut*» si decise a dire. Pierrick girò la testa, mentre Noah non diede cenno di averla sentita. «Posso?»

Pierrick le sorrise e annuì, indicando con il mento il piano di lavoro. «Il nostro amico ha le mani d'oro.»

Sylvia fece un passo avanti e vide che stavano costruendo il modellino di una nave. Noah stava incollando una striscia lunga e sottile di legno di balsa allo scafo, concentratissimo.

Lei rimase a guardarlo affascinata. Aveva modellato lo scafo della barca intorno a una vecchia forma di legno, come un calzolaio d'altri tempi avrebbe fabbricato una scarpa a partire da un campione. Sullo scaffale alle spalle del piano di lavoro campeggiavano altre enormi sagome di legno di diverse forme e misure, macchiate e usurate.

Dopo un po' Noah si girò verso di lei e si spostò i capelli dalla fronte con l'avambraccio. Nelle ultime settimane gli erano cresciuti e adesso sfioravano la nuca. *Forse dovrei portarlo con me da Fleurette la prossima volta*, si disse.

«Che barca stai costruendo?» chiese.

Noah la guardò sospettoso, come se non riuscisse a credere che potesse interessarle davvero.

«Un peschereccio bretone per le aringhe» rispose. «Come quelli che fabbricava il padre di Pierrick» aggiunse, girandosi a dare una rapida occhiata al suo lavoro. Sembrava che non vedesse l'ora di rimettersi all'opera.

Eppure Sylvia aveva la sensazione che qualcosa lo turbasse.

Il piccolo si morse il labbro inferiore e si fece pensieroso. «Come sta andando a scuola? Ti trovi bene?» gli chiese.

Noah scrollò le spalle ostentando indifferenza. «Gli altri bambini non mi rivolgono la parola» rispose, mettendo il broncio. «Ma non fa niente. Sono abbastanza stupidi e parlano in modo strano. Non sanno il francese.»

Sylvia tacque, sorpresa. I compagni di scuola di Noah lo stavano escludendo? Stava giusto riflettendo su cos'altro chiedergli quando Pierrick si intromise nella discussione. «Certo, parlano brezhoneg. Lo imparerei anche tu.»

Noah non rispose. Invece guardò Sylvia e disse: «È vero che vai a Parigi?».

Lei annuì. Aveva un brutto presentimento. Come lo aveva scoperto? «Sì» confermò. «Domani.»

«Vengo anch'io!» dichiarò il bambino, deciso.

Sylvia deglutì. «Non è una decisione che spetta a me. Pensi che tua madre ti darebbe il permesso?»

Noah serrò le labbra e distolse lo sguardo. Contemplò il modellino ancora incompleto. Poi scosse la testa.

«Glielo hai già chiesto?» si informò Pierrick.

«Non avrebbe senso. So già che mi direbbe di no. Ma io vengo lo stesso.»

Sylvia si sedette su uno sgabello per poter guardare il bambino negli occhi e gli prese entrambe le mani. La destra era appiccicosa, probabilmente per via della colla. Lui si concesse con una certa riluttanza.

«Non posso portarti con me» disse, con voce affettuosa. «E lo sai. E poi ho tante cose da fare a Parigi e...»

«Anche io» esclamò Noah, caparbio.

«Sì, certo. Ma... devi parlarne con tua madre. Non puoi venire con me se lei è contraria.»

«E se lei fosse d'accordo mi porteresti?»

Sylvia si sforzò di pensare in fretta. Non voleva mentirgli. E poi con Chloé non si sapeva mai cosa poteva succedere... Se avesse davvero detto di sì? «Dipende dai tuoi piani» ammise.

«Voglio parlare con mio padre. Nient'altro. Potrei andare a trovare un amico se tu hai da fare. Oppure ti aspetto in albergo, sono abituato. Non ti farò arrabbiare, lo prometto!»

Sylvia scambiò un'occhiata con Pierrick. Lui inarcò le sopracciglia, scettico, e si strinse nelle spalle.

«Va bene» rispose Sylvia. «Se tua madre è d'accordo puoi venire con me, Noah. Ma a quanto ho capito tuo padre non vuole vederti, e non possiamo certo sfondargli la porta di casa. Quindi è possibile che tu faccia il viaggio per niente.»

«Chiedo a *maman*» gridò Noah, fuori di sé dalla gioia. Il luccichio nei suoi occhi le provocò una stretta al cuore. Dubitava fortemente che Chloé gli avrebbe dato il permesso. «Vado subito!» aggiunse il bambino, saltando giù dalla cassetta.

Staccò la giacca a vento dal gancio, se la infilò e uscì di corsa. Sylvia lo guardò allontanarsi, preoccupata.

«Sylvie, Sylvie» disse Pierrick scuotendo la testa. «Mi sembra una pessima idea. Perché non gli hai detto semplicemente di no?»

Lei sospirò. Già, perché? Perché non voleva essere lei quella che infrangeva i sogni del bambino? Perché anche lei non sopportava che le si dicesse di no? Perché non voleva prendersi la responsabilità di quella decisione complicata? Oppure soltanto perché capiva il bisogno di Noah? Aveva bisogno di chiarezza. Era legittimo.

Fece spallucce. *Perché no, in fondo?* pensò. Cosa si aspettava Chloé? Se avesse dato a suo figlio la possibilità di salutare Alain le cose sarebbero state molto più semplici.

A cena Noah si presentò con gli occhi rossi di pianto, e Chloè fumante di rabbia.

«Come hai potuto mettere queste sciocchezze in testa a mio figlio?» rimbrottò Sylvia.

«È stato lui a chiedermelo» rispose lei, impassibile. «Non sta a me decidere se vietare o permettere qualcosa a tuo figlio. Deduco che tu non sia d'accordo, quindi.»

Noah singhiozzò e si asciugò gli occhi con la manica.

«Ma certo che no!» ribatté Chloé furiosa. «Il discorso è chiuso. E tu smettila di frignare, Noah. Sei grande, i grandi non piangono! Almeno hai fatto i compiti?»

Il bimbo non replicò. Rimase seduto sulla sua sedia, con le spalle dritte e la testa bassa. Non si mosse per tutta la cena, non toccò cibo e non rispose a nessuna domanda.

Quando Solenn portò in tavola il tagliere con i formaggi, Pierrick staccò un grosso pezzo di baguette, la tagliò per il lungo e la riempì con il formaggio di capra che piaceva tanto al bambino. Poi gliela mise sotto il naso. Dopo una breve esitazione lui la prese e le diede un morso. Il vecchio poggiò la mano sulla spalla di Noah, casualmente, come se l'avesse dimenticata lì. Persino dal lato opposto della tavola Sylvia percepì che il bambino si stava pian piano rilassando. Eppure la sua sofferenza era quasi palpabile.

Alle cinque e mezza del mattino successivo Sylvia stava trascinando la sua valigia rigida giù per i gradini in arenaria che conducevano al molo. Con sua grande sorpresa incontrò Pierrick, che aveva già preparato *La Brise* per la partenza. L'anziano le prese il bagaglio e lo infilò nella cassapanca sotto i sedili di poppa.

«Ti accompagno io» disse quando lei gli baciò le guance e

gli chiese perché non fosse rimasto a letto. «A letto si muore, si dice da queste parti» rispose con un ghigno. «E poi non mi piace l'idea di lasciare tanto tempo *La Brise* ormeggiata al porto. Sei pronta?»

Sylvia indossò la cerata sopra il suo tailleur elegante e prese posto a poppa. «Pronta» confermò.

Pierrick stava già azionando il motore quando sentì gridare. Era Noah, che stava correndo verso di loro a tutta velocità, rischiando di inciampare e ruzzolare giù dalle scale.

«Aspettate» strillò a pieni polmoni.

Sylvia provò una stretta al cuore. Noah era veramente disposto ad andare contro gli ordini di sua madre? Si alzò e tornò sulla terraferma con un balzo. «Noah! Che ci fai qui? Non puoi venire, lo sai!»

Ma il bambino evidentemente aveva in mente tutt'altro. Tese una mano verso di lei, allungandole una busta. «Ho scritto una lettera a papà» disse, senza fiato. «*S'il te plaît*, puoi portargliela?» la implorò, percependo la sua esitazione. «Quando la leggerà capirà tutto!»

Agitò disperato la busta davanti al naso di Sylvia, e alla fine lei non poté fare a meno di prenderla. Sopra, in una minuta calligrafia infantile, c'era scritto: ALAIN DUFÈVRE. Seguiva l'indirizzo completo. «Lo troverai, vero?» chiese, preoccupato. Sylvia annuì. «Devi consegnargliela di persona. Devo essere certo che l'ha ricevuta. Non farti bloccare da Jean, il portiere. Digli che ti ho mandato io. E, ti prego, di' a papà...»

La voce del bambino si incrinò. Sylvia avrebbe voluto stringerlo forte. E in quel momento lui le gettò le braccia intorno alla vita. Per qualche secondo percepì il tremito del suo piccolo corpo, poi un singhiozzo. Alla fine Noah la lasciò andare, corse su per le scale e sparì dietro la scogliera.

Sylvia restò a guardarlo correre, poi mise al sicuro la lettera nella tasca interna della giacca. Saltò a bordo della barca e lanciò un'occhiata a Pierrick. Lui sorrise e le strizzò quasi impercettibilmente l'occhio prima di azionare il motore per uscire dal porto.

Presero velocità, puntando verso il mare aperto proprio mentre il cielo si illuminava di sfumature madreperla. Sylvia si girò a guardare il profilo dell'isola che si rimpiccioliva alle sue spalle, la sua amata striscia di terra ai margini estremi d'Europa, un avamposto un tempo unito alla terraferma che Pierrick e i suoi compagni proteggevano, anno dopo anno, dalla violenza dell'Atlantico. Sylvia non era nata lì, non apparteneva a quel luogo. Sarebbe potuta restare soltanto in quanto moglie del futuro proprietario. Non aveva mai pensato a quelle cose prima di parlarne con Solenn, le sembravano sterili cavilli burocratici. Se Chloé non fosse spuntata dal nulla non si sarebbe mai posta il problema.

Guardò la terraferma che si avvicinava. Al porto era parcheggiata la macchina che Maël le aveva lasciato il giorno prima. Avrebbe guidato fino all'aeroporto di Quimper e da lì avrebbe preso un volo per la capitale. Aveva organizzato tutto nei minimi dettagli, come sempre. Anche gli appuntamenti si sarebbero susseguiti a ritmo serrato, compreso quello di cui non aveva fatto parola con nessuno, nemmeno con Maël. E adesso si era aggiunta un'altra missione, di cui nessun altro – a parte lei, Noah e Pierrick – era al corrente.

# 16

## Parigi

Marie-France Bresson le ispirò subito simpatia. Sylvia ipotizzò che fosse sulla cinquantina, o forse anche più matura: il suo aspetto curato poteva essere fuorviante. Alta e snella, l'avvocato portava i capelli scuri raccolti in un elegante chignon sulla nuca e aveva un trucco leggero ma sofisticato. Agli occhi di Sylvia era la quintessenza della parigina in carriera. Dietro le lenti con la montatura in corno scintillavano due occhi espressivi color nocciola.

«Come posso aiutarla, *madame*?» chiese quando Sylvia prese posto sul divano di pelle e la segretaria ebbe servito loro acqua minerale e caffè. La Bresson si accomodò su una poltrona davanti a lei e aprì un taccuino.

«Il nostro è un caso complicato» esordì Sylvia. L'avvocato accolse l'affermazione con un sorriso cordiale.

«Stia tranquilla» la rassicurò. «Praticamente tutti i miei colloqui iniziano così. Anzi, mi sarei preoccupata se non me lo avesse detto.»

Sylvia bevve un sorso di caffè e tirò fuori i suoi appunti dalla borsa. Si era preparata bene, annotando le informazioni e i punti fondamentali della questione. Aveva persino portato con sé il testamento di Lucie e un estratto del suo stato di famiglia.

Quando arrivò a parlare di Chloé e Noah, l'avvocato la interruppe per la prima volta. «Come ha detto che era il cognome?»

«Chloé Dufèvre» rispose Sylvia. «Il marito si chiama Alain.» Gli occhi della legale si illuminarono. «Conosce per caso Chloé o suo marito?»

«Non ne sono sicura» rispose la donna. «Mi sembra di aver sentito questo nome di recente. Alain Dufèvre è attivo in politica, e se non mi sbaglio è cliente di uno dei miei colleghi.» A Sylvia sembrò di vedere gli ingranaggi in movimento dietro la fronte liscia dell'avvocato. «O meglio, di uno dei miei nemici d'elezione. Niente male come coincidenza.»

«Mi farebbe piacere incontrare il signor Dufèvre» confessò Sylvia.

Madame Bresson la guardò sorpresa. «Posso chiederle per quale motivo?»

«Noah mi ha affidato una lettera per lui» spiegò. «So che sembra assurdo, ma il bambino è ancora convinto che sia suo padre. Ha solo sette anni. Non capisce cosa sta succedendo e ha tantissima nostalgia di casa.»

Sylvia osservò la donna senza capire come interpretare la sua espressione. Stava pensando che fosse pazza? O soltanto troppo sentimentale?

«È un bel gesto da parte sua» disse alla fine Madame Bresson. «Mi chiedo soltanto se non vada contro il suo interesse.»

«E perché dovrebbe?» indagò Sylvia. «Non pensavo che dovessimo procedere contro Alain Dufèvre, o no? Io voglio soltanto difendere i miei interessi da eventuali attacchi di Chloé. Dobbiamo trovare una soluzione per l'affidamento del bambino e fare in modo che sua madre non acquisisca diritti che non le competono sulle proprietà di mio marito. Alain Dufèvre c'entra qualcosa in tutto questo?» L'avvocato piegò la testa di lato.

«Mi sembra» riprese Sylvia «che tra tutti gli interessi da difendere non ci si debba dimenticare del benessere del bambino. Dovrebbe essere la cosa più importante, non crede? Il mondo di Noah è andato in pezzi. Che male può fare ad Alain Dufèvre parlargli? O continuare a incontrarlo? Non è colpa del piccolo se sua madre ha combinato un disastro. Per sette anni Dufèvre è stato convinto che Noah fosse suo figlio. Non può non provare dei sentimenti per lui. Da quello che racconta il bambino era un buon padre.»

L'avvocato annuì senza smettere di fissare Sylvia. «Lei ha indubbiamente ragione. Ma il mio compito, Madame Riwall, è proteggere prima di tutto i *suoi* interessi. Dunque, partiamo dall'inizio. È stato accertato che il padre del ragazzino sia suo marito e non il signor Dufèvre?»

«A quanto dice Chloé è escluso che lui possa essere il padre perché... be', è un dettaglio molto intimo... ma pare sia sterile. E Noah somiglia in modo sbalorditivo a mio marito» si affrettò ad aggiungere Sylvia. «Naturalmente so che questo non prova niente.»

«Infatti» concordò l'avvocato. «Fate un test di paternità. Se dovesse essere negativo non avrebbe più bisogno del mio aiuto, non le sembra?»

Sylvia annuì. «Ammettiamo invece che sia positivo. Visto che il nostro avvocato di fiducia non è più disponibile...»

«Cosa che trovo inaccettabile» la interruppe la Bresson. «Non capisco come Monsieur Millet abbia potuto comportarsi così! Be', in un certo senso meglio per me. Sono più che felice di rappresentarla per questa questione e, se vuole, anche su tutto il resto.» Le spiegò come pensava di procedere. «Vorrei sottoporle una proposta di accordo contrattuale tra lei, la proprietaria dell'isola e suo marito, ovvero il futuro erede, in modo che siano garantiti i suoi diritti in quanto moglie e dirigente dell'attività. Avremo anche bisogno di un contratto di lavoro. Ha per caso investito suoi capitali nel vivaio?»

Sylvia esitò per un attimo. «La mia defunta zia mi ha lasciato in eredità una camelia» raccontò. «Un esemplare prezioso, unico al mondo. Lo abbiamo venduto circa sei mesi fa. Con il ricavato stiamo costruendo un centro visitatori.»

Marie-France Bresson aggrottò le sopracciglia già inarcate. «E si tratta di una somma notevole?»

«Cinquecentomila euro.»

L'altra sembrava sorpresa. «E la sta investendo in un'attività che non è sua?»

Seguì un silenzio eloquente. Sylvia sentì distintamente il sangue rombarle nelle orecchie, la segretaria parlare al telefono con voce educata nell'anticamera e il traffico nella strada sottostante. Di colpo le sembrava di avere la gola secca. Bevve un sorso d'acqua, poi un altro. «Non avevo mai considerato la cosa in questi termini» disse, schiarendosi subito la voce.

«Fermi subito i lavori» le consigliò l'avvocato.

Sylvia scosse la testa. «Non è possibile» obiettò. «L'inaugurazione è prevista per il 1° settembre.»

«Non importa» insistette l'avvocato. «La rimandi e blocchi il suo conto. Non spenda altri soldi prima di sapere di poter reclamare dei diritti sull'edificio al catasto o di avere un'altra sicurezza di qualche genere. Madame Riwall, sia ragionevole. Deve pensare a se stessa, finché è ancora in tempo.» La legale si alzò, andò alla scrivania e digitò qualcosa sulla tastiera del computer. Poi si girò di nuovo verso Sylvia. «Le prometto che questo caos si risolverà a suo favore. Ma mi ascolti. Chiuda subito i rubinetti. Per quanto resta a Parigi? Possiamo vederci di nuovo domani pomeriggio?»

Sylvia annuì. In realtà sarebbe voluta rientrare nella tarda mattinata del giorno dopo, ma avrebbe cambiato il volo e ne avrebbe preso uno successivo.

«Bene» rispose Madame Bresson, consultando la sua agenda digitale. Poi sollevò il ricevitore. «Jeanne, per favore, sposti l'appuntamento delle tre di domani pomeriggio alla settimana prossima e inserisca Madame Riwall. Saluti Hugo da parte mia e gli faccia le mie scuse. È una questione urgente. Sì, esatto. Grazie.» Si alzò e guardò Sylvia. «Ha sentito» disse. «Alle tre le proporrò una bozza di contratto che dovrà leggere insieme a suo marito e alla proprietaria dell'isola. Le consiglio di non investire il suo denaro nell'impresa prima della sottoscrizione dell'accordo.» Rivolse a Sylvia uno sguardo indagatore. «Teme che sia problematico? Pensa che potrebbero opporsi alla firma?»

«No» rispose Sylvia. «No di certo. È solo che... nessuno ci aveva mai pensato. Se non fosse per Chloé non sarebbe nemmeno necessario.»

Ammutolì. Quanto era stata ingenua? Aveva dimenticato cos'era successo con Holger, il suo primo marito? *Ma Maël è diverso*, pensò. E si sentì incredibilmente confusa.

«È sempre meglio definire bene le cose» la blandì Marie-France Bresson. «Come amo dire: rapporti chiari, matrimonio felice. Non si preoccupi. Risolveremo tutto, Madame Riwall. A domani.»

Fuori in strada, Sylvia ebbe bisogno di orientarsi. Dall'aeroporto si era fatta portare in taxi direttamente allo studio legale e adesso era ferma sul marciapiede con la sua valigia, senza sapere nemmeno in che Arrondissement si trovava. Guardò l'orologio. Non aveva tempo di passare in albergo prima del suo prossimo appuntamento.

Si avventurò fino all'incrocio più vicino, dove riuscì a fermare un taxi. Diede l'indirizzo al conducente, appoggiò la testa alla spalliera e chiuse gli occhi. Da quando la sua vita era così complicata? Aveva la sensazione che più cercava di mettere ordine in quella situazione più le cose si facevano confuse.

«Ci siamo, *madame*» annunciò il tassista, strappandola ai suoi pensieri.

L'edificio della clinica sembrava freddo e poco accogliente. Sylvia ebbe la tentazione di chiedere all'uomo di ripartire e accompagnarla in albergo. Ma poi si diede una scossa. *Non serve a niente evitarlo*, si disse.

Attraversate le porte girevoli si sentì come un animale in trappola. Non ricordava a quando risalisse la sua visita più recente dal medico, figurarsi l'ultima volta che era stata in un ospedale.

*Quando mamma ha avuto l'incidente*, rammentò.

Sua madre era caduta dalle scale nella gioielleria dove lavorava ed era entrata in coma, a causa del trauma cranico subito. Era morta cinque giorni dopo. E adesso l'odore penetrante del disinfettante e di chissà quali altri medicinali che impregnava i corridoi della clinica le stava riportando alla mente tutti i ricordi tristi.

«Madame Riwall?»

Il ginecologo le strinse la mano, Sylvia lo seguì nell'ambulatorio, e il suo sguardo gentile le restituì sicurezza e coraggio.

«Vorrei sapere se posso avere figli» disse francamente.

«Che lei sappia c'è qualcosa che potrebbe impedirglielo?» le chiese lui.

Lei scosse la testa. «So solo che finora non sono riuscita a restare incinta. Vorrei assicurarmi che non ci siano problemi.»

Si era immaginata quella visita molto più invasiva e spiacevole. Invece il medico le mostrò il suo utero, le tube e le ovaie sullo schermo dell'ecografo senza mai smettere di sorridere. «Sembra tutto a posto» continuava a ripetere. «Non vedo ragioni per cui lei non dovrebbe poter concepire.»

Prelevò un campione di cellule da far analizzare in laboratorio, e le disse che avrebbe richiesto anche un dosaggio ormonale.

«Da quanto ho avuto modo di vedere oggi» disse il dottore quando tornarono a sedersi alla scrivania, «dal punto di vista organico è tutto a posto. Dobbiamo aspettare i risultati degli esami, ma sono abbastanza sicuro che non troveremo niente di strano.» Le rivolse uno sguardo gentile. «Che lavoro fa?» chiese. «È molto stressata?» Sylvia si strinse nelle spalle. «Cerchi di rilassarsi, se possibile» le consigliò. A Sylvia sembrò di sentire Veronika. «E cerchi di non sentirsi sotto pressione. Spesso le donne restano incinte proprio quando smettono di pensarci.» Le allungò la mano per salutarla. «Le invieremo i risultati. *Au revoir, madame*. Non si preoccupi.»

La sua stanza del piccolo hotel di Montmartre con la scala a chiocciola in stile art nouveau – dove aveva già soggiornato spesso in passato – affacciava sul Moulin de la Galette, uno dei due mulini a vento che erano sopravvissuti ai colpi della storia. Sylvia non si era ancora abituata all'effetto straniante di veder emergere il profilo di un mulino a vento nel bel mezzo della metropoli, pur sapendo che nel Settecento in quel quartiere ce n'erano almeno dieci. Oggi l'edificio, che svettava tra i tetti di ardesia tipici di Parigi, ospitava un ristorante che voleva provare da tempo. Ma era sempre stata troppo stanca per andarci.

Decise di distendersi un attimo per riposarsi. L'incontro con l'avvocato era stato impegnativo, e la visita le aveva dato il colpo di grazia. Anche se l'esito era stato positivo, non si sentiva sollevata come si era aspettata. Quindi poteva restare incinta, ma non ci riusciva. Doveva evitare lo stress, ma come? Aveva appena scoperto di non poter esercitare alcun diritto sul vivaio, nonostante lavorasse duramente e avesse investito tutti i proventi della vendita della Sylviana nell'attività.

Sospirò e si girò dall'altra parte. Dopo un po' si alzò e si ripropose di fare una passeggiata. In camera non si sarebbe rilassata, ed era troppo presto per andare a dormire.

Il suo cellulare squillò. Era Marie-France Bresson.

«È ancora dell'idea di incontrare Alain Dufèvre?» le chiese l'avvocato.

«Sì» rispose sorpresa Sylvia.

«Allora faccia in modo di trovarsi al bar Lou Pascalou tra un'ora. La mia segretaria le invierà l'indirizzo. Dufèvre va lì tutte le sere per l'aperitivo.»

«E come faccio a riconoscerlo?» chiese Sylvia.

«Lo cerchi su Google, ci sono un sacco di foto. Buona fortuna!»

«Aspetti» esclamò Sylvia. «Come fa a saperlo? Dove fa aperitivo Alain, intendo...»

Marie-France Bresson rise. «Penso che resterà un mio segreto. Mettiamola così: è sempre bello quando si può contribuire alla riconciliazione di una coppia, no?»

«A meno che non se ne segua la causa di divorzio» rispose Sylvia divertita, pensando all'avversario di Madame Bresson. L'avvocato rise.

«*Honi soit qui mal y pense*» rispose. «Vergogna a colui che pensa male. Si dice così, no? Ad ogni modo, credo che questo bambino vada aiutato.»

«Grazie» disse Sylvia, ma la legale aveva già riattaccato.

Due secondi dopo il suo smartphone vibrò. Jeanne le aveva

inviato l'indirizzo del locale. Il bar Lou Pascalou si trovava nel Ventesimo Arrondissement, non lontano dal Père-Lachaise, il cimitero famoso per le tombe di tanti personaggi celebri. Stando al traffico, dal suo albergo ci sarebbe voluta almeno una mezz'ora in taxi.

Sylvia rifletté su cosa indossare. Alla fine scelse il tubino di seta blu scuro che aveva messo in valigia per sicurezza e si rinfrescò il trucco. Poi infilò la lettera di Noah in borsa e chiamò un taxi.

Durante il tragitto digitò il nome di Alain nel motore di ricerca e trovò la sua foto in un paio di articoli di giornale usciti di recente nella rubrica di economia: capelli corti, viso sottile, tratti giovanili e piacevoli. Le sembrava uno studente universitario cresciuto, elegante e determinato. Non le fu difficile immaginarsi quell'uomo su una barca a vela insieme a Noah. Però aveva un viso piuttosto ordinario. Sperava di riconoscerlo.

Sì, e poi cosa avrebbe fatto? Sarebbe andata semplicemente a parlargli? *Bonsoir, Alain, ho una lettera di Noah per lei...*

Sylvia scoppiò a ridere così forte che il tassista la guardò preoccupato dallo specchietto retrovisore. Poi sorrise anche lui.

*Perché no?* si disse. In fondo, cosa aveva da perdere?

Malgrado i suoi dubbi lo riconobbe subito. La fortuna era dalla sua parte, perché era in piedi da solo al bancone del bar, con un boccale di birra.

Si mise accanto a lui come per caso e ordinò lo stesso. Quando il cameriere la servì, Alain alzò lo sguardo.

«*Bonsoir* Monsieur Dufèvre» disse Sylvia, sollevando il bicchiere.

Le sopracciglia di lui si inarcarono impercettibilmente. «Per che giornale scrive?» le chiese, tornando a fissare il bancone.

«Non sono della stampa» rispose, tirando fuori dalla borsa la lettera di Noah. «Ho una consegna per lei.»

Posò la busta tra il suo bicchiere e quello di Alain. Se la vista della calligrafia del figlio lo emozionò riuscì a nasconderlo bene.

«Chi è lei?» chiese, bevendo un generoso sorso di birra.

«Mi chiamo Sylvia Riwall. Ho promesso a Noah di consegnarle personalmente la lettera. Non sta bene. Lei gli manca molto.»

Dufèvre inclinò la testa e la guardò di sottecchi. «È lei che mi ha chiamato di recente?» disse. «Non le avevo detto di...»

«...non telefonarle più?» lo interruppe Sylvia con un sorriso. «Non mi sembra di averlo fatto.»

Lui la guardò divertito, come per riconoscerle quella piccola vittoria. Ma rimase lo stesso sulla difensiva. «E cosa la spinge a venire a Parigi dalla Bretagna solo per rintracciarmi?»

Sylvia rise di cuore. «Non sono venuta per lei, non si preoccupi. Sono a Parigi per lavoro. Ed è difficile dire di no a Noah quando si mette in testa una cosa. Ma immagino che lei lo sappia meglio di me.» Tornò seria. «Mi piace Noah. È un bambino straordinario. Da quando è da noi soffre terribilmente. Per favore, legga cosa le ha scritto. Penso che se lo meriti.»

«Vuole liberarsi di lui, vero?» Era più una constatazione che una domanda. «Di lui e di Chloé. Non posso darle torto.»

Sylvia decise di essere onesta. «Su Chloé ha perfettamente ragione» ammise. «Io e mio marito siamo sposati da meno di un anno. Ritrovarmi ad affrontare questo pezzo del suo passato... non è facile per me. Ma Noah è il benvenuto da noi. Maël è sopraffatto dalla novità di avere un figlio. Vuole stargli vicino, e io non ho niente in contrario.»

Dufèvre la scrutò a occhi stretti. «Eppure viene qui e cerca di convincermi a riportare il bambino a Parigi?»

«Non ho mai detto questo. Non sta a me dirle cosa deve fare. Comprendo la sua posizione, ma Noah non ha nessuna colpa. Chiunque sia il padre naturale, lei resterà sempre il suo papà.»

L'uomo vicino a lei fissò il boccale e non rispose. Sylvia pensò che era meglio andare via. Aveva detto quel che doveva. Aveva consegnato la lettera. Non poteva costringerlo a leggerla.

«Che fa laggiù?» chiese.

Sylvia trattenne il fiato per un momento. «Sta costruendo il modellino di una nave» raccontò. «A due alberi. E aspetta che suo padre gli insegni a governare la iole che gli ha regalato per Natale.»

In quel momento Sylvia percepì tutta la sofferenza dell'uomo apparentemente tanto controllato che le sedeva accanto. Anche se non aveva quasi cambiato posizione – continuava a stare appoggiato tranquillamente al bancone – sembrava che la corazza che si era costruito fosse stata intaccata.

«E poi va a scuola» continuò. «Ma sta facendo fatica ad ambientarsi. Non capisce bene il dialetto bretone degli altri bambini. È un piccolo *parisien*. Cosa ci si può fare?»

«E Chloé?» chiese in un sussurro. «Come sta lei?»

Qualcosa nella voce dell'uomo indusse Sylvia ad ascoltarlo più attentamente. Era ancora innamorato di Chloé? Sì, doveva essere così. Altrimenti perché interessarsi a lei?

«Come sta Chloé?» gli fece eco. «È difficile dirlo. Penso che si senta sradicata quanto Noah. Non mi sembra il tipo che può sentirsi a suo agio in provincia. Ma perché non glielo chiede di persona?»

Alain distolse lo sguardo e tornò a fissare il suo bicchiere di birra vuoto come se non ci fosse niente di più interessante al mondo. «Pensa che fosse innamorata di questo giardiniere?»

Sulle prime Sylvia si sentì salire il sangue alla testa. Avrebbe voluto spiegare al suo arrogante interlocutore che «questo giardiniere» era un esperto di camelie di fama internazionale, con tanto di dottorato. Ma riuscì a tenere a freno la lingua, seppur con difficoltà.

«No» rispose. «Penso che Chloé abbia sempre amato solo lei, signor Dufèvre.»

Prese il portafogli e fece cenno al cameriere di voler pagare.

«Lasci pure» la fermò Dufèvre. «Faccio io.»

Ma Sylvia finse di non averlo sentito. Pagò il conto e si girò un'ultima volta verso di lui.

«Cosa devo dire a Noah quando torno? Leggerà la lettera?»

Lo guardò dritto negli occhi. Erano di un azzurro intenso, simili ai suoi. *Potrebbe essere mio fratello*, pensò. Il fratello che non aveva mai avuto. Sostenne il suo sguardo senza battere ciglio. Alla fine fu lui ad abbassarlo.

Dufèvre contemplò la lettera, poi la prese. «Sì, la leggerò. Ma dica a Noah di non farsi illusioni. Non è mio figlio. E questo non si può cambiare.» Si infilò la busta nella tasca interna della giacca e guardò Sylvia incuriosito. «Lei è una donna notevole, Madame Riwall» disse. «Non ha paura di combattere. Solo che non ho ancora capito per cosa lo stia facendo.» La scrutò come se stesse cercando la risposta sul suo viso. «Anzi, forse non lo sa bene nemmeno lei.»

# 17

## La vedova del pittore

Era ancora presto, e Sylvia aveva fame. Ma non riusciva a decidersi a entrare in un ristorante. Detestava sedere a un tavolo e mangiare da sola, gli sguardi incuriositi degli altri clienti la mettevano in imbarazzo, per non parlare dei camerieri che si sentivano obbligati a intrattenerla con una serie di banalità soltanto perché era senza accompagnatore.

Per un po' vagò senza meta per le strade, riflettendo se sfruttare l'opportunità per un giro al Père-Lachaise. Alla fine decise che non era il caso. Quella sera una visita al cimitero sarebbe stata troppo deprimente. Stava andando verso la stazione della metropolitana più vicina quando si fermò di colpo davanti a un cartellone pubblicitario. Riproduceva il dettaglio di un dipinto – un ritratto – e lo stile aveva subito attirato la sua attenzione. Le sembrava di riconoscerlo. HENDRIK VAN OUTEN, c'era scritto in stampatello in cima al manifesto. Più in basso una grossa freccia indicava una porta a vetri con il nome: GÉRARD TRÊTENDEUR.

Era una galleria d'arte. Da fuori, Sylvia intravide i dipinti alle pareti e sui tramezzi dell'interno illuminato. Hendrik van Outen, l'autore del ritratto di Lucie. In effetti Chloé le aveva detto che nel frattempo era diventato famoso.

Aprì la porta, innescando un melodioso scampanellio. Una

giovane donna seduta a una scrivania alzò lo sguardo dallo schermo del computer. Sylvia sentì delle voci attutite provenire da una stanza adiacente.

«*Bonsoir, madame*» la salutò la ragazza. «Posso aiutarla?»

Sylvia la ringraziò e chiese di poter dare un'occhiata. La giovane le consegnò un dépliant e la lasciò in pace.

Esaminò i quadri alle pareti con la strana sensazione di guardare delle vecchie conoscenze. Ovviamente non aveva mai incontrato nessuna delle persone ritratte, ma lo stile dell'artista, il suo modo di far posare i modelli, le era familiare. Tutti i soggetti erano immortalati con un elemento significativo, proprio come Lucie, che teneva in mano una camelia. C'era un uomo con un piccolo pesce d'argento: *L'uomo con la sardina*, recitava il titolo. E poi una *Bambina con la girandola.*

Un'altra caratteristica che li accomunava era che i protagonisti sembravano ricambiare lo sguardo dell'osservatore. Le era capitato di avere l'impressione che la mimica facciale di Lucie cambiasse a seconda delle situazioni. A volte le pareva che le parlasse, mentre in altri momenti era del tutto assente. Sapeva che era una sciocchezza, ma spesso quel ritratto le appariva vivo. E adesso aveva la stessa sensazione.

Affascinata, aprì il dépliant e scorse rapidamente le informazioni biografiche di Hendrik van Outen. Trovava sempre inquietante riassumere una vita intera in qualche riga: nato, cresciuto, allievo di questo o quell'altro artista, una lista di mostre e nomi di collezionisti che ne avevano acquistato le opere. E poi il numero 2016 preceduto da una croce.

Sylvia sbatté le palpebre, dispiaciuta. Hendrik van Outen era morto.

«Tutto bene?» La giovane donna si era avvicinata e la stava guardando preoccupata. «Opere meravigliose, *n'est-ce pas*?»

commentò. «Il mio preferito è il ritratto della bambina. Con che orgoglio tiene in mano quella girandola! Non sembra che stia per muoverla?»

Sylvia annuì. Il suo quadro preferito invece era a casa sua. Di colpo si sentì sopraffare dalla malinconia. *Oddio*, pensò, *davvero ho nostalgia di casa?*

«Le interessa il listino prezzi?»

Voleva dire di no, ma la ragazza glielo stava già porgendo. *Bambina con la girandola*, lesse Sylvia, *olio su tela, 60 x 45 cm, 60.000 euro.*

Abbassò il foglio sbalordita. Il ritratto di Lucie era più grande, non sapeva quanto esattamente, perché non lo aveva mai misurato. Entrava giusto nel bagagliaio della Porsche che aveva noleggiato quando pensava di partire per una breve gita nel luogo dove aveva vissuto sua zia. Un viaggio improvvisato che si era trasformato in un «per sempre». E adesso quel ritratto era diventato un oggetto prezioso. Avrebbe dovuto farlo assicurare. Era un bene che nessuno sospettasse che Hendrik – uno dei tanti artisti olandesi che trascorrevano l'estate in Bretagna per approfittare della luce unica – fosse diventato tanto quotato.

Dalla stanza adiacente uscirono due persone: un uomo distinto in abito grigio che Sylvia immaginò fosse il gallerista e una donna anziana molto fine.

«Abbiamo già venduto la maggior parte dei dipinti a collezionisti americani» stava dicendo l'uomo. «Posso tenerle da parte quelli che vede qui. Ma le sconsiglio di aspettare troppo, Madame Renard. Van Outen è molto richiesto al momento. I prezzi continuano a salire. È un ottimo investimento.»

«Per quanto tempo può tenermelo?» chiese la donna.

Il gallerista corrugò la fonte e inclinò la testa. «Tre giorni. È il massimo. Mi dispiace, *madame*, già diverse persone mi hanno chiesto proprio della *Dama con la camelia*.»

Sylvia tese le orecchie. Solenn le aveva raccontato che Hendrik aveva dipinto diversi ritratti di Lucie. Quello che era rimasto sull'isola era stato un regalo per ringraziarla di aver posato tante volte per lui.

Con il cuore che batteva all'impazzata entrò nell'altra stanza. Ed eccola lì, sua zia. Dalla parete centrale in fondo alla sala accoglieva i visitatori come una regina, bellissima e con il suo sorriso misterioso. Il dipinto era grande e imponente, e ricordava un po' i ritratti ufficiali dei sovrani.

In questo, a differenza di quello di Sylvia, Lucie non indossava il cappello. I capelli biondo scuro le ricadevano sciolti sulle spalle, sfiorando un semplice abito candido. Tra le mani stringeva un fiore bianco e rosso della specie *Masayoshi*, una *Camelia japonica*, con un ciuffo di stami gialli al centro. Sullo sfondo immacolato del vestito, i fiori risaltavano come macchie di sangue sulla neve. Lucie porgeva il rametto allo spettatore, come per invitarlo a sfiorarlo, e il gesto era tanto vivido che Sylvia ebbe la tentazione di afferrarlo. Gli occhi azzurri di sua zia erano illuminati da un sorriso enigmatico, tanto verosimile che sembrava stesse per scoppiare a ridere da un momento all'altro.

La ragazza si avvicinò al dipinto e attaccò un piccolo cartello con la scritta PRENOTATO alla parete. Poi si girò verso Sylvia. «Bello, vero?»

Sylvia avrebbe preferito restarsene per conto suo. Dall'altra stanza si sentì lo scampanellio della porta, e qualcuno fu accolto con esagerato entusiasmo.

«È la vedova» spiegò solerte l'impiegata. «Madame van Outen. Mi scusi.»

Nella seconda sala si trovavano altri tre ritratti, ma Sylvia era troppo assorbita dall'immagine di sua zia per prestare attenzione a quelli, per quanto bellissimi. Più la guardava, più dettagli notava. Nell'angolo in basso a destra si intravedeva il tavolino con il decoro a mosaico che era rimasto sull'isola quando Solenn aveva svuotato la villa, convinta che fosse tutto perduto. Sylvia aveva trascorso quella che doveva essere la sua ultima notte sull'isola da sola, nella stanza quasi vuota di sua zia, ed era salita sul tavolino per cercare una coperta nel vecchio armadio. E così aveva trovato il cappello di paglia di Lucie e, cucito all'interno, il testamento perduto che tutti avevano cercato in lungo e in largo...

«Ma guarda un po'!» Una voce la strappò ai suoi ricordi. «Incredibile!» Sylvia si ritrovò davanti una donna slanciata con un taglio di capelli corto e alla moda. Doveva essere sulla sessantina, e la stava scrutando con curiosi occhi grigio-azzurri. «La somiglianza...» disse con forte accento olandese. «Mi perdoni, ma... è come veder riemergere Lucie dal regno dei morti.»

Il gallerista le raggiunse. «Gérard, non trovi anche tu che questa donna sembri appena uscita dal quadro?»

«Sono la nipote di Lucie Hofstetter» ammise Sylvia.

«Questo spiega tutto, direi» osservò trionfante la sconosciuta, porgendo entusiasta la mano a Sylvia. «Io sono Aaltje van Outen. Tu devi essere Sylvia. Lucie parlava sempre di te! Posso darti del tu?»

«Lei... lei è la nipote della dama con la camelia?»

«Si chiamava Lucie» lo istruì Aaltje. «Era una donna meravigliosa. Mi è spiaciuto molto quando ho saputo della sua morte. Hendrik non voleva crederci. Eravamo andati a trovarle... quando? Forse due anni prima che succedesse. Sembrava nel fiore degli anni. E poi...» Aaltje prese Sylvia a braccetto, come se si conoscessero da anni. «Vieni a cena con me. Muoio di fame. Gérard, passerò la serata con la nipote di Lucie.» Poi aggiunse, rivolta a Sylvia: «Per te va bene? Hai tempo? Oddio, spero non ti dispiaccia se ti assalgo in questo modo. Ma non puoi immaginare che emozione sia vederti!».

Sylvia annuì, intontita. Effettivamente aveva fame anche lei. E non sapeva come opporsi alla travolgente cordialità dell'olandese. «Con piacere» disse, sentendosi trascinare subito verso la porta.

«Oh, che meraviglia!» esclamò la vedova, al settimo cielo. «È stato il destino a portarti qui proprio oggi. Sai, penso che il mio Henny fosse un po' innamorato di Lucie» confidò a Sylvia con un sorriso. «E, se devo essere del tutto onesta, io lo ero di Solenn.»

Sylvia lasciò le bacchette a mezz'aria. Aaltje l'aveva invitata in un ristorante giapponese. Sembrava conoscere molto bene il quartiere. Evidentemente il gallerista la portava fuori spesso.

«Davvero?» chiese.

Aaltje le lanciò un'occhiata divertita e annuì, afferrando un pezzo di sashimi di cobite. «Ci siamo divertiti un mondo con Solenn e Lucie. Quanto tempo è passato? Vent'anni? Venticinque? Nessuno si sarebbe mai immaginato che quei quadri avrebbero acquistato tanto valore.» Sospirò. «Ed è un peccato che Henny non si sia potuto godere il successo.»

Masticò in silenzio per un momento, mise giù le bacchette e bevve un sorso di Chablis.

«Com'è morto Hendrik?» chiese Sylvia.

«Di cancro, come tanti.» La vedova assunse un'espressione cupa. «Sono ancora così arrabbiata. Ma dimmi, come sta Solenn? Come sta affrontando il lutto?»

Sylvia sospirò.

«Soffre in silenzio» rispose dopo un attimo di pausa. «Non lo dà a vedere. Bisogna conoscerla bene per accorgersi che non ha ancora smesso di soffrire per la morte di Lucie.» Le venne in mente che al momento Solenn aveva altre preoccupazioni che la distraevano dal lutto. Ma non ne avrebbe parlato con la vedova di Hendrik van Outen, per quanto potesse essere stata amica di Solenn.

«Mi farebbe piacere venire a trovarvi» disse l'altra. «Che ne pensi? Solenn ne sarebbe felice?»

«Perché no?» rispose Sylvia, stupita. «Abbiamo tanti visitatori. Sono cambiate molte cose negli ultimi anni. Al momento stiamo costruendo un centro per gestire meglio il flusso di persone. Il vivaio si è trasformato: da perla nascosta è diventato un magnete per turisti.»

Aaltje la fissò quasi inorridita. «Stai dicendo che potrei non riconoscere l'isola?» chiese, preoccupata.

«No, certo che no» si affrettò a rassicurarla Sylvia. «Il centro visitatori sarà al lato opposto del parcheggio. Sulla sinistra rispetto al ponte che porta all'isola. L'edificio sarà di un solo piano per non snaturare il paesaggio. Abbiamo usato la pietra tipica del posto per le pareti esterne, mentre i tetti saranno in ardesia. Forse dovremo costruire un paio di nuovi alloggi di servizio per il personale, ma faremo il possibile perché non diano nell'occhio.»

Aaltje continuò a mangiare, sembrava pensierosa. «Sono sicura» disse alla fine, «che state facendo tutto con criterio. È solo che più si invecchia meno si amano i cambiamenti. Vogliamo tenerci stretti i nostri ricordi, e irrazionalmente ci auguriamo che tutto possa restare com'era quando eravamo giovani e felici.»

Sylvia annuì. Lo capiva benissimo. Eppure... la vita non era tutta un cambiamento? Per lei lo stallo era tutt'altro che desiderabile. Lo diceva sempre ai suoi clienti: quando si pensa che ogni cosa stia andando bene, è proprio quello il momento giusto per farsi delle domande sul futuro e chiedersi dove si vuole arrivare nel giro di cinque anni.

«Terrai per te alcuni dei dipinti di Hendrik?» le domandò, per cambiare argomento.

«Certo. Ne ho un'infinità a casa, a Julianadorp. Dovete venire a trovarmi, tu e tuo marito. Sempre che vogliate scambiare l'Atlantico con il Mare del Nord. Il periodo migliore è la primavera, quando fioriscono i tulipani. Così Maël si distrae un attimo dalle camelie.» Aaltje rise.

Sylvia era sollevata di vederla di nuovo serena. «Sono curiosa... ti interessa sapere chi compra i dipinti? Oppure non fa differenza?»

«Lascio che se ne occupi Gérard» rispose lei, versando altro vino per entrambe. «Se dovessi iniziare a farlo io temo che non riuscirei a separarmi da nessun quadro.» Contemplò Sylvia con sguardo riflessivo. «Stai facendo un pensierino sul ritratto di Lucie?»

«Temo di non potermelo permettere, Aaltje» rispose con un sorriso. «E poi ne ho già uno. Tuo marito lo aveva regalato a lei. L'ho appeso in casa, sopra il camino. Mi piace molto.»

«Che bello. Adesso che me lo dici, mi ricordo.» Si chiuse di nuovo in un silenzio riflessivo.

«Quanti ritratti di Lucie ha dipinto Hendrik?»

«Dovrei controllare. Penso quattro o cinque. Quello grande che hai visto in galleria è di gran lunga il più bello. Forse non dovrei venderlo...»

«Perché no?»

La sua interlocutrice non rispose subito. «A dire il vero l'unico motivo per cui ho deciso di disfarmene è che è troppo grande per tenerlo in casa. D'altronde chi avrebbe posto per un quadro di due metri per uno e cinquanta? Ma adesso non sono più così sicura che sia la scelta giusta. Parlare con te mi ha fatto tornare in mente i vecchi tempi, e non lo so, in un certo senso mi sembra ingiusto.» Aggrottò leggermente le sopracciglia. «Devo rifletterci» disse dopo un po', sorridendo. «Mi ha fatto molto piacere conoscerti. Quanto ti trattieni a Parigi?»

Poi, di punto in bianco, stupì Sylvia con una valanga di domande sul centro visitatori. Di che dimensioni sarebbero stati gli edifici? Che mostre avrebbero ospitato? Parve interessata persino al centro ornitologico. Sylvia le fece vedere le foto delle nuove costruzioni, poi quelle del suo matrimonio e delle nuove serre del vivaio.

«Incredibile» Aaltje scosse la testa, «che quel ragazzino timido si sia trasformato in un uomo così bello. Parlo di Maël, ovviamente. Era così riservato che siamo riusciti a scambiarci a malapena qualche parola mentre eravamo sull'isola.»

«Allora è il momento che vi conosciate degnamente. Perché non vieni per l'inaugurazione? Ne saremmo felici!»

Prima di separarsi si lasciarono i biglietti da visita e si promisero di restare in contatto.

«In ogni caso ti manderemo un invito» le assicurò Sylvia.

«Forse verrò davvero» rispose Aaltje pensierosa, mentre accompagnava Sylvia al taxi. La abbracciò stretta. «Saluta Solenn da parte mia» disse, poi si girò e si avviò a passi rapidi verso il suo albergo.

# 18

## Buone idee

«Hai incontrato il mio papà?»

Noah era a bordo della *Brise.* Aveva insistito per andare a prenderla insieme a Pierrick. La cerata e il giubbotto di salvataggio – di una misura decisamente troppo grande per lui – lo nascondevano quasi del tutto alla vista. Iniziò a saltellare eccitato sul ponte, facendo oscillare la barca nonostante il suo peso risibile.

«Rimettiti seduto» lo sgridò Pierrick. «E lasciale il tempo di salire, almeno!»

Ma Noah non lo stava ascoltando. «Cos'ha detto? Ha letto la lettera?»

Sylvia salì sulla barca, indossò il giubbotto di salvataggio e attirò a sé il bambino, facendolo sedere vicino a lei sulla panca. «Sì, l'ho incontrato. E gli ho dato la lettera.»

Il piccolo spalancò gli occhi e li fissò su di lei, in attesa di sentire tutta la storia. «Cos'ha detto?» insistette. «Sei andata a casa nostra? Come sta? Racconta!»

Sylvia sospirò. «Non sono andata a casa vostra. L'ho incontrato in un bar. Gli ho dato la lettera, se l'è infilata in tasca e ha promesso di leggerla.»

«Ha chiesto di me?» gridò Noah per sovrastare il frastuono del vento.

Avevano lasciato il porto, e Pierrick teneva la barca perpendicolare alle onde.

«Ha chiesto cosa fai» riferì.

«E cosa gli hai detto?»

Sylvia lo sentì trattenere il respiro.

«Che stai costruendo il modellino di una barca, una due alberi. E non vedi l'ora che lui ti insegni a governare la iole.»

Di colpo il piccolo si fece silenzioso. Si strinse a lei, e la fiducia espressa in quel gesto quasi la commosse. «Quando viene a prendermi?» chiese a voce così bassa che Sylvia riuscì a malapena a distinguere le parole. «Forse per il mio compleanno, *n'est-ce pas*?»

«Quando è il tuo compleanno?» gli chiese.

«La settimana prossima, giovedì. Verrà, vero?»

«Non lo so» rispose onestamente. Com'era complicato! Decise di essere sincera, anche se per Noah la verità sarebbe stata difficile da accettare. Ma le bugie non servivano a niente, nemmeno quelle a fin di bene. Un bambino aveva il diritto di essere preso sul serio quanto un adulto. «Devo dirti una cosa. E non sono buone notizie. Vuoi sapere la verità?» Noah si irrigidì, ma annuì. «Alain ha detto che non è tuo padre e quindi non verrà a riprenderti per riportarti a Parigi.»

«Ma...» balbettò il bambino, «è una follia. Certo che è mio padre. Se no chi sarebbe?»

«Ascolta, Noah» disse Sylvia, abbracciandolo. «C'è un modo sicuro per dimostrare chi è tuo padre. Sai che cos'è un test di paternità?»

Il piccolo era diventato silenzioso. «Quello con i geni?»

«Esatto, proprio quello. Vuoi che lo facciamo? Per capire chi è tuo padre...»

Il bambino si allontanò da lei. Si fissò le mani, sprofondate in un paio di guanti troppo grandi, forse di Pierrick. Era quasi estate, ma in barca poteva fare molto freddo, per via del vento. L'anziano si stava prendendo cura del bambino in maniera esemplare.

«Va bene» esclamò Noah, alzando lo sguardo su di lei.

I suoi occhi riflettevano il colore del cielo, proprio come quelli di Maël.

«E se il test conferma che Alain non è tuo padre?»

«Non succederà. È mio padre» rispose lui, testardo.

«Ma se non fosse così?» Sylvia non si lasciò scoraggiare. «Lo accetterai?»

Noah strinse le labbra e fissò l'isola in lontananza. «Questi test possono sbagliare?» chiese.

«Ci informeremo» rispose lei. «D'accordo?»

Il bimbo annuì, mordendosi il labbro inferiore. «Sai, non mi sembra più tanto male vivere sull'isola. E... non sarebbe un problema venirvi a trovare, in estate per esempio. Ma voglio tornare a scuola a Parigi. Dai miei amici. E da...» Deglutì.

Sylvia lo abbracciò più stretto. «Lo capisco. Sei il benvenuto qui da noi, Noah. A mio marito fa tanto piacere, sai.»

«Se soltanto smettesse di comportarsi come se fosse mio padre» sbottò lui, accalorandosi.

«Magari hai due padri» suggerì Sylvia, con fare conciliante. «Uno a Parigi e uno in Bretagna.»

Noah non diede cenno di aver sentito. E Sylvia lo lasciò in pace. *Un passo alla volta*, pensò. Intanto, si era detto disposto a fare il test.

«È una follia» sbottò Maël. Si alzò furioso e iniziò a percorrere a grandi passi la sala. «Quel test è assolutamente superfluo. È evidente che è mio figlio.»

«Per te forse» ribatté Sylvia, abbandonandosi contro lo schienale. Era esausta. «Noah non è convinto. E in più l'avvocato...»

«Certo, l'avvocato!» la interruppe Maël. «E anche tutte quelle sciocchezze sul contratto da firmare! Cos'è, non ti fidi più di me?»

«Datti una calmata, Maël» lo richiamò all'ordine Solenn. «Sono stata io a far notare a Sylvia che era il caso di prendere precauzioni. Davvero non capisci quali rischi correrebbe lei se per un qualunque motivo tu un domani non ci fossi più? Se fosse davvero tuo figlio, Noah sarebbe il tuo erede principale. E non essendo ancora maggiorenne amministrerebbe tutto Chloé, visto che a tua moglie spetta soltanto un quarto del patrimonio.» Solenn incenerì Maël con i suoi occhi scuri. «Vuoi che si ritrovi a litigare con Chloé solo perché non abbiamo sistemato le cose per tempo? Sylvia è a tutti gli effetti l'amministratrice della nostra attività e noi non le diamo nemmeno uno stipendio! Per non parlare del fatto che sta investendo la sua eredità, ovvero i proventi della Sylviana, nel nostro progetto. Questi documenti vanno firmati, e anche in fretta!»

Maël era rimasto spiazzato. Si passò una mano tra i capelli. «Non lo sapevo» ammise. «È vero? Voglio dire... anche se Sylvie è mia moglie...»

«Ripeto: se ci fosse di mezzo un figlio erediterebbe soltanto un quarto del tuo patrimonio. Tre quarti andrebbero a lui. Per non parlare di tua madre, se dovesse essere ancora viva. L'erede principale sarebbe comunque Noah, e credimi: a differenza tua, Chloé lo sa fin troppo bene. È per questo che è ancora qui da noi. Vuole assicurarsi che suo figlio possa accampare diritti sulla tua eredità. E non mi sorprenderebbe se a breve ricevessimo una raccomandata al riguardo da quel traditore di Millet.»

«Allora nomino Sylvia mia coproprietaria» propose Maël.

«Non si può» spiegò Sylvia. «Il testamento di Lucie lo esclude. Tuttavia Solenn può vendermi parte del terreno. E per questo Madame Bresson propone che mi cediate ufficialmente il centro visitatori, compreso il terreno su cui sarà edificato e una parte del parcheggio. In fondo verrà tutto finanziato con i proventi della vendita della Sylviana. E tu, in quanto erede di Solenn, devi essere d'accordo. Ecco qui. Leggete pure tutto con calma.»

Sylvia fece scivolare i documenti sul tavolo e chiuse gli occhi. Gli incontri al ministero dell'Ambiente erano stati pesanti, anche se alla fine aveva avuto il via libera ed era quasi certa di ottenere il finanziamento. Uscita da lì era riuscita ad arrivare appena in tempo allo studio legale. Era salita sull'aereo per un soffio. Per la prima volta si chiese se Maël fosse veramente consapevole di tutto quello che lei faceva per il Jardin aux Camélias.

Solenn prese gli occhiali dalla borsa e iniziò a studiare le pagine.

Maël tornò a sedersi a tavola e le strinse la mano. «Perdonami» mormorò, sinceramente dispiaciuto.

Lei ricambiò la stretta. «Se tutto resta com'è sempre stato» disse, «non cambia niente. Ma se invece per qualche motivo l'isola dovesse finire in mani estranee, mi resterebbero almeno il centro visitatori e il parcheggio. Non ti sembra giusto?»

Maël annuì. «Certo.»

Sylvia lo conosceva abbastanza bene da sapere che si vergognava terribilmente del suo sfogo, e che in quel momento le avrebbe regalato l'intera isola se avesse potuto. Maël era una delle persone più generose che avesse mai incontrato.

*Almeno sa riconoscere di aver sbagliato*, pensò Sylvia. *E lo ammette anche. Pochi uomini sarebbero disposti a farlo!*

Solenn firmò il documento quella sera stessa, poi lasciò Sylvia e Maël da soli. Erano già le undici passate quando uscirono per fare una breve passeggiata in giardino. Lei non vedeva l'ora di tornare a respirare l'aria pura dell'isola. Era una serata tiepida, le rocce avevano assorbito il calore del giorno e le piante in fiore diffondevano il loro profumo. L'Atlantico si era ritirato e lambiva gli scogli coperti di alghe.

Camminarono in silenzio, tenendosi per mano. La sottile falce della luna si stagliava all'orizzonte, e il suo riflesso sembrava danzare sulla superficie leggermente increspata dell'acqua.

Sylvia pensò alla visita nella clinica specialistica di Parigi e alle rassicurazioni del dottore. Non ne aveva parlato con nessuno, e aveva deciso di continuare a tenere la cosa per sé. In fondo aveva preso appuntamento soltanto per placare la sua inquietudine e mettere a tacere i suoi dubbi. *Chissà, forse se non avrò più paura di essere sterile, riuscirò davvero a rimanere incinta*, si disse.

Maël si fermò e la strinse a sé. Lei si abbandonò al suo abbraccio, ricambiando baci e carezze. Le mani di lui si insinuarono sotto la sua giacca, poi sotto la camicia, le dita sfiorarono i contorni del suo reggiseno, spostandolo. Al suo tocco, Sylvia fu travolta da un'ondata di passione. Di cosa si preoccupava? Finché quell'uomo meraviglioso la amava e la desiderava, niente poteva andare storto. Smise di pensare, lasciandosi travolgere dalla sua tenerezza, dalle sue labbra e dalle sue mani, lo seguì di un paio di passi fino a un avvallamento ricoperto di morbido muschio. Fecero l'amore alla luce della luna che sorgeva, con slancio e abbandono, come non succedeva da tempo.

Rimasero distesi insieme ancora a lungo, dimentichi del resto del mondo, i loro cuori che battevano all'unisono. Si erano coperti con la giacca di Maël e il calore rilasciato dal terreno roccioso dell'isola rendeva il loro nido d'amore ancora più accogliente.

Alle nuove costruzioni erano stati aggiunti i tetti. Mentre gli operai procedevano a rivestire in arenaria le pareti esterne, Sylvia progettava gli interni del centro. Ogni giorno passava ore e ore in cantiere: c'erano sempre decisioni da prendere all'ultimo minuto e i lavori da coordinare, per permettere agli elettricisti di realizzare gli impianti senza intralciare il piastrellista che doveva ricoprire i pavimenti di mattonelle in granito.

Era una vera e propria impresa allestire in così poco tempo il ristorante, il negozio, l'info point e il centro ornitologico, e Sylvia iniziava a sospettare di essere stata fin troppo ottimista nella scelta della data per l'inaugurazione. Ma ormai era troppo tardi, aveva già spedito gli inviti. Éric aveva accettato di portare una piccola troupe per girare un servizio per la televisione.

«Avrei scelto un altro tipo di legno per il banco.» Era la voce di Chloé. Sylvia sospirò. Sotto molti punti di vista la madre di Noah le era stata d'aiuto. Tra le altre cose, le aveva affidato la stampa e l'invio degli inviti. Chloé aveva fatto amicizia con Suzanne, la ragazza che avrebbe preso in gestione il negozio. Le due erano diventate inseparabili, cosa che stupiva molto Sylvia, dal momento che in paese la gente continuava a manifestare insofferenza nei confronti di Chloé. Forse dipendeva dal fatto che Suzanne veniva dalla «città» – ovvero da Quimper – dove aveva lavorato in una profumeria. Evidentemente ammirava Chloé, la donna di mondo. A Sylvia la cosa non creava problemi, purché la lasciassero in pace e lavorassero bene. Talvolta, però, Chloé si immischiava in questioni che non la riguardavano. «Palissandro, per esempio» continuò, avvicinandosi con un gran fracasso di tacchi sulla ghiaia.

«Attenta» la ammonì Sylvia. «Non calpestare quelle piastrelle. Non sono ancora fissate. Quanto al palissandro, è un legno pregiato che appartiene a una specie protetta. Non mi sembrava opportuno usarlo.»

«Ma il legno di quercia è troppo pesante» insistette Chloé, e si fermò a guardarla. «Chi lo usa più di questi tempi? A parte i tedeschi, ovviamente.»

«È un legno locale» ribatté Sylvia ignorando la sua ultima osservazione. «E ha una lunga tradizione qui in Bretagna» aggiunse, arrabbiandosi subito con se stessa. Perché si stava giustificando? «Cos'hai organizzato per il compleanno di Noah?» chiese, per cambiare argomento.

«E cosa dovrei organizzare?» le ringhiò contro Chloé. «Qui non c'è niente.»

«Ma che dici? Potremmo programmare una gita in barca per lui e i suoi amichetti, oppure portarli al parco giochi di Pont-l'Abbé...»

«Noah non ha amici qui» la interruppe Chloé. «Chi dovrebbe invitare? Quegli stupidi bambini del paese?»

«Sei davvero impossibile, Chloé!» esclamò indignata Sylvia.

«Ah, davvero? Sono soltanto onesta, nient'altro.»

Fuori qualcuno stava suonando un clacson. Sylvia riconobbe la capigliatura verde di Gurvan. Sedeva in un camioncino e guardava verso di loro. Suonò di nuovo, impaziente.

«Devo andare» disse l'altra, affrettandosi verso l'uscita. «Al vivaio hanno bisogno di me. Ti prego, ripensa al legno, davvero!» Un attimo dopo era scomparsa.

Sylvia restò a fissarla sbalordita mentre montava in macchina al fianco di Gurvan. I due risero, poi il giardiniere accese il motore e si avviò verso le serre.

Perché mai c'era bisogno di Chloé al vivaio?

«Maël si è deciso a firmare i documenti?» le chiese Solenn più tardi, quando Sylvia passò da lei per il caffè. Si strinse nelle spalle. Avevano avuto così tanto da fare negli ultimi giorni che non ci aveva più pensato. Solenn scosse la testa. «Mi sa che devo ricominciare a tirargli le orecchie come quando era piccolo!»

Sylvia scoppiò a ridere. «Come se lo avessi mai fatto!»

«Forse avrei dovuto» replicò la bretone, si versò una tazza di caffè e si sedette a tavola.

«Giovedì prossimo è il compleanno di Noah» la informò Sylvia. «E a quanto sembra Chloé non ha intenzione di organizzargli una festa.»

«Penserà a qualcosa Pierrick. Potrebbe portarlo al faro di Eckmühl. Credimi, è molto più interessante di qualunque festa di compleanno.»

Sylvia si lasciò sfuggire un sospiro. E se Noah avesse continuato a sperare che suo padre arrivasse e gli insegnasse a governare la iole, come gli aveva promesso a Natale? Accidenti, se solo quell'uomo fosse stato meno testardo e gli avesse almeno fatto una telefonata!

«Cosa ci fa Chloé al vivaio?» chiese.

«Quella ficca il suo naso spocchioso da tutte le parti» ribatté Solenn. «Ultimamente Coco ha iniziato a prendere in giro Gurvan perché la segue come un cagnolino.»

Sylvia prese la sua tazza, pensierosa, e si ripromise di chiedere spiegazioni a Maël.

No, non aveva ancora firmato i documenti. Però nel frattempo avevano fissato un appuntamento per il test di paternità. In Francia doveva essere richiesto da un tribunale, ma dal momento che nessuno degli interessati aveva da obiettare e persino il bambino era d'accordo, non era stato un problema. La data era fissata per l'inizio di agosto. Sylvia non si aspettava un risultato sorprendente, ma era preoccupata per Noah. Non aveva idea di come avrebbe reagito...

«Hai più sentito Aaltje?» le chiese Solenn, strappandola ai suoi pensieri. Le aveva fatto piacere ricevere i saluti della vedova del pittore, e Sylvia aveva subito spedito all'olandese un invito per l'inaugurazione.

«No. Probabilmente non ha ancora ricevuto la posta.» Scrutò Solenn. Aaltje aveva accennato al fatto di essere stata invaghita di lei. Era seria?

«Pensi che verrà?»

«Se non per l'inaugurazione di certo un'altra volta» le assicurò Sylvia. «All'inizio non mi è sembrata entusiasta quando le ho parlato dei cambiamenti in atto. Penso che voglia conservare il ricordo dell'isola com'era un tempo.»

Solenn tacque e guardò fuori. «Quando c'è stata lei questo posto era ancora selvaggio» disse con un sorriso enigmatico, poi si alzò e mise la tazza vuota nella lavastoviglie.

«Forse potrei andare io a trovarla» annunciò Solenn, cogliendo Sylvia di sorpresa.

A sua memoria, negli ultimi anni Solenn non aveva quasi mai lasciato l'isola. E non si era mai spinta più in là del paese e della casa di sua sorella.

«Che bella idea» la incoraggiò. «È da tanto che non ti prendi una vacanza. Almeno da quando ti conosco.»

«Già» replicò Solenn, pensierosa. «Da quando non c'è più Lucie.»

«Avete fatto dei viaggi insieme?» Solenn non gliene aveva mai parlato.

«Mi ha trascinata in Italia con lei un paio di volte» rispose la bretone, sorridendo. «Firenze e Venezia. Lucie non riusciva a decidere quale delle due città le piacesse di più.»

«E tu quale preferivi?»

Solenn la guardò con occhi profondi e dolci. «Ovunque Lucie fosse felice» rispose. «Non importava dov'eravamo. Era quella l'unica cosa che contava.»

«Chloé? Si sta impegnando molto» le spiegò Maël la mattina dopo, quando andò a trovarlo al lavoro. Sylvia sapeva che la madre di Noah era andata in paese per parlare con Morgane di suo figlio, che continuava ad avere problemi con i compagni di classe. E aveva pensato di approfittarne per chiarire meglio la questione del coinvolgimento della parigina nel vivaio.

«In che senso?» lo incalzò.

«Ha delle ottime idee. Per esempio, ci ha consigliato di applicare una tariffa unica per le varietà più richieste e prezzarle apponendo degli adesivi colorati sui vasi, diversi a seconda del costo. Questo facilita le operazioni di pagamento, anche per i nostri collaboratori meno pratici. Guarda qui.» Sollevò una camelia di media grandezza, sul cui vaso era stato applicato un bollino rosso. «Tutti quelli con questo contrassegno hanno lo stesso prezzo. E così per i gialli, i blu...»

«Avevo proposto una cosa simile l'anno scorso» obiettò Sylvia, stupita. «E avevi una lista infinita di obiezioni, come che ogni pianta è un esemplare a sé...»

«Sì, ma mi sono reso conto che in effetti in questo modo si semplificano molto le cose» ribatté Maël. «E poi ho pensato che se lo avete proposto entrambe vale la pena fare un tentativo. Gurvan si è occupato delle piante: adesso abbiamo esemplari di tre diverse grandezze delle cinque varietà più richieste. Perché mi guardi così? Non è quello che volevi anche tu?»

Sylvia prese fiato e si preparò a spiegargli perché le dava sui nervi che una sua idea venisse approvata soltanto per intercessione di Chloé. Per fortuna si accorse appena in tempo che Coco stava avanzando verso di loro a grandi passi e tenne la bocca chiusa. Non le sembrava il caso di mettersi a litigare davanti a tutti. «Sì» si limitò a commentare in tono più freddo di quanto avrebbe voluto. «Un'ottima idea, davvero.»

Coco la salutò, poi si rivolse a Maël con espressione dura: «Dimmi che non fai sul serio, capo. Vuoi veramente cambiare il nome?».

Lui la guardò senza capire. «Di che parli?»

«Della *Feu Breton* che dovremmo ribattezzare *Chloé.*»

Sylvia restò spiazzata, come colpita da un fulmine.

«Ma di cosa blateri? Chi ha detto una simile idiozia?» chiese Maël.

Coco lanciò un'occhiata trionfante verso le serre. In lontananza, Sylvia intravide Gurvan. «Lo immaginavo» disse, evidentemente sollevata. «Mi spiace, capo, ma penso che il nostro Gurvan abbia perso qualche rotella.» E si avviò a passo deciso, con la chiara intenzione di dargli una bella strigliata.

Imbarazzata, Sylvia lasciò scorrere lo sguardo sul vivaio. Aveva imparato a riconoscere le diverse varietà dalla forma delle foglie e dei fiori, ma d'estate quasi nessuna delle camelie era sbocciata.

«Quali altre buone idee ha avuto?» chiese, quando il silenzio si fece pesante. «A parte quella di circuire Gurvan?»

«Smettila» rispose Maël, innervosito. «Non fare la bambina. Siamo pieni di lavoro. Perché Chloé non può rendersi utile?»

Sylvia pensò agli splendidi fiori della *Feu Breton* e, benché consapevole che si fosse trattato di uno scherzo, non riuscì a placare l'irritazione.

«Non dovremmo coinvolgere così tanto Chloé nella nostra attività» disse, sforzandosi di tenere a freno il risentimento. «Solenn non vede la cosa di buon occhio, e lo sai. Non si fida di lei. E anche il nostro avvocato ce lo ha sconsigliato. A proposito...» continuò, anche se non era sicura che fosse una buona idea toccare l'argomento. Ma ormai aveva iniziato, tanto valeva andare fino in fondo. «Hai firmato i documenti?»

Maël la guardò con un misto di senso di colpa e irritazione. «No» rispose sdegnato. «Non ho ancora avuto tempo. Ma non ti preoccupare, lo farò. Adesso mi dispiace ma devo lavorare. Ci vediamo a pranzo.»

Le diede un rapido bacio sulla guancia e sparì tra i filari di camelie.

«Dovremmo ampliare il nostro catalogo.» Chloé squadrò i commensali. A parte Gurvan, tutti gli altri tennero gli occhi fissi sui piatti. «Con qualcosa che fiorisce d'estate, come le piante normali. Solo le camelie... sì, certo, sono carine. Ma alla lunga la gente si stuferà.» Coco la fissò furibonda, Solenn alzò gli occhi al cielo e Sylvia rimase in silenzio, decisa a ignorare del tutto quella provocazione. «Maël» insistette la sua ex. «Che ne pensi delle rose inglesi?»

«Niente» rispose lui, pulendosi la bocca con il tovagliolo.

«Ma...»

«Il nostro vivaio è specializzato in camelie» spiegò, paziente. «E lo resterà. Non immischiarti in cose che non capisci.»

Chloé arricciò le labbra. «Ma è proprio per questo che il mio parere è importante» ribatté, senza darsi per vinta. «Scusate se ve lo dico, ma non avete il benché minimo fiuto per gli affari. Abbiamo sempre fatto camelie, quindi continuiamo a fare camelie...»

«Coltivato, Chloé» la interruppe irritata Coco. «Si dice coltivare.»

«Quello che vi manca è un punto di vista esterno, obiettivo. E io posso darvelo. Avete idea di quanto sarà avvilente per i visitatori arrivare qui il giorno dell'inaugurazione e non vedere neanche un fiore?» Osservò i presenti con sguardo trionfante.

«Vuoi un'altra *galette*, Noah?» chiese Solenn, come se Chloé non avesse parlato.

Il bambino annuì. Aveva una vera e propria passione per la tipica crêpe bretone ripiena di uova e prosciutto. Solenn gli riempì il piatto con una porzione generosa.

«E va bene, se volete continuare a comportarvi da isolani...» li prese in giro Chloé, rassegnata.

«Fammi un favore: tieni la bocca chiusa, Chloé» la zittì Solenn. «Se vai avanti con questa storia, lo giuro, ti caccio fuori da casa mia. Dico sul serio.»

«Cosa ti ha detto Morgane?» chiese Sylvia per cambiare argomento.

Le bastò un'occhiata a Noah per capire che non era stata una buona idea spostare l'attenzione sui suoi problemi a scuola.

«Morgane?» ripeté Chloé, piccata. «Ah, la direttrice della scuola! Cos'ha detto, tesoro?» Si girò verso Noah. «Che dovrebbe imparare questo incomprensibile dialetto, vero? Che assurdità! Come se il bretone fosse una lingua straniera.» Rovesciò la testa all'indietro e scoppiò a ridere. Poi tornò seria. «È veramente scandaloso. Inizio a pensare che non potremo restare qui a lungo.» Lanciò una gelida occhiata a Maël.

Lui finse di non aver sentito. *Prima o poi finirà le munizioni*, pensò Sylvia. Intanto però quella donna era insopportabile.

«Dove hai messo i documenti?» le chiese Maël quella sera.

«Dovrebbero essere sulla tua scrivania» gridò Sylvia dalla

cucina, dove stava mettendo a bollire l'acqua per il tè. «Nella cartellina verde.»

Quando portò in tavola le due tazze fumanti, Maël aveva già firmato tutto. «E adesso si devono spedire al notaio?» chiese, mettendo in ordine i fogli.

«Mando il plico a Madame Bresson» rispose Sylvia. «Sarà lei a inoltrarlo.»

*Forse*, rimuginò più tardi, a letto, *dovrei essere persino grata a Chloé. Se non fosse sbarcata qui come una specie di uragano, non mi sarei mai accorta di quanto fosse precaria la mia situazione dal punto di vista legale.*

Maël si rigirò nel sonno e la strinse con un braccio. Sylvia rimase ad ascoltare il respiro regolare di suo marito, mentre una piacevole sensazione di sollievo si impadroniva del suo corpo.

# 19

## Il regalo

Due sere prima dell'inaugurazione Sylvia andò al centro visitatori. Non riusciva a credere ai suoi occhi. Il falegname che aveva realizzato il bancone era appena andato via e il profumo di legno di quercia aleggiava ancora nell'aria. Era tutto pronto.

Andò al banco informazioni e sistemò il materiale pubblicitario fresco di stampa: una mappa dell'isola e un dépliant con le notizie più importanti sul Jardin aux Camélias. Alla sua destra c'era il bar, con la macchina per il caffè nuova di zecca e gli arredi scelti insieme a Maylis. Oltre alla sala vera e propria, c'erano anche una cucina e la dispensa. Sylvia aveva deciso di non progettare uno spazio troppo limitato, così da lasciare aperta la possibilità – in futuro – di trasformare il bistrot in un ristorante a tutti gli effetti. Chissà, forse avrebbero avuto tanto successo da renderlo indispensabile.

Il negozio era dal lato opposto. Chloé e Suzanne avevano ancora molto da fare: la maggior parte degli articoli era chiusa negli scatoloni. Ma c'era tempo.

Sylvia entrò nel negozio e osservò gli oggetti che erano già stati sistemati sugli scaffali: saponi, creme per il corpo e prodotti per capelli a base di olio di semi di camelia, un burrocacao e un fantastico balsamo per le mani che ormai teneva sempre in borsa. Aveva preso contatti con un'azienda di cosmetici e presto avrebbero lanciato una linea di prodotti. Jardin aux Camélias non suonava male come nome.

Tornò all'ingresso e si guardò intorno un'ultima volta. Doveva soltanto farsi venire in mente qualcosa per la parete bianca alle spalle del banco informazioni. Chloé le aveva messo la pulce nell'orecchio con la sua idea di ingaggiare un giovane artista di Parigi per decorarla, ma Sylvia non era convinta. Non era sicura che le sue opere fossero adatte all'ambiente. Doveva essere qualcosa di particolare, che fosse legato alle camelie, a Solenn e all'isola. Prima o poi le sarebbe venuta un'idea.

Al centro ornitologico si accedeva da un ingresso indipendente, ma la struttura era collegata al complesso principale tramite una porta a vetri. Anche lì era tutto pronto. Il giorno prima erano stati installati i pannelli informativi con le foto delle rare specie di uccelli che vivevano o nidificavano sull'isola. Lo schermo che copriva completamente una delle pareti era già stato collegato all'alimentazione. Il documentario girato l'estate precedente da un gruppo di studenti di cinema funzionava alla perfezione, Sylvia se ne era assicurata il giorno prima.

Tornò in ufficio per fare il punto della situazione con Gwen sulle risposte agli inviti.

«Abbiamo quattrocentoventi prenotazioni per l'inaugurazione» le disse la sua assistente. «Ma visto che alla radio si parla dell'evento da una settimana e la notizia è uscita anche su tutti i quotidiani, mi aspetto che ne arrivino anche di più. Ho sentito dire che negli alberghi sulla costa c'è il tutto esaurito fino a Vannes.»

«E che mi dici delle previsioni del tempo?»

«Sono ottime.» Gwen era raggiante. «Sole per tutto il fine settimana. Stasera Pierrick contatterà il servizio metereologico marittimo per avere informazioni più precise. Ma non penso che ci sia nulla di cui preoccuparsi. È previsto soltanto un temporale a notte fonda, ma in mare aperto.»

Sylvia annuì, chiedendosi se fosse il caso di parlare di nuovo con Yann, che aveva coinvolto tre suoi amici per coordinare il traffico marittimo. Sarebbe stata una vera e propria sfida gestire un simile flusso di persone sull'isola senza intralciarsi. Morgane aveva istruito i suoi allievi più grandi perché facessero da servizio d'ordine. Il giorno prima c'erano state le prove generali per mostrare ai ragazzi i diversi punti di sosta da cui avrebbero dovuto aiutare i turisti a orientarsi. Dopo il weekend, gli studenti avrebbero anche dato una mano a ripulire l'isola e a riparare eventuali danni.

«Quando arrivano gli operai di Quéméneur per la pedana?»

«Domani mattina alle undici» rispose Gwen, sfogliando l'agenda. Sylvia non era ancora riuscita a convincerla a passare a quella elettronica, l'assistente si sentiva più a suo agio con la carta. «Prima era impossibile per via delle maree. Ma il materiale è già qui. Lo hai visto? È dietro la villa.» Gwen si spostò con la sedia fino alla parete a cui era appeso il calendario delle maree. «Dovrebbero finire prima che si alzi il livello dell'acqua. Per la pista da ballo del matrimonio ci sono volute soltanto quattro ore.» Guardò Sylvia con un sorriso. «È stata veramente una bella festa» ricordò, entusiasta. «Non riesco a credere che sia già passato un anno.»

Sylvia ricambiò il suo sorriso. Sì, il suo anniversario di matrimonio era stato qualche giorno prima. Non avevano avuto tempo di festeggiarlo, così avevano deciso di farlo dopo l'inaugurazione. Solenn aveva brontolato che certe occasioni non si rimandano: un anniversario è un anniversario. Così quella sera avevano preso la barca ed erano andati al ristorante di un vecchio amico di Pierrick a mangiare ostriche. Era stato bello godersi un po' di intimità, nonostante fossero entrambi stanchi morti per il lavoro e tutti i preparativi per l'inaugurazione.

«Ah, non hai controllato la posta» le ricordò Gwen, distogliendola dai suoi pensieri. «Guarda, c'è una lettera da parte del tribunale.»

Sylvia prese la grossa busta. Era indirizzata a Maël.

«Grazie, Gwen» disse, alzandosi.

«Ah... anche Chloé l'ha ricevuta» aggiunse Gwen, riabbassando subito lo sguardo sulla lista degli invitati. «A domani, Sylvia.»

«*À demain*» rispose lei.

«Ecco qui» disse Maël soddisfatto. «Corrispondenza del 99,99 per cento su venticinque marker. Ne abbiamo fatti analizzare il doppio del normale. Ma direi che non ce n'era bisogno.»

Le allungò il documento ufficiale con il responso del laboratorio. Le analisi confermavano quello di cui Sylvia non aveva mai dubitato.

«Pensi che Chloé lo dirà a Noah già questa sera?» domandò, pensierosa.

E soprattutto: come glielo avrebbe detto? Con delicatezza, con la necessaria empatia? Oppure lo avrebbe semplicemente messo davanti all'evidenza? Come si fa a essere così poco sensibili, e per giunta con il proprio bambino? Sylvia se lo era chiesto spesso, senza trovare risposta.

Ripensò con angoscia al compleanno di Noah. Il piccolo era rimasto quasi tutto il giorno in piedi sulla scogliera a fissare la passerella. Non aveva voluto muoversi né fare altro, convinto che suo padre sarebbe venuto a prenderlo da Parigi. Soltanto nel tardo pomeriggio si era lasciato trascinare da Pierrick al molo ed era montato, del tutto apatico, a bordo della *Nimue*.

Aveva accolto il suo regalo, una canna da pesca nuova fiammante, senza traccia di entusiasmo.

Sylvia rimise il documento nella busta con un sospiro e la posò sulla scrivania. Ne avrebbe fatta una copia e l'avrebbe inviata al suo avvocato. A breve Maël avrebbe ricevuto una raccomandata da parte di Millet a proposito del mantenimento, non c'erano dubbi. Per fortuna Marie-France Bresson li aveva avvertiti. Avrebbero subito presentato domanda in tribunale per l'affidamento di Noah. Così sarebbero stati sanciti anche i diritti di Maël in qualità di padre, e non solo i suoi doveri.

Il giorno prima del grande evento Sylvia non ebbe un minuto libero. Aveva concordato con diversi ristoratori del paese di allestire degli stand di street food. Il fidanzato di Maylis era sbarcato sull'isola con il baracchino su cui la madre di lei, Iwa, avrebbe preparato le sue celebri crêpe. Adesso era in attesa di indicazioni su dove posizionarlo, così come l'uomo di Camaret-sur-Mer incaricato di servire le ostriche e lo chef specializzato in cozze e patatine fritte. Sylvia mostrò loro dove sistemarsi. Dopo una serie di tira e molla con Solenn, riluttante a perdonare il recente affronto, Sylvia aveva chiesto a Loeiza di organizzare una vendita di dolci. Era convinta che non avesse senso stilare liste nere soltanto perché qualcuno in città si era comportato in modo inopportuno. «Meglio che dicano quello che pensano» aveva detto a Solenn, «anziché spettegolare alle nostre spalle.»

«Perché, pensi che non lo facciano lo stesso?» aveva obiettato Solenn. Comunque, non aveva insistito oltre sul boicottaggio della fornaia.

Sylvia stava spiegando ai tizi di Quéméneur dove posizionare le quattrocento sedie pieghevoli quando Pierrick la raggiunse per dirle che Noah stava male.

«Cos'ha?» chiese.

L'anziano scrollò le spalle. Sembrava preoccupato. «Non lo so» brontolò. «Si è steso sul letto vicino a sua madre, girato di schiena. Dice che è malato, ma non vuole spiegare cos'ha.»

Sylvia chiese a Gwen di occuparsi degli operai e accompagnò Pierrick per un tratto di strada in direzione del giardino con le camelie secolari. «Sei stato da lui?» gli chiese.

Pierrick annuì e si grattò il naso. Lo faceva sempre quando qualcosa lo preoccupava. «Sulle prime quella stupida di Chloé non voleva lasciarmi entrare. Ma alla fine ci sono riuscito lo stesso.»

«Non puoi restare con lui?» propose Sylvia.

«Mi ha detto di andar via» rispose Pierrick in tono triste. «Non mi aveva mai trattato così. E se non vuole avermi tra i piedi...»

«Non credo proprio» obiettò Sylvia. «Sei l'unico qui che gli piace davvero.»

«Cosa gli è preso, allora?» gemette Pierrick.

«Un'idea ce l'ho» gli confessò Sylvia. «Ieri è arrivata la risposta del tribunale. Abbiamo richiesto un esame per confermare che Maël sia veramente suo padre.»

«Ma certo che è suo padre» esclamò l'anziano, sbalordito. «Non c'era bisogno di un tribunale per stabilirlo. Bastava chiedere a me. Maël era identico a lui. La stessa storia. Con la differenza che voleva restare a tutti i costi su quest'isola. Mentre Noah, quel povero bambino, non vede l'ora di andarsene.»

Sylvia sospirò. «Suppongo che Chloé gli abbia comunicato il risultato del test. Si rifiutava di crederci. Lo abbiamo fatto anche per lui, perché avesse una certezza. E penso che sia per questo che sta male. Non è una questione fisica, credo sia più una sofferenza psicologica.» Pierrick la guardò. Poi annuì. Il vecchio conosceva le anime in pena. «Sarebbe meglio se tu restassi con lui» disse Sylvia. «Ha già tentato di scappare una volta. Non voglio che ci riprovi approfittando del caos dell'inaugurazione. Ti va di tenergli compagnia?»

Pierrick fece un profondo sospiro. L'idea di restare seduto in una stanza senza fare niente doveva essere una tortura per lui, abituato a tenersi sempre occupato. «Ma anche voi avete bisogno di me» provò a obiettare.

«Ce la caveremo» lo tranquillizzò Sylvia.

Pierrick strisciò un piede sulla ghiaia e poi alzò lo sguardo, fissando la villa padronale come se fosse un carcere.

«Per favore» lo implorò Sylvia. «Lo farei io stessa, ma si fida più di te che di me. E poi al momento non so nemmeno dove ho la testa. Devo anche andare in paese ad accogliere la delegazione del ministero dell'Ambiente. Stasera arriva il rappresentante della prefettura, e poi ho l'incontro con il sindaco per il discorso di domani...»

«Va bene» la interruppe Pierrick. «Posso portarmi un paio di canne da pesca da riparare» mormorò, quasi rivolto a se stesso. «Ammesso che quella ragazzina irritante mi lasci in pace.» Prima di andarsene diede a Sylvia una pacca affettuosa sulla spalla.

Sylvia non ebbe più tempo di pensare a Noah. Sentì Gwen che chiamava il suo nome e si affrettò a raggiungerla in ufficio.

«È arrivato un furgoncino portavalori» la informò l'assistente. «Vogliono consegnare un pacco enorme, non ho idea di cosa possa essere. Dicono che hanno bisogno di una tua firma e di un documento, altrimenti lo riportano indietro.»

Sylvia si trovò davanti un uomo con un blocchetto per gli appunti.

«Da Parigi» rispose quando lei gli chiese da dove arrivasse

la consegna. «Lei è la signora Sylvia Riwall? Mi dispiace, devo chiederle un documento. È la prassi, *madame*.»

«Di cosa si tratta?» domandò lei, estraendo il documento. «Non ricordo di aver ordinato niente. Può dirmi il nome del mittente?»

L'uomo le allungò una busta. Sylvia la aprì, e si ritrovò a fissare un malloppo di documenti. GALERIE GÉRARD TRÊTENDEUR, lesse sulla bolla di consegna. Sulle prime il nome non le disse niente. Poi i pezzi del puzzle tornarono al loro posto. Non era il nome del gallerista che vendeva le opere di Hendrik van Outen?

«Ci sarà un errore» disse, decisa. «Non ho comprato niente.»

L'uomo la guardò rassegnato. Evidentemente gli succedeva spesso.

«Forse le conviene fare una telefonata prima di dirci che abbiamo fatto la strada per niente.»

Sylvia sfogliò perplessa la documentazione e individuò una lettera sigillata. PER SYLVIA RIWALL aveva scritto qualcuno in una elegante calligrafia. Aprì la busta e ne estrasse una cartolina ripiegata. La fotografia sul davanti ritraeva una distesa di tulipani. All'interno c'era scritto:

*Cara Sylvia,*
*non prenderò parte all'inaugurazione, ci sarà troppa gente per i miei gusti. Al mio posto, vi mando Lucie. Spero che troverai la collocazione perfetta per lei. Ci vediamo in autunno.*

*Con affetto,*
*Aaltje.*

Sylvia fissò incredula quelle righe, poi balzò in piedi e corse fuori. Un altro uomo era appoggiato a un furgone aperto e stava fumando una sigaretta.

«Posso... posso vederlo?» chiese.

«Su, diamoci una mossa» borbottò al collega l'altro fattorino, che nel frattempo aveva seguito Sylvia all'esterno.

Montarono entrambi sul retro del furgone e iniziarono a trascinare un'enorme scatola di compensato verso la rampa.

«Oh mio Dio» sussurrò Sylvia.

«Non deve accettarlo per forza» spiegò lo spedizioniere.

Ma Sylvia si era ripresa. Chiese ai due uomini di aspettare un attimo e si ritirò in ufficio con i documenti.

Prima di tutto fece il numero della galleria. Gérard Trêtendeur non sembrava proprio di ottimo umore.

«Sì, sì» disse. «Non so cosa abbia detto a Madame van Outen, ma dopo che lei è andata via ha deciso di ritirare il dipinto.»

«Sta dicendo che...»

«Ha deciso di non venderlo e di regalarlo a lei.» Sembrava piuttosto alterato. «Immagino le faccia piacere. Se non ha altre domande, la prego di scusarmi. *Au revoir, madame.*»

Riattaccò. Sylvia sprofondò nella sua poltroncina. Aaltje doveva essere impazzita. Guardò di nuovo i documenti. C'era tutto: una perizia completa che attestava l'autenticità del quadro, l'atto di donazione...

«Cos'hai?» chiese Gwen, guardandola preoccupata sopra gli occhiali da lettura. «È successo qualcosa? Sei bianca come un lenzuolo.»

Sylvia scosse la testa. Rifletté un attimo, poi cercò il biglietto da visita di Aaltje e compose il suo numero.

«Lucie è già arrivata? Tutto bene?» chiese l'olandese dopo averla salutata.

«Aaltje» ribatté Sylvia. «Non posso accettare.»

«Invece sì» rispose la vedova di Hendrik. «È semplicissimo: devi soltanto firmare la bolla di consegna ed è tutto a posto.»

«Ma non posso!»

«Perché no?»

«Perché è... troppo» provò a spiegare Sylvia. «Non si regala una cosa così preziosa. Devi pensare anche a te stessa.»

«Oh, ci penso abbastanza, tesoro» rispose lei, con una risata. Poi tornò seria. «Io me la cavo benissimo, Sylvia. Grazie al successo postumo di Henny non avrò mai più problemi di soldi in vita mia. Non abbiamo figli, quindi non devo dare conto a nessuno. Alla mia morte andrebbe comunque tutto a una fondazione. La Fondazione Hendrik van Outen.» Tacque per un istante. «Dicevo, i soldi non mi mancano. E dopo il nostro incontro ho capito che non volevo che il ritratto di Lucie finisse in un lussuoso appartamento di Parigi o di New York. Non se lo meritava, e nemmeno Henny lo avrebbe voluto. Appartiene alla sua isola. E questo è tutto.»

Sylvia non sapeva cosa dire. «Grazie» mormorò alla fine, imbarazzata.

«È un piacere» disse Aaltje. «Per favore, di' a Solenn che vorrei venirvi a trovare per un paio di giorni in autunno. Magari a ottobre? Potrebbe andare?»

«Quando vuoi. E per tutto il tempo che desideri.»

Per un attimo rimasero in silenzio, poi Aaltje chiese: «Dunque, hai già in mente un posto per il quadro?».

«Oh sì, ce l'ho eccome!»

Si salutarono affettuosamente. A Sylvia sembrava di conoscerla da sempre.

«Puoi farmi un favore?» chiese a Gwen, alzandosi.

«Certo!»

«Chiama l'elettricista. Chiedigli di venire subito e di portare un paio di faretti. Digli che dobbiamo illuminare un quadro.»

«Un quadro? E dove?»

Sylvia la guardò raggiante. «Nel centro visitatori» rispose. «Digli che andrà sulla parete in fondo.»

Si era già fatto buio quando Sylvia disse a Solenn di avere una cosa da mostrarle. Aveva dato istruzioni a Gwen di tenere la porta chiusa. A parte lei, l'assistente e l'elettricista, nessun altro aveva visto il dipinto. Nonostante fosse preparata, quando le luci si accesero anche Sylvia si sentì sopraffare dalle emozioni. Sembrava che Lucie si fosse materializzata dall'oscurità, il suo sguardo illuminava la sala. Il ritratto era perfetto per quella parete, come se fosse stato dipinto apposta.

Solenn non aveva ancora detto una parola, e Sylvia iniziava a preoccuparsi. Forse era stato più uno shock che una piacevole sorpresa. Magari avrebbe fatto meglio a prepararla a quell'incontro.

«È di Hendrik, vero?» chiese alla fine la bretone. Sembrava che avesse la lingua impastata.

«Sì» rispose Sylvia, sentendosi in colpa per aver turbato l'amica. «Pensa, Aaltje me lo ha regalato. Una pazzia, non credi?»

L'altra scoppiò a ridere. «Aaltje...» susurrò, con un sorriso compiaciuto. «È sempre stata un po' suonata. Anche all'epoca...»

Ci fu un'altra pausa. Lo sguardo di Solenn indugiava ancora sul ritratto.

«Per te va bene? Voglio dire... sei d'accordo se lo mettiamo qui?» Sylvia si morse la lingua. Non aveva pensato che la vista del quadro potesse riaprire la vecchia ferita della perdita del suo amore. Forse era stata troppo superficiale.

«Ma certo» rispose Solenn con un filo di voce. «È meraviglioso.» Deglutì. «Non è facile, sai. Non è un caso se ti ho regalato l'altro ritratto. Era per non doverlo avere sempre davanti agli occhi.» Sylvia annuì. Avrebbe dovuto capirlo. «Ma non preoccuparti» la rassicurò la bretone. «Aaltje ha perfettamente ragione. È questo il suo posto. E poi...» Tirò un sospiro. «In fondo non verrò quaggiù tutti i giorni, no?»

Era già alla porta quando si girò a guardare il ritratto un'ultima volta. «Quel briccone di Hendrik» disse con un sorriso. «Come ci è riuscito?»

«Non sapevi di questo quadro?»

Solenn scosse la testa. «O almeno non me lo ricordo. È passato tanto tempo.»

«Quanti anni aveva Lucie allora?»

Solenn rifletté. «Era sulla trentina... sì, avrà avuto più o meno la tua età.» Annuì. Poi spostò lo sguardo da Sylvia al dipinto. «Le assomigli veramente tanto.»

# 20

## L'inaugurazione

«Ed è quindi per me un grande onore» annunciò il sindaco Loig Mevel, «inaugurare insieme alla nostra cara Solenn Marï Lambaol, proprietaria dell'Isola delle Camelie, il nuovo centro visitatori!»

Passò le forbici a Solenn, i fotografi si misero in posizione spintonando la vecchia Berthe che si era conquistata un posto in prima fila. Come tutte le sue amiche sarte, indossava il costume tradizionale bretone. Il cameraman portato da Éric stava spostando l'inquadratura da Solenn al sindaco. In diagonale rispetto a lui, Sylvia riusciva a seguire dal display della telecamera il lento zoom sulla mano di Solenn che stringeva le forbici. Tagliò orgogliosa lo spesso nastro rosso che Sylvia aveva posto all'ingresso dell'edificio soltanto poche ore prima, con l'aiuto di Gwen, Coco e Maël. In realtà sarebbe stato compito di Gurvan, ma il giovane giardiniere non si era fatto vedere, e nessuno, nemmeno Coco, sapeva dove fosse.

Quando Solenn aprì i doppi battenti del centro visitatori la folla proruppe in un applauso scrosciante a cui presto si unì la musica della banda. A un cenno di Sylvia, Gwen si avviò verso il centro ornitologico per aprire le altre porte.

Sylvia si fece strada tra la folla fino al banco informazioni per accogliere i visitatori e rispondere alle eventuali domande.

Ovviamente le interessava anche osservare di persona le prime reazioni. Maylis e le sue aiutanti erano pronte con i calici di champagne per il brindisi, e Sylvia si assicurò che sindaco e consorte fossero serviti per primi.

«*Mon Dieu*» esclamò Mevel. «Il suo ritratto è meraviglioso, signora Riwall!»

«Ma non è Sylvie» lo corresse subito sua moglie. «Deve essere Lucie. Ho ragione? È incantevole!»

Sylvia annuì. Diverse volte, quel giorno, fu costretta a ripetere che no, non era lei il soggetto del ritratto, ma la comproprietaria dell'Isola delle Camelie. Per quello lo avevano scelto.

«Non pensavo che foste tanto ricchi da potervi permettere un van Outen di queste dimensioni» le sussurrò all'orecchio Chloé qualche ora più tardi. «Deve valere un patrimonio!»

A disagio, Sylvia si avvicinò a uno dei delegati del ministero dell'Ambiente, in piedi al centro della sala con un bicchiere di sidro in mano e l'aria smarrita. Poco dopo vide Chloé immersa in una fitta conversazione con l'avvocato Millet. Di sicuro stavano parlando del ritratto di Lucie.

Verso mezzogiorno la prima ondata di ospiti era scemata. I visitatori si erano sparpagliati sull'isola: non restava che sperare che negli info point disseminati qua e là andasse tutto liscio. Sylvia lasciò il suo posto a Morgane, che era arrivata puntuale a darle il cambio. Stava salendo verso casa di Solenn per controllare come stesse Noah quando riconobbe i ricci rossi di Veronika davanti allo stand delle crêpe di Iwa. Le due amiche si abbracciarono, felici di ritrovarsi.

«È venuto benissimo!» esclamò entusiasta Veronika.

«Siete arrivati da tanto? Non vi ho visti al centro visitatori» disse Sylvia e salutò Laurent, che aveva appena riacciuffato la piccola Lili, la quale si era messa a inseguire il cane di un turista. «Oddio, non ci credo. Lili cammina già così bene?»

«Da una settimana.» La mamma fece una smorfia. «Vedessi come ci fa trottare.»

Sylvia prese in braccio la figlioccia e le diede due baci sulle guance.

«Siamo qui da poco» spiegò Laurent. «Non puoi immaginare quanto traffico ci fosse al porto. E poi siamo andati a lasciare le valigie a casa vostra. La quantità di roba che si deve portare in giro quando si viaggia con una piccola principessina...»

«Esatto, e adesso volevamo mangiare qualcosa prima che venga a tutti la stessa idea» lo interruppe la moglie. «Sylvia, stai benissimo! I capelli sono fantastici. Sei andata dal parrucchiere a Parigi?»

Sylvia rise. «No, no, sarebbe stato un affronto per Fleurette, la parrucchiera del paese. Non c'è bisogno di andare a Parigi, sono bravi anche qui.»

«Direi che l'inaugurazione sta andando alla grande, Sylvia, sono felice per te!» Lo sguardo di Veronika si spostò su qualcosa alle sue spalle, e la sua espressione cambiò di colpo. «Non è il tuo avvocato quello? Cosa ci fa con Chloé?»

«Adesso lavora per lei» ammise Sylvia abbattuta.

«Ma che storia è questa?» sbottò Veronika, indignata.

«Be', è così» ribatté Sylvia, con un sorriso stentato. «Ho un altro avvocato a Parigi. Dovrebbe venire anche lei oggi.»

Veronika sospirò e lanciò un'occhiataccia in direzione della ex di Maël. «Deduco che le cose vadano abbastanza male, se avete dovuto affidarvi ai legali.»

Sylvia sospirò e scosse la testa. «No, ma la questione è complicata, e ci sono un paio di questioni da chiarire. Forse però non è il caso di parlarne adesso...»

«Certo che no» si affrettò a dire Veronika. «Non volevamo trattenerti. Noi restiamo per tutto il fine settimana, avrai migliaia di persone di cui occuparti adesso.»

Sylvia sorrise e abbracciò di nuovo la sua amica. «Migliaia» ripeté, emozionata. «Voi date pure un'occhiata in giro. Ah, in fondo al giardino la nostra Fleurette ha allestito uno spazio per il truccabimbi, magari a Lili può piacere. E nel vivaio ci sono un castello gonfiabile e altri giochi. Mi raccomando, perlustrate tutto, poi voglio le vostre impressioni.»

Diede un ultimo bacio a Lili e la restituì a sua madre. Era cambiata tantissimo nelle ultime settimane, sembrava incredibile. I boccoli biondo rossastro sarebbero diventati incantevoli come quelli di sua madre.

Éric le andò incontro, seguito dal cameraman e dal tecnico del suono. «Hai tempo per una breve intervista?» chiese.

Sylvia rifletté. «Non sarebbe meglio se parlaste con Solenn? È lei la proprietaria.»

«Lo abbiamo già fatto» ribatté soddisfatto Éric. «Ma ci ha detto che dovevamo assolutamente parlare anche con la sua amministratrice.»

«In tal caso, con piacere.»

«Pensavo di girarla qui in giardino» propose il giornalista. «Laggiù ho visto un paio di cespugli in fiore.»

Sylvia annuì. Sapeva a quali si riferiva. Quell'anno le camelie sulla tomba di Lucie avevano avuto una seconda fioritura straordinaria. Maël le aveva spiegato che a volte, molto di rado, poteva succedere. Dipendeva dal clima. Lei però lo aveva interpretato come un segno, quasi come se la zia avesse voluto comunicarle il suo entusiasmo per il progetto.

Per questo non le sembrava che potesse esserci posto migliore per la sua intervista dell'angolo nascosto in cui era sepolta

Lucie, sotto una panchina in pietra. Il piccolo menhir con incise le parole LUCIE. AMATA SOPRA OGNI COSA era quasi completamente nascosto dai cespugli di *Camellia Japonica Tama-no-ura.* Bisognava sapere che si trovava lì per notarlo.

«Puoi metterti qui, per favore?» le chiese Éric, indicando al cameraman dove sistemare la macchina da presa. «Così sullo sfondo si vede tutto il giardino e anche il mare all'orizzonte. Sì, perfetto.»

Mentre il giornalista metteva a punto gli ultimi dettagli, Sylvia si preparò un discorso. Qualunque cosa le avesse chiesto Éric era importante sottolineare che tutte le loro attività venivano svolte nell'assoluto rispetto dell'ambiente, in modo da tranquillizzare gli ambientalisti e il ministero.

«La nostra Isola delle Camelie non ha eguali in Europa» disse rivolta alla telecamera. «E faremo di tutto per proteggere e tutelare questo luogo straordinario e la sua fauna unica, permettendo al tempo stesso a più persone di godere della nostra splendida oasi.»

«Che piani avete per il futuro?» chiese Éric.

«Oh, ho ancora tante idee» rivelò Sylvia, e i suoi occhi si illuminarono. «Penso che a un certo punto dovremo impedire ai veicoli con motore a scoppio di circolare sull'isola, e consentire l'accesso soltanto a quelli elettrici. Sto anche pensando di lanciare un servizio di navette, ma per adesso è solo un vagheggiamento. E visto che non tutti possono prendersi il tempo di venire a trovarci, ho in mente di aprire, prima a Parigi e con il tempo in tutta la Francia, una catena di negozi Jardin aux Camélias in cui sarà possibile acquistare una selezione delle nostre camelie. Ma ciò che per noi conta di più è garantire il giusto equilibrio tra uomo e natura. Ogni nostro cliente riceverà una pianta unica. Non produrremo mai merce in serie.»

Éric sorrise soddisfatto e fece cenno al cameraman che l'intervista era finita.

«Fantastico» si complimentò. «Giriamo ancora un paio di scene qui in giardino, le registrazioni del suono le abbiamo fatte ieri quando non c'era nessuno in giro. Poi ci togliamo di mezzo.»

«Avete ripreso anche Maël?» chiese Sylvia.

«Certo!» Éric sorrise. «L'esperto al lavoro. E Chloé ci ha fatto fare un giro delle serre. Abbiamo un sacco di materiale. Bene, ti saluto, Sylvie, e tanti auguri!»

Sentir nominare Chloé l'aveva infastidita, ma non diede peso alla cosa. Chiese quanto sarebbe durato il servizio e quando sarebbe stato trasmesso, poi si congedò dalla squadra.

Fu di ritorno al centro visitatori giusto in tempo per salutare Marie-France Bresson, che stava contemplando assorta il ritratto di Lucie.

«E questo com'è arrivato qui?» domandò stupita. «Ne avevo visto una foto di recente, su una rivista. Mia figlia voleva a tutti i costi trascinarmi alla mostra, ma, ahimè, non ne ho avuto il tempo.» L'avvocato si staccò dal quadro e guardò ammirata Sylvia. «E adesso vengo qui, in un posto dimenticato dal mondo, e cosa trovo?» Sylvia rise e ricambiò i *bisous* dell'elegante parigina, gli obbligatori baci sulle guance. Quel giorno l'avvocato indossava un paio di ampi pantaloni di lino color sabbia e una morbida camicia crema. Il cardigan grigio di cotone pregiato era posato sulle spalle. «O è una copia?» chiese con un luccichio divertito negli occhi. «No, ma certo che no. Altrimenti non l'avrebbe mai appeso, si vede che lei ha buon gusto. E cosa mi dice della nostra affascinante controparte, è qui anche lei?»

Sylvia annuì e, nemmeno a farlo apposta, aveva appena preso un bicchiere di sidro per sé e per l'avvocato quando Chloé arrivò insieme a Maël.

«Stiamo morendo di sete» esclamò la donna con fare teatrale, e Maël andò da Maylis a prendere da bere.

«Cos'è successo al baracchino delle bibite al vivaio?» chiese preoccupata Sylvia.

«Hanno soltanto quell'orrendo sidro» protestò Chloé, arricciando il naso. «Non so come si faccia a berlo» aggiunse, lanciando un'occhiata alla Bresson.

Maël si avvicinò a loro con un calice di champagne per la sua ex e un bicchiere di acqua minerale per sé. Sylvia gli presentò l'avvocato.

«Sono contento che sia riuscita a venire!»

Maël faceva una splendida figura con il completo leggero che si era lasciato convincere a indossare. La camicia bianca, che portava con i primi bottoni slacciati, metteva in risalto la sua pelle abbronzata. Gli occhi riflettevano l'azzurro intenso del cielo.

«È un piacere» rispose la donna.

Sylvia si accorse subito che i due si erano simpatici. Tirò un sospiro di sollievo: avrebbe facilitato le cose. Eppure non le sfuggì la sorpresa di Chloé.

«Ah, che bello» disse la madre di Noah. A Sylvia sembrava di intravedere gli ingranaggi in azione nel suo cervello. «Forse il signor Millet è ancora qui da qualche parte. Così potete presentarvi subito. Da dove viene, Madame Bresson, se posso chiederlo? Anche lei da Quimper?»

«Da Parigi» rispose l'avvocato nel suo consueto modo gentile e riservato, evidentemente compiaciuta di averla turbata. «Anzi, ho la sensazione che ci siamo già incontrate. Tanti anni fa. Per caso il suo cognome da nubile è Lambert?» Chloé sembrava frastornata. «E suo padre si chiama Jean-Paul? È stato mio cliente, mi sono occupata del divorzio da sua madre.»

Sylvia notò con sgomento che il colorito già piuttosto pallido di Chloé era diventato cereo. La mano con cui teneva il calice di champagne iniziò a tremare.

Marie-France Bresson, però, aveva già distolto lo sguardo da lei. Si voltò verso Maël e iniziò a tempestarlo di domande sulle camelie.

«Amo questi fiori» confessò alla fine. «Penso di aver preso da mia madre. Aveva una terrazza piena di piante, tra cui diverse camelie. Purtroppo io non ho spazio. Abbiamo un balcone abbastanza ampio, in realtà, ma non ci batte mai il sole...»

Maël la invitò a fare un giro nel vivaio vero e proprio, e dopo qualche minuto si allontanarono.

«Stai bene?» chiese Sylvia a Chloé.

«Alla grande» rispose lei, fissando il bicchiere ancora pieno. Doveva esserle passata la voglia di champagne.

«Dove abita tuo padre?» indagò Sylvia. *E perché non hai assunto il miglior avvocato del Paese, se per giunta aveva già lavorato con la tua famiglia?*, pensò, senza dare voce alla domanda.

«In Costa Azzurra. Con la sua seconda moglie.»

«E tu, voglio dire... siete rimasti in contatto?» chiese Sylvia con cautela. In fondo Chloé aveva vissuto nella sua casa delle vacanze, anche se per poco.

«No» rispose lei, riluttante ma a testa alta. «Papà è un tipo piuttosto... conservatore. Non abbiamo molto in comune.»

Sylvia era curiosa di saperne di più, ma proprio in quel momento arrivò Gwen a informarla che c'erano altri giornalisti che chiedevano di parlare con lei e il sindaco voleva salutarla, così fu costretta a scusarsi e seguire l'assistente al centro visitatori, dove rimase per le ore successive.

Intorno alle quattro del pomeriggio una marea di visitatori si riversò sul pontile. I genitori tenevano per mano piccoli elfi, volpi, leoni, topi, gatti e qualunque altra cosa a cui avesse dato vita la fantasia delle truccatrici di Fleurette. Alcuni mariti stavano caricando piante di camelia sul traghetto. Sylvia aveva offerto ai tre delegati del ministero dell'Ambiente un'enorme fetta del *kouign-amann* di Loeiza prima di accompagnarli al molo, dove si erano salutati con grandi sorrisi.

Rimase per un po' a guardare il traghetto che si allontanava. Poi fece ritorno al centro visitatori e parlò con Maylis, che era al settimo cielo e aveva appena trovato il tempo di prepararsi un caffè.

«Ne vuoi uno anche tu?» chiese a Sylvia, che accettò con piacere l'offerta.

Qualche minuto dopo, alzando lo sguardo dalla tazza, notò che Suzanne stava rifornendo gli scaffali saccheggiati del negozio con nuovi prodotti.

«I saponi sono andati a ruba» le riferì. «Quelli a forma di fiore sono già esauriti. E sai cosa ci serve assolutamente? Cartoline.»

Due donne entrarono nel negozio e si guardarono intorno interessate. Sylvia si fece da parte, fingendo di dare un'occhiata in giro.

«Posso aiutarvi?» chiese gentilmente Suzanne.

«Per caso avete una stampa del quadro qui fuori? Il ritratto della dama con la camelia?»

Suzanne rimase in silenzio per un attimo, interdetta. «No» disse, «purtroppo no, ma è un'ottima idea. Ne parlerò con il mio capo.»

«Assolutamente» confermò la più anziana delle due. «È davvero bellissimo.»

Quando Sylvia uscì dal nuovo edificio erano spuntate un paio di nuvole e, come sempre quando il sole era coperto, l'aria si era piuttosto raffreddata. Si era anche alzato il vento. Ormai conosceva abbastanza bene il clima della Bretagna da sapere che verso sera avrebbe piovuto.

Nessuno sembrava aver bisogno di lei per il momento, così decise di approfittarne per andare a fare un giro nel vivaio: non aveva ancora avuto tempo di passare. Prese la giacca e si avviò verso il parcheggio. Iven stava mettendo in moto uno dei minibus per i visitatori. Quando la vide spense il motore e saltò giù dalla navetta.

«Vieni anche tu?» chiese il ragazzo, tenendole aperta la portiera. «Ho un solo passeggero.»

Stava già salendo quando sentì una voce che le giungeva fin troppo nota.

«Buongiorno, signora von Gaden.»

Le mancò il respiro. Non era possibile. Nelle ultime file del minibus sedeva sir James Ashton-Davenport. Sylvia chiuse la portiera e andò a sedersi vicino a lui.

«Mi chiamo Riwall adesso, sir James» lo corresse gentilmente. «Che sorpresa. Mi sbaglio o non ci aveva confermato la sua presenza?»

«Non si sbaglia, e a dire il vero non ho ricevuto alcun invito. Speravo proprio di avere l'occasione di lamentarmene con lei di persona» rispose l'inglese con un sorriso affascinante. «Essendo uno dei vostri migliori clienti mi aspettavo di essere in cima alla lista, capisce? Oppure le capitano tutti i giorni compratori disposti a spendere mezzo milione per una singola pianta? Ma non sono risentito, come vede, infatti sono venuto lo stesso.»

«Mi fa piacere» disse Sylvia, consapevole che la bugia fosse evidente. Non era brava a mentire.

Sir James scoppiò a ridere. «Non si preoccupi. Apprezzo la sua onestà, l'ho sempre apprezzata. Per questo trovo ancora più triste che le abbiano mentito così spesso negli ultimi anni.» Sylvia restò in silenzio. Cosa voleva da lei? Non poteva mettersi a discutere con quell'uomo. Era un ospite come tutti gli altri. E prima spariva meglio era. «Dica la verità» continuò sir James, «adesso, per esempio, sta sperando che me ne vada il prima possibile, dico bene?»

Sylvia lo guardò negli occhi. Non aveva dimenticato quanto fosse affascinante. Alto, slanciato, con il viso sottile e le sopracciglia espressive sugli occhi color ambra. I capelli intorno alle tempie erano un po' più grigi rispetto al loro ultimo incontro a Madeira. Due solchi profondi intorno alla bocca gli davano un'aria determinata. Doveva stare attenta. Di certo l'inglese non aveva fatto tutta quella strada senza un doppio fine.

«Come sta la Sylviana?» chiese per cambiare argomento.

«Meravigliosamente» rispose lui. «João se ne prende cura con grande zelo.» Guardò fuori dal finestrino. Avevano raggiunto il punto in cui la strada scendeva ripida verso l'avvallamento che ospitava il vivaio. «Si fermi qui, per favore» gridò l'inglese a Iven, che arrestò di colpo il pulmino. Poi sir James si voltò verso Sylvia. «Vorrei restare un paio di minuti da solo con lei, signora von Gaden. Inoltre da qui la vista è spettacolare. Possiamo continuare a piedi, che ne dice? Mi conceda questo onore!»

Sylvia esitò, ma non sapeva come respingere quella strana richiesta. Riluttante, scese dal veicolo e chiese a Iven di aspettare. Non aveva intenzione di trascinarsi fino al vivaio sui suoi eleganti tacchi alti.

Sì unì controvoglia a sir James, che contemplava il paesaggio con aria sinceramente estasiata. Le dava le spalle e teneva entrambe le mani nelle tasche dei pantaloni. La sua giacca di tweed svolazzava al vento. Al collo portava una sciarpa di seta con un motivo a scacchi.

Sylvia si strinse addosso la casacca. Amava anche lei quel punto panoramico. Da lì si poteva ammirare tutta l'isola – in particolare la sua forma a fiore – e più in basso il vivaio dove crescevano le piante da cui prendeva il nome.

«Come posso aiutarla?» chiese.

Sir James sorrise e la guardò in un modo che la fece arrossire. E anche infuriare. «Lasci quel giardiniere!» esclamò. Suonava come un ordine.

«Come, scusi?»

«Lo lasci e scelga me. Siamo fatti l'uno per l'altra, Sylvia. L'ho capito la prima volta che ci siamo visti. Si ricorda?»

Sylvia non riusciva a respirare. Era completamente impazzito? «Come le viene in mente...»

«E lo sa anche lei» la interruppe, irriverente. «Siamo fatti della stessa pasta. Sono rimasto affascinato dal modo in cui mi ha tenuto testa in quell'occasione. È stata straordinaria. Per questo le ho regalato l'isola.»

«Regalato?»

«Be', certo.» Sir James sorrise e fece un passo verso di lei. «In tribunale non l'avrebbe mai spuntata. Di certo non grazie a quella ridicola storia del testamento.»

«Come prego?»

«Ci vuole una bella inventiva, glielo concedo. Un testamento nascosto in un cappello di paglia. Una mossa intelligente e molto romantica.» Rise come se avesse fatto una bella battuta. «Ma mi è piaciuta» aggiunse, e il suo sguardo si fece serio. «*Lei* mi è piaciuta. E continua a piacermi, Sylvia. Non potevo sapere che avrebbe sposato quel giardiniere. Non me lo sarei mai immaginato. Come ha potuto?»

«Sir James» provò a controbattere Sylvia, cercando di non perdere le staffe. «Non credo che la cosa la riguardi...»

«Mi riguarda eccome» la interruppe. «Noi due siamo fatti per stare insieme. Ma non è troppo tardi. Esiste il divorzio, anzi le consiglio di farlo il prima possibile.» Sylvia arretrò. Doveva andarsene, preferiva stare in mezzo alla gente. Lanciò un'occhiata a Iven. Il ragazzo si era infilato le cuffie nelle orecchie e stava muovendo la testa al ritmo di una musica silenziosa. «Lei ha grandi visioni» riprese sir James. «Tutela dell'ambiente. Un'isola a emissioni zero. Fantastico. Potremmo andare addirittura oltre e sfruttare le risorse naturali per produrre energia elettrica. Un vivaio ecosostenibile al cento per cento nel bel mezzo dell'Atlantico! Ma sono progetti costosi, Sylvia. Con il suo giardiniere non riuscirà mai a realizzarli.»

«Maël non è un giardiniere!» esclamò furiosa. «È uno degli esperti di camelie più quotati al mondo!»

Sir James sollevò un sopracciglio, divertito. «Uno studioso, dunque» rispose in tono accondiscendente. «Può darsi. Resta il fatto che il suo orizzonte non si estende oltre il suo orticello di camelie. Tutto molto bello, certo, ma è una dimensione troppo ristretta per le sue idee!»

«Adesso sta esagerando...»

«E lei non possiede un solo centimetro quadrato di tutto questo!» la incalzò sir James, togliendole di nuovo la parola. «È uno scandalo. Come può permetterlo? Con me potrebbe realizzare tutti i suoi sogni senza faticare dalla mattina alla sera come fa adesso. Posso comprarle qualunque isola, o qualunque cosa voglia, e dare forma alle sue idee. Affari che ora non oserebbe neppure sognare. Lei vuole cambiare il mondo. E anche io. Per questo *dobbiamo* stare insieme, Sylvia.»

Le afferrò le spalle. Il suo sguardo aveva un che di magnetico.

Di sicuro erano in pochi quelli in grado di resistere al suo carisma. Si liberò dalla sua presa e arretrò di un altro passo. «I suoi sforzi sono inutili» ribatté. «Amo mio marito e non lo lascerei mai.»

Sir James rise di nuovo. Lo avrebbe preso a schiaffi. «Allora è vero che l'amore rende ciechi. Almeno un certo tipo di amore. Dia un'occhiata, signora von Gaden.» Prese di nuovo Sylvia per le spalle e la fece girare verso il vivaio. «Lo vede? Eccolo lì, il suo esperto di camelie. E chi c'è con lui? La madre di suo figlio.»

Era vero. Chloé era seduta, rilassata e in atteggiamento lascivo, sul muretto accanto al cancello, e teneva in mano una sigaretta. Se la portò alla bocca e allungò il viso verso Maël, che si chinò su di lei e la accese, usando una mano per riparare la fiamma dal vento. Il suo viso era vicinissimo a quello di lei.

«Non significa nulla» si sentì rispondere.

Rimase a guardare impotente Chloé che faceva un lungo tiro e passava la sigaretta a Maël. Lui la prese e fumò a sua volta prima di restituirgliela. Sylvia si voltò, rabbiosa. Maël non fumava.

«Ah, no?» osservò sir James, sarcastico. «Davvero? Be', se lo dice lei.»

Sylvia si avviò a passo deciso verso Iven e scambiò qualche parola con lui. Poi tornò indietro.

«Ho cambiato opinione su di lei» disse. «Non immaginavo che fosse così vile.»

L'inglese esitò soltanto per un momento. Poi sul suo viso si dipinse un sorriso triste. «Io la amo» disse, semplicemente.

«Non dica sciocchezze!» rispose furiosa Sylvia. «Lei non sa nemmeno cosa sia l'amore. Iven ci accompagnerà al vivaio, adesso. Vuole sempre visitare l'isola?»

Il ragazzo aveva aperto la portiera laterale del pulmino e li aspettava. La sua testa continuava a oscillare a ritmo di una musica che sentiva soltanto lui.

«La sua è una battaglia persa» le fece notare Ashton-Davenport. «Vuole davvero dividersi suo marito con un'altra donna? Mi sembra un accordo da Vecchio Testamento: una partorisce il figlio e l'altra si occupa degli affari. Sia ragionevole, signora von Gaden, scelga me!»

«Lei non comprende» esclamò Sylvia, fuori di sé dalla rabbia. «L'amore non si può estorcere. Non si può comprare. E non si può pretendere. Chi non lo capisce non ha idea di cosa significhi amare una persona.»

Sir James la fissò rabbuiato. «Va bene» rispose. «Allora gliela porterò via, la sua isola. Le porterò via tutto ciò a cui tiene. E alla fine sarà felice di accettare la mia offerta.»

Nessuno dei due disse una parola mentre Iven guidava il minibus lungo le curve che portavano al vivaio. Sylvia era irritata di essersi lasciata trasportare dalla collera. Non era da lei. E non si sarebbe mai dovuta trovare in una situazione così imbarazzante.

«Eccoti» la accolse Maël, felice.

Le diede un bacio che sapeva di fumo. Quando si accorse di sir James gli sorrise con un distacco evidente soltanto per chi lo conosceva bene.

«Sai dov'è Coco?» chiese Sylvia. «Vorrei che facesse fare a sir Ashton-Davenport un tour del vivaio.»

Gli occhi di Chloé si spalancarono quando sentì pronunciare quel nome. Scrutò l'uomo con interesse, mentre l'espressione di lui era rimasta imperscrutabile.

«Posso farlo io» si offrì. «Venga, sir. È un piacere mostrarle le serre...»

«È molto gentile da parte sua, *mademoiselle*...?»

«Chloé. Mi chiami pure Chloé.»

Quando si furono allontanati entrambi, Sylvia sospirò. Non sapeva se essere sollevata o ancora più inquieta.

«Tutto bene?» le chiese preoccupato Maël. «Non sapevo che sarebbe venuto.»

«Nemmeno io» replicò Sylvia. «Non lo abbiamo invitato.»

«Non importa» commentò tranquillo Maël. «Non abbiamo niente da nascondere.»

La prese tra le braccia e la attirò a sé.

«Hai fumato» lo rimproverò.

«Sì» ammise Maël, sorridendo. «Non lo facevo da una vita. E adesso mi sono ricordato perché avevo smesso.»

*E doveva succedere proprio ora, insieme a Chloé?* si chiese Sylvia. *Come ai bei vecchi tempi in cui avevano concepito Noah?*

Non le piaceva pensare quelle cose, ma non riuscì a trattenere una smorfia. Maël si staccò da lei.

«Che c'è?» chiese, irritato. «È così tragico che abbia fatto due tiri?»

«Della sigaretta di Chloé» non riuscì a trattenersi dal ribattere Sylvia.

«Come? Ti sei messa anche a spiarmi?»

«Ma che dici?» disse lei, cercando di stemperare l'atmosfera. Si erano coalizzati tutti contro di lei? «Lasciamo stare, dai. Dov'è Madame Bresson?»

«Con Gurvan nella seconda serra» rispose Maël, offeso. «Ci sono anche Vero e Laurent. E adesso scusami, ma devo andare.» Si allontanò a passo pesante.

Sylvia rimase da sola a lottare contro le lacrime. Stava andando tutto bene. Perché era dovuto arrivare sir James e farle quella supponente dichiarazione d'amore? Non poteva lasciarla in pace?

# 21

## Lo scampato naufragio

Sylvia non era più in vena di raggiungere gli altri nella seconda serra. Aveva bisogno di tornarsene a casa e mettersi distesa per una mezz'ora. Vide un gruppo di donne cariche di camelie prepararsi a partire e decise di cogliere al volo l'opportunità per allontanarsi senza che nessuno se ne accorgesse.

Nel cortile del Jardin aux Camélias, però, trovò Solenn ad aspettarla. Voleva che andasse a controllare Noah. «È ora di liberare il povero Pierrick. È chiuso lassù da due giorni, rischia di impazzire.»

Sylvia salì le scale sospirando diretta alla stanza al primo piano, dove in effetti il fidato Pierrick sedeva alla finestra e armeggiava con le sue canne da pesca.

«Cosa c'è che non va?» chiese a Noah, sedendosi accanto a lui sul bordo del letto. Il bambino si girò, nascondendo la testa sotto il plaid. Pierrick si limitò a scrollare le spalle. «Sei malato?» chiese ancora. «Vuoi che chiami un dottore?» Noah non si mosse. Sylvia aspettò qualche minuto, poi provò a scostare dolcemente la coperta. Il piccolo la tenne stretta. «Guardami, Noah» lo pregò. Lui non reagì. «Posso dirti cosa penso?»

Nessuna risposta. Soltanto un lieve sollevarsi e abbassarsi del plaid tradiva la presenza di un bambino disperato. «È per il risultato del test, vero? Adesso non sai cosa fare, quindi fingi di essere morto.» Aveva la sensazione che Noah stesse trattenendo il fiato. Continuava a non muoversi. «Ma non sei morto, Noah» proseguì, in tono dolce. «Anche se adesso ti sembra di non respirare, la vita va avanti. E prima o poi dovrai uscire da sotto le coperte. Non sei un vigliacco, lo so.»

Il piccolo si mosse molto lentamente. Il suo viso arrossato apparve tra le lenzuola. Anche gli occhi erano rossi di pianto. La guardò afflitto. «Andate via!» urlò. «Tutti e due. Lasciatemi in pace.» Poi si girò verso la parete, dando loro le spalle.

«Non ha senso chiedere a Pierrick di montare la guardia a oltranza» osservò Solenn. «Sembra quasi che lo teniamo prigioniero! Che fine ha fatto la madre di questo bambino?» Scosse la testa rassegnata e si avviò su per le scale per chiamare l'amico. «Se hai fame puoi venire quaggiù» la sentì dire a Noah dalla cucina. «Ci sono le *galette*.»

Pierrick era evidentemente sollevato di essere di nuovo libero. Uscì di casa quasi di corsa, stringendo in mano le sue canne da pesca a mo' di stendardo.

«*Mon Dieu*, che ti è successo?» esclamò Solenn quando Sylvia entrò in cucina. «Sembra che tu abbia visto un fantasma.»

«Sir James è sull'isola» le spiegò, lasciandosi cadere su una delle sedie intorno al tavolo. «Versami un bicchiere di *lambig*, per favore. Ne ho bisogno.»

«Che ci fa qui?» chiese Solenn, esaudendo l'insolita richiesta dell'amica. «E che vuole?»

Sylvia prese in considerazione per un attimo la possibilità di condividere con Solenn la folle dichiarazione d'amore di sir James, ma decise di non farlo. Si strinse nelle spalle, però la bretone la conosceva troppo bene per accontentarsi.

«Ci sono problemi con la Sylviana?» chiese.

Nemmeno lei si era dimostrata entusiasta quando le avevano comunicato l'identità del misterioso acquirente al ritorno da Madeira.

«No» la tranquillizzò Sylvia. «Dice che la pianta sta bene.»

«Allora è qui per te» dichiarò Solenn, come se fosse la cosa più ovvia del mondo.

«Come fai a saperlo?»

La donna scoppiò a ridere. «Ho ragione, eh? Ti ha fatto una proposta?»

«Solenn, mi fai quasi paura! E comunque non capisco come gli sia venuto in mente.»

«Come gli viene in mente?» Solenn la guardò con profondo affetto. «Te lo dico io come: sei una donna meravigliosa! Non si incontrano tutti i giorni persone come te. So bene di cosa parlo, credimi. Anche Lucie era così. Unica. Quando si trova qualcuno del genere, si lotta per averlo.» Si rabbuiò. «Non sono sicura che Maël lo abbia capito. E la cosa mi manda in bestia!»

Sylvia si alzò e andò alla finestra. Guardò in cortile, dove Iwa stava iniziando a sgombrare il suo stand. «Mi metti in imbarazzo» disse. «Non sono così straordinaria. Altrimenti...» Si zittì.

«Altrimenti cosa?» chiese Solenn. Raggiunse Sylvia. Le nuvole si erano infittite. Il tendone sullo stand di Iwa si agitava al vento con una specie di crepitio. «Sopporti la presenza della ex nella sua vita, sei più affettuosa con suo figlio di quanto lo sia la madre. Sostieni Maël nel fare da padre a un bambino che non è tuo. E metti tutta te stessa nella nostra attività. Cos'altro dovresti fare secondo te?»

Sylvia sospirò. Le lacrime che era riuscita a trattenere a fatica adesso le rigavano le guance. «Non lo so nemmeno io» esplose tra i singhiozzi. «Ultimamente mi sembra che sto sbagliando tutto. Maël è di nuovo arrabbiato con me. E forse ha ragione. Non sono come dici tu. In realtà sono egoista e gelosa. E con i nervi a pezzi.»

Si sedette al tavolo della cucina e diede libero sfogo alle lacrime. Solenn prese un pacco di fazzoletti e le accarezzò la schiena. Alla fine Sylvia riuscì a calmarsi.

«Sei soltanto molto stanca» constatò Solenn. «Perché non ti riposi un po'? No, non a casa tua, vai in camera mia. Così nessuno ti vede. Nel frattempo mi assicuro io che tutto vada bene.»

«Ma...»

«Niente obiezioni!» ribatté decisa la bretone. «Fai come ti dico. Abbiamo personale a sufficienza per congedare gli ultimi visitatori.»

«E sir James?»

«Be', direi che è meglio se non vi incontrate più per oggi» osservò lei con un ghigno. «Oppure pensavi di accettare la sua proposta? Ehi, no, non piangere! Stavo scherzando...»

Sylvia cercò disperata di riprendersi. «È che mi ha detto delle cattiverie...» ammise.

«Immagino.» Solenn annuì comprensiva. «Lo sanno fare bene, gli uomini. Soprattutto quando si sentono punti nell'orgoglio. Ignoralo. E adesso fila in camera mia. Non voglio vederti uscire per la prossima ora. *Compris?*»

Sylvia ubbidì e attraversò l'ingresso per raggiungere l'ala privata dove si trovava la stanza di Solenn. Dopo la morte di Lucie, e soprattutto dopo il trasloco dall'isola, quando tutto lasciava pensare che sir James avrebbe vinto, l'ambiente era stato ristrutturato e dotato di un comodo divano. Sylvia era sicura che non sarebbe riuscita a starsene tranquilla nemmeno per un minuto. Appena si distese, però, sentì che le si chiudevano gli occhi.

Sobbalzò quando percepì l'imbottitura cedere da un lato. Qualcuno si era seduto vicino a lei. Era buio pesto nella stanza e Sylvia si mise a sedere, confusa.

«Sono io» sussurrò Maël, posandole dolcemente una mano sulla guancia. «Scusa se ti ho spaventata. Io... volevo scusarmi. Per favore, non prendertela. Solenn mi ha fatto una bella ramanzina. A volte sono veramente un idiota.»

Scivolò verso di lei e la strinse a sé.

«E i nostri ospiti...?»

«Sono tutti partiti o sistemati. Nessuno ha bisogno di te. Va tutto bene.»

«E sir James?»

«Non pensare a lui.»

Sylvia si sentì come se le avessero tolto un peso dal petto.

«Vero e Laurent?»

«Lili è stanca morta, e anche loro. Si stanno riposando tutti.» Sylvia posò la testa sul suo petto e si godette il dolce tocco delle sue dita tra i capelli. Aveva un modo tutto suo di accarezzarli, come se li stesse pettinando ciocca per ciocca. E ogni volta che le sue mani la sfioravano avevano il potere di farla rilassare all'istante. «Andiamo» sussurrò Maël. «Torniamo a casa. È tardi, sono già tutti a letto.»

Sylvia si tirò su, intontita. «Ho dormito così tanto?» chiese.

Mentre attraversarono il giardino sentì l'ululato del vento. Le nuvole si rincorrevano nel cielo, illuminate dalla luna piena. Oltre il muro di protezione le onde si abbattevano fragorose contro gli scogli.

«Le barche sono al sicuro?» chiese.

«Certo» la tranquillizzò Maël. «Non preoccuparti.»

«Non ho nemmeno salutato l'avvocato» mormorò Sylvia mentre entravano in casa.

«Tornerà domani mattina» la rassicurò lui. «Così parleremo con calma.»

La accompagnò in camera da letto e la aiutò a svestirsi. Si rannicchiarono sotto le coperte, e dopo giorni e giorni di tensione Sylvia si abbandonò a quella sensazione familiare. Dopo tante settimane di stress finalmente non c'era più niente di cui preoccuparsi. Sir James e le cose che aveva detto sbiadirono come un brutto sogno. Erano tutte bugie, l'unica verità era l'amore che lei e suo marito provavano l'una per l'altro, e niente e nessuno avrebbe potuto distruggerlo. Sylvia smise finalmente di rimuginare e si lasciò cullare dalle carezze di Maël, ricambiando i suoi baci fino a precipitare in uno stato di oblio. Il resto del mondo smise di esistere, i confini si annullarono. Si erano trasformati in due comete che si incontrano nello spazio infinito e si fondono dando origine a una stella.

Era notte fonda quando Sylvia si svegliò di soprassalto. Non sapeva cosa l'avesse destata, ma aveva la sensazione che qualcuno la stesse chiamando. Si mise a sedere sul letto e tese le orecchie.

In mansarda c'erano Veronika e la sua famiglia. Forse la piccola Lili aveva pianto. Non si udiva niente, soltanto il respiro regolare di Maël al suo fianco, e Sylvia si sentì travolgere da un'ondata di tenerezza per suo marito. Si distese di nuovo accanto a lui, attenta a non svegliarlo.

Chiuse gli occhi e cercò di riaddormentarsi, senza riuscirci. Al contrario, era sveglissima: probabilmente aveva dormito troppo la sera prima. Ma perché era così agitata? Aveva i nervi a fior di pelle o era soltanto molto stanca, come aveva suggerito Solenn?

Dopo un po' non riuscì più a restare a letto. Si alzò senza far rumore e uscì dalla stanza in punta di piedi.

Quando si guardò allo specchio del bagno per poco non scoppiò a ridere. Il mascara si era sciolto e aveva formato due grosse macchie nere sotto gli occhi. Si lavò il viso e applicò con cura una crema idratante. Poi si pettinò i capelli fino a farli risplendere. Cercò l'orologio, e si accorse di averlo ancora al polso. Erano le due di notte.

Lo sguardo le cadde sul calendario delle maree, appeso vicino allo specchio tra due conchiglie la cui forma le piaceva particolarmente. Era un modo per avere sempre sott'occhio il livello dell'acqua. Quello che Maël non sapeva era che Sylvia lo usava anche per tenere sotto controllo i suoi giorni fertili. Era di nuovo il momento: era in fase di ovulazione.

Distolse di scatto gli occhi dal calendario, come se quel gesto potesse impedire al seme di speranza di annidarsi di nuovo tra i suoi pensieri, dove sarebbe fiorito fino al suo prossimo ciclo.

*Forse questa volta funzionerà*, le sussurrò all'orecchio una vocina seducente. Non era stata una meravigliosa notte d'amore, degna di concepire un bambino?

Ma Sylvia non voleva pensarci, così decise di fare una passeggiata, anche se era notte fonda. Si vestì, si infilò un paio di comode scarpe da ginnastica e la giacca a vento e prese la torcia. Poi aprì la porta.

Una schiera di nuvole gonfie di pioggia si rincorreva nel cielo scuro. I raggi della luna, rossa come Sylvia non l'aveva mai vista, gettavano sul giardino una luce inquietante. Persino le sue amate camelie le apparivano minacciose: le loro chiome scosse dal vento emettevano un lugubre mormorio.

Appena uscì dalla parte riparata del giardino il vento le scompigliò i capelli. Sylvia si tirò su il cappuccio e fece un paio di passi lungo la scogliera. Sentiva qualcosa di strano nell'aria.

Le labbra iniziarono a pizzicarle, e quando ci passò sopra la lingua avvertì il sapore del sale e un vago aroma di alghe. L'acqua era alta, ma stando al calendario presto la marea si sarebbe ritirata. Notò la risacca insolitamente violenta che faceva assomigliare il mare a un enorme gigante che respirava, sollevando e abbassando l'enorme petto. La luce della luna si rifletteva sulle onde simile a oro rosso.

All'improvviso il suo sguardo registrò un elemento del tutto fuori contesto. Il profilo scuro di una piccola barca che scivolava lentamente sull'acqua, diretta in mare aperto.

Chi poteva essere? Un pescatore? A quell'ora? Il cuore di Sylvia accelerò. Qualcosa non quadrava. Era preoccupata. Non poteva essere uno dei pescherecci che a volte aveva visto uscire in piena notte. Sembrava più un motoscafo come se ne vedevano tanti sulla costa. Come quello di Gurvan, o la *Nimue*, il piccolo battello con cui Pierrick usciva a pescare...

Le venne un terribile presentimento. Imboccò il sentiero che portava al pontile e iniziò a correre. Era possibile che fosse una delle loro barche? Ma chi poteva essere? A Pierrick non piaceva uscire in mare di notte, meno che mai in mare aperto. «Là fuori ci sono secche e scogli, e ricorda sempre, dove ci sono gli scogli ci sono le correnti» le aveva detto una volta, mentre la aiutava a prepararsi per il brevetto. «Nelle notti di bassa marea sono ancora più pericolose.»

Adesso era notte. La marea si stava ritirando. E lì a bordo c'era qualcuno in grave pericolo.

Sylvia continuò a correre. Raggiunse la scogliera che sovrastava il molo dov'erano attraccate le loro barche. Si fermò ansimante, reggendosi un fianco. Da lassù si vedeva benissimo che la *Nimue* non era al suo posto.

Si sforzò di ragionare. Forse c'era un'altra spiegazione. Forse quella in mare non era la *Nimue*, che era rimasta al sicuro al porto perché Pierrick aveva deciso di passare la notte sulla terraferma. Ma da chi? Pierrick non aveva parenti in paese. E da quando lo conosceva non ricordava che avesse mai trascorso la notte lontano dall'isola. Sarebbe potuta andare a controllare. Ma avrebbe perso tempo prezioso. Chiunque ci fosse su quella barca là fuori, stava per andare alla deriva.

Una folata di vento la fece quasi incespicare mentre correva verso il molo facendo due gradini alla volta. Avrebbe preso *La Brise*. Il vecchio motopeschereccio era abituato alle onde. Le piccole nuvole rade di poco prima si erano ammassate in una grossa formazione e il vento soffiava ancora più forte. Mentre Sylvia estraeva l'impermeabile e il giubbotto di salvataggio dalla panca e li indossava, la luna si offuscò e nell'aria riecheggiò un ululato minaccioso.

Stava per scatenarsi un temporale.

Senza riflettere, iniziò ad allentare la gomena che fissava la barca al pontile. Si fermò e si chiese se fosse ragionevole uscire in mare con quel tempo senza avvisare nessuno. Non si era nemmeno portata il cellulare.

Si era quasi convinta a tornare a casa per svegliare Maël quando avvertì qualcosa di morbido sotto i piedi. Lo tirò su e un brivido di terrore le corse lungo la schiena. Era il pupazzo di Noah: la scimmietta di pezza che faceva capolino dal suo zaino ovunque andasse.

«Oddio» sussurrò. Non c'era un attimo da perdere. Se il bambino era davvero su quella barca tra le onde, ogni istante era prezioso.

Sylvia l'aveva usata spesso, quindi conosceva bene *La Brise*. Una volta aveva persino trainato dei turisti bloccati al largo della baia meridionale a bordo di una iole. Il vento li aveva spinti fuori rotta ed erano rimasti a secco di carburante. Verificò rapidamente di avere corda a sufficienza, poi controllò che ci fossero giubbotti, ciambelle di salvataggio e la zattera. Fissò la cintura di sicurezza, così, qualunque cosa fosse successa, non sarebbe stata sbalzata fuori bordo. Poteva soltanto sperare che Pierrick lo avesse spiegato a Noah e che il bambino avesse fatto altrettanto. Poi slegò la gomena, la lanciò sulla barca, saltò a bordo e avviò il motore.

Il fascio di luce del faro sulla terraferma illuminava il mare ogni nove secondi. Sylvia sapeva che non c'era nessun custode. Come molti altri, anche quel faro ormai funzionava con un sistema computerizzato. Si chiese se la guardia costiera si fosse accorta della barchetta con i fari spenti tra le onde. Evidentemente no, perché all'orizzonte non si vedeva nessuna motovedetta.

Appena ebbe lasciato la baia sentì che la barca veniva arpionata da una forte corrente. Si concentrò a cavalcare le onde con la giusta angolazione. La violenza del mare era tale da costringerla a tenere il timone con entrambe le mani. Evitò con cura le zone in cui l'acqua era più bassa: sapeva che sotto la superficie si nascondevano scogli infidi. *Là sotto ci sono più pericoli di quanti immagini.* Le sembrava di sentire la voce di Pierrick nella sua testa. Fece attenzione a non lasciare mai la rotta che le aveva insegnato.

Di solito si limitava a fare avanti e indietro dalla terraferma: di rado si era spinta verso altre mete. Aveva fatto soltanto due volte il giro completo dell'isola, e in entrambi i casi con Maël. Era stato in una bella giornata estiva, eppure ricordava benissimo un paio di punti particolarmente pericolosi che lui le aveva indicato. All'improvviso, mentre deviava dal suo solito tragitto e dirigeva la barca verso nord, in mare aperto, avvertì un insolito risucchio. Era lo stesso che aveva trascinato fuori rotta la *Nimue*? Che fine aveva fatto? Doveva essere là da qualche parte, avvolta nell'oscurità.

L'ammasso di nuvole che aveva oscurato la luna scintillava di un funesto color violetto. Le onde si abbattevano contro la barca: se non avesse avuto la cerata, Sylvia sarebbe già stata bagnata fradicia.

Dove diavolo era finito Noah?

Si strinse al parapetto con la cintura di sicurezza. Senza staccare gli occhi dalla bussola, continuò ad avanzare in direzione nordovest. Era lì che aveva avvistato la barca, e non poteva essere andata molto lontano. Le nuvole si aprirono per un attimo e alla luce della luna riuscì a scorgerla di nuovo, appena per un istante. Corresse la rotta e accelerò, mentre le onde continuavano a infrangersi contro lo scafo del peschereccio. Avvistò un'ultima volta la *Nimue*, prima che le nubi coprissero di nuovo la luna. Sylvia sentì ancora quel boato sinistro e avvertì il vento che si ingrossava.

Oltre alle luci di navigazione, cioè i fanali obbligatori per la circolazione notturna, accese anche un riflettore che Pierrick aveva ricavato da una vecchia imbarcazione della guardia costiera e montato sulla *Brise*. Chiunque ci fosse a bordo dell'altra barca, ormai doveva essersi accorto di lei.

Trattenne il respiro, finché il fascio di luce del riflettore non illuminò il mezzo che oscillava nella risacca. Con entrambe le mani occupate a tenere il timone, Sylvia non riusciva ad allungarsi abbastanza per raggiungere lo scomparto dove si trovava il binocolo.

«Noah» gridò, consapevole che nessuno a più di cinque metri di distanza avrebbe potuto sentire la sua voce.

All'improvviso fu presa dal terrore che il bambino fosse stato sbalzato fuori bordo e la barca si muovesse tra le onde senza nessuno al comando.

Con grande cautela cercò di avvicinare il suo motopeschereccio. Al momento il pericolo maggiore era quello di entrare in collisione. Si ricordò gli insegnamenti di Pierrick e cercò di tenere la barca più piccola a dritta, in modo che risultasse sottovento rispetto alla *Brise*. Sylvia si concentrò. Doveva riuscire ad avvicinarsi il più possibile alla *Nimue* senza toccarla. Il mare stava facendo di tutto per ostacolarla.

Poi, improvvisamente, la superficie dell'acqua cambiò. Le onde lunghe e morbide che avevano trasformato il mare in un paesaggio fatto di monti e valli sparirono, sostituite da un moto caotico e increspato. I flutti si scontravano schiumando. *La Brise* fu sballottata e smise di rispondere ai suoi comandi, come un cavallo selvaggio.

«Il mare a croce» sussurrò Sylvia.

Pierrick l'aveva messa in guardia da quel pericoloso fenomeno, che si originava dallo scontro di due sistemi di onde con direzioni diverse. L'acqua sotto di lei prese a ribollire. Terrorizzata, si accorse che la *Nimue*, molto più piccola della sua barca, veniva scossa violentemente. E fu allora che intravide la piccola sagoma.

«Noah» gridò a pieni polmoni. «Tieniti forte!»

Il cuore di Sylvia martellava come se fosse pronto a esplodere. Rifletté se prendere a rimorchio la barchetta, che ormai si avvitava impotente su se stessa. Senza nessuno ai comandi la *Nimue* continuava a scontrarsi trasversalmente con le onde. Era pericoloso. Bastava un flutto un po' più alto e poteva ribaltarsi. No, doveva far salire il prima possibile il bambino sul suo peschereccio. Ma come? Era già abbastanza impegnata a tenere sotto controllo *La Brise*.

Ridusse la potenza del motore e notò che le oscillazioni della barca più piccola, che continuava a tenere sottovento, si erano un po' placate. Fissò il timone per avere le mani libere, ma sapeva di non poterlo lasciare a lungo. Alla massima velocità concessale dalle dita intirizzite accese il razzo di segnalazione, pregando che qualcuno sulla terraferma lo vedesse. Poi afferrò la corda più lunga e ne assicurò un'estremità alla galloccia, una specie di doppio gancio di metallo per fissare le cime.

«Tutto bene, Noah?» gridò più forte che poteva, mentre *La Brise* si avvicinava lentamente alla sua barca. Il bambino la fissò con gli occhi spalancati, senza rispondere. Si era rannicchiato sulle assi fradice del ponte, aggrappato con entrambe le mani alla sbarra orizzontale che Pierrick aveva montato sulla *Nimue* per fissare le sue canne da pesca. Sylvia constatò con sollievo che il piccolo indossava il giubbotto salvagente e pure la cintura di sicurezza. Non riusciva a vedere se si era anche legato con la fune. «Riesci ad afferrare la corda?» gridò, sforzandosi di sovrastare il vento.

Prima che il bambino avesse la possibilità di rispondere, *La Brise* sobbalzò avvicinandosi alla barca più piccola e Sylvia perse l'equilibrio. Inciampò e scivolò contro il parapetto. Per un attimo lei e Noah furono vicinissimi: li separava solo qualche metro. Il motopeschereccio si inclinò, e Sylvia temette che potesse ribaltarsi e seppellirla. Ma poi si rimise dritto e prese a piegarsi dal lato opposto.

Sylvia si tenne stretta alla corda di sicurezza. Senza riflettere oltre lanciò la cima. Si accorse subito che era atterrata proprio davanti al bambino. Poi scivolò sul ponte bagnato e urtò contro il parapetto, cercando di rimettersi in piedi. Non ci riuscì. A fatica strisciò fino al timone e si tirò su.

«Noah» gridò di nuovo.

Un fiotto di schiuma la colpì in pieno viso, accecandola per un momento. Quando riuscì a riaprire gli occhi che bruciavano per il sale, si accorse che la barchetta si era di nuovo allontanata, ma la corda che aveva legato al timone era tesa. Noah era riuscito a fissarla? E lui dov'era? A cosa serviva tenere a rimorchio la *Nimue* se il piccolo stava affogando?

Proprio in quel momento si scatenò una pioggia scrosciante che le fece perdere vista e udito. Le gocce le colpivano il viso come aghi ghiacciati. Ciononostante riuscì a raggiungere la poppa, sempre reggendosi alla corda, e notò con sollievo che Noah era ancora seduto sulla sua barca. Aveva legato la corda alla sbarra. Non le restava che sperare che il nodo tenesse.

Tolse gas, sempre con la massima prudenza. Anche se adesso la pioggia le sferzava il viso, il mare si era leggermente calmato. Il nodo che legava *La Brise* alla barchetta di Noah come un cordone ombelicale iniziò a disfarsi. Sylvia afferrò la cima e riuscì ad accorciarla di qualche metro per fissarla a una galloccia.

Tornò al timone e cercò di spostare il motopeschereccio in modo da rimettere sottovento la *Nimue*. Con le mani che bruciavano, tirò ancora la corda e ridusse ulteriormente la distanza tra lei e il bambino.

«Riesci ad alzarti?» gli gridò, tendendo un braccio verso di lui. Il piccolo le rivolse uno sguardo disperato. Evidentemente non aveva il coraggio di mollare la presa sulla sbarra. «Sciogli la corda e legatela intorno alla vita!»

Noah cercò il nodo e iniziò a scioglierlo. Sylvia lo guardava, pregando che non arrivasse un'onda proprio in quel momento e facesse vacillare la barca. Noah finì di slegare la cima e se la avvolse intorno al corpo. I secondi che impiegò ad annodarla le sembrarono non passare mai, ma alla fine ci riuscì.

«Adesso alzati, Noah» disse, allungandosi più che poteva verso di lui.

Ancora non riusciva ad afferrarlo. Dannazione! Doveva passare sull'altra barca? E se non fosse riuscita a metterla in moto?

«Che succede al motore, Noah? Non funziona più?»

Il bambino scosse la testa. Poi si alzò con cautela, ma oscillò pericolosamente, tanto che Sylvia fu costretta a trattenere un grido. Fece un passo verso di lei. Sylvia afferrò il cappuccio della sua giacca a vento, ma un'onda fece inclinare la barca sul suo asse, e i piedi di Noah rimasero sospesi nel vuoto.

Lo scafo della *Nimue* si abbatté di schianto contro quello del motopeschereccio. Si sentì un terribile tonfo. Noah gridò. Era ancora sospeso nel vuoto, trattenuto soltanto da Sylvia. Con la mano libera, lei si allentò leggermente la cintura, sperando di non scivolare. In quel momento ci fu un lampo, seguito dal frastuono di un tuono. Noah sussultò. Decisa a non lasciarlo andare, Sylvia si sporse quasi oltre il parapetto. In fondo era ancora legata alla barca con due corde.

«Vieni» gridò contro la pioggia e il vento, «tieniti a me!»

Noah si attaccò a una delle sue gambe con tutte le forze che gli erano rimaste. Lei si chinò quanto glielo permetteva la corda e riuscì ad afferrare il bambino per la vita. Lo attirò a sé con uno strattone e lo strinse forte. Con le dita tremanti cercò a tastoni uno dei moschettoni della sua cintura di sicurezza e la fissò al giubbotto di salvataggio del piccolo. Un'ondata di sollievo la travolse. Ora erano legati insieme, non poteva più sfuggirle. Doveva solo riuscire a riportare entrambi a bordo.

La barca sotto di loro si schiantò di nuovo contro lo scafo della *Brise*... o era il contrario? Sylvia ebbe la sensazione che il motopeschereccio si stesse inclinando sempre di più, immaginò le assi che si incrinavano e le onde che si richiudevano sulla barca.

Che stava succedendo? *La Brise* si stava capovolgendo? Era la fine? Un fiotto di acqua gelida le colpì le mani strette intorno al corpo di Noah. Sentì un altro grido acuto, poi un'onda li sollevò di nuovo, come su una gigantesca altalena.

*Dobbiamo risalire a bordo*, pensò disperata, stringendo la presa sul parapetto e sforzandosi di sollevare entrambi. Non ci riusciva. Il bambino era troppo pesante. Sentì che le forze la abbandonavano. Ma non poteva permetterlo.

Un'altra ondata violenta fece tremare *La Brise* e Noah cacciò un urlo terrorizzato. I lampi continuavano a illuminare il cielo e il mare in tempesta. I tuoni esplodevano con fragore.

Per una frazione di secondo a Sylvia sembrò di riuscire a intravedere il suo futuro. Un'immagine che alla luce abbagliante di un altro lampo le apparve perfettamente chiara. Il Jardin aux Camélias, Maël con un neonato in grembo. Noah, un po' più grande di adesso, che giocava con una bambina. Solenn su una sedia di vimini, accanto a lei una sagoma il cui viso restava in ombra. E infine lei stessa, con un abito color malva identico a quello di Lucie, che la guardava intensamente negli occhi.

Il tutto durò appena una frazione di secondo, ma fu sufficiente a darle la certezza che ce l'avrebbe fatta. E capì anche un'altra cosa: il piccolo che si stava stringendo forte a lei le era entrato nel cuore. Sì, amava quel bambino.

«Noah» gli disse dolcemente all'orecchio. «Adesso risaliamo, okay?» Lui alzò il viso verso di lei e fece sì con la testa. «Al mio tre ci tiriamo su» lo istruì Sylvia. «Vedi il parapetto?» Lui annuì di nuovo. «Uno, due... tre!»

Spinse con entrambi i piedi contro lo scafo della barca e si issò di qualche centimetro. Noah riuscì ad afferrare la ringhiera. E come se gli elementi avessero finalmente iniziato a collaborare, *La Brise* cominciò pian piano a piegarsi dall'altra parte. La forza di gravità non agiva più contro di loro. Con un ultimo sforzo riuscirono ad arrampicarsi sul ponte del peschereccio.

Quando vide la luce, all'inizio Sylvia pensò di avere le allucinazioni. Poi sentì Noah che gridava: «Guarda, stanno venendo a prenderci!».

Era la guardia costiera. Avevano mandato due motoscafi. Sylvia non si era mai sentita tanto sollevata in vita sua. Chiuse gli occhi. Ce l'aveva fatta.

## 22

# Quasi una famiglia

Quando Maël andò a prenderli all'ospedale vicino al porto di Concarneau il cielo era terso e luminoso. Del temporale della notte precedente non restava alcuna traccia, e il sole faceva scintillare la costa con i suoi raggi dorati.

Sylvia aveva insistito perché Noah fosse sottoposto a tutta una serie di controlli, da cui per fortuna non era emerso nulla di preoccupante: a parte lo spavento e una lieve ipotermia, il piccolo stava benissimo. Il medico avrebbe preferito tenerlo sotto osservazione, ma lui non ne aveva voluto sapere di restare ricoverato. Da quando erano stati ripescati in mare aperto non aveva mollato Sylvia nemmeno per un attimo.

Per questo in macchina lei non si era seduta davanti come sempre, ma sul sedile posteriore insieme al bambino, che le si era rannicchiato accanto, stretto in una coperta e chiuso nel mutismo più totale. Fino a quel momento non aveva pronunciato una sola parola più del necessario, anzi comunicava perlopiù annuendo o scuotendo la testa. Sylvia aveva l'impressione che il piccolo si vergognasse. Sapeva di aver sbagliato a prendere la barca.

Sentendo il corpicino di Noah che si stringeva al suo, Sylvia fu pervasa dalla tenerezza. Nessuno parlò durante il tragitto, ma lo sguardo di Maël continuava a cercare il suo nello specchietto retrovisore. I suoi occhi erano pieni di domande silenziose. Sylvia gli sorrise rassicurante.

Quando imboccarono la passerella, circondata dall'acqua su entrambi i lati, Noah nascose il viso nella spalla di Sylvia.

«Perché hai preso la barca?» aveva provato a chiedergli in ospedale, tra una visita e l'altra. «Volevi andartene?»

Noah si era limitato a scuotere la testa senza rispondere.

Al telefono Sylvia aveva pregato Maël di assicurarsi che il loro ritorno non fosse accolto con troppo clamore. «Noah ha bisogno di tranquillità» aveva spiegato. «Non sarebbe il massimo per lui venire tempestato di domande. Puoi dirlo anche agli altri?»

«Certo» aveva risposto Maël.

«E Chloé? Non si è accorta che suo figlio non c'è?»

«Non lo so. Probabilmente sta ancora dormendo.»

Erano rimasti in silenzio, pensando entrambi alla donna placidamente assopita mentre il figlio scappava nel cuore della notte rischiando di annegare.

Maël aveva mantenuto la parola. Quando entrarono in cortile quella domenica mattina, lo trovarono deserto. Persino Solenn aveva battuto in ritirata. Sylvia portò subito Noah a letto e gli preparò una borsa dell'acqua calda.

«Non puoi restare?» le chiese il piccolo, guardandola implorante.

«Forse dovrei prima cercare tua madre per avvisarla, non pensi?»

«È andata via» rispose Noah con un filo di voce.

«È andata via?» gli fece eco Sylvia sorpresa, prendendo posto sulla poltrona dove il giorno prima si era seduto Pierrick a riparare le canne da pesca. «E quando?»

«Ieri sera.» La voce di Noah era strozzata, come se si stesse sforzando di non piangere. Il bambino fece un respiro profondo. «Io ero già a letto. È arrivata e ha fatto la valigia. Pensava che stessi dormendo. Ma quando è uscita mi sono alzato e sono andato a guardare alla finestra. Se n'è andata insieme a un uomo.» Adesso il piccolo non riusciva più a trattenere i singhiozzi.

«Che uomo?» chiese Sylvia, sempre più scioccata.

Il piccolo tirò su con il naso. «Non lo so, non lo avevo mai visto.»

«Sì, ma... com'era fatto?» Noah si asciugò il viso con le mani, e Sylvia si affrettò a passargli la scatola di fazzoletti che era sul comodino.

«Puoi descrivermelo?» Il bambino si soffiò rumorosamente il naso. Poi si sistemò di nuovo la coperta sulle spalle.

«Era alto. E con i capelli neri...»

Alla mente di Sylvia si affacciò un terribile sospetto. «Per caso aveva una sciarpa di seta al collo?»

Noah rifletté un momento, poi annuì. «Lo sapevo» singhiozzò. «Lo sapevo dall'inizio, da quando mi ha portato qui.» Serrò le labbra per fermarne il tremito.

Sylvia si sedette sulla sponda del letto e gli posò una mano sulla nuca. «Cosa sapevi?» chiese, dolcemente.

«Che... che mi avrebbe lasciato qui da solo» balbettò il piccolo tra le lacrime. «Che un giorno sarebbe sparita e mi avrebbe abbandonato.»

«No, Noah» cercò di tranquillizzarlo Sylvia. «Non credo proprio...»

«Ma lo ha fatto. Se n'è andata. E non mi ha portato con lei.»

Sylvia lo lasciò piangere. Sapeva per esperienza che ci sono momenti in cui le parole non recano alcun conforto. Noah aveva già represso fin troppe emozioni. Sfogarsi poteva fargli soltanto bene.

Con suo sollievo, dopo alcuni minuti il bambino si addormentò. Qualche lacrima gli era rimasta incollata alle ciglia, ma il suo respiro si era fatto calmo e regolare. Sylvia rimase ancora un po' seduta sul letto per assicurarsi che non si svegliasse di nuovo all'improvviso, poi uscì dalla stanza senza far rumore.

Il fianco destro le doleva per il livido che si era procurata andando a sbattere contro il parapetto della barca. Per fortuna, però, in ospedale non le avevano rilevato fratture. A parte un paio di contusioni e qualche taglio causato dalla corda sulle dita della mano destra, stava benissimo.

In cucina la aspettavano tutti in silenzio. Maël e Solenn, Pierrick, Rozenn, Coco e Gwen e, con grande sorpresa di Sylvia, anche Marie-France Bresson. L'avvocato stringeva tra le mani una delle tazze di terracotta fatte da Rozenn come se non avesse mai visto niente di simile in vita sua.

Quando varcò la soglia, tutti la fissarono con gli occhi spalancati.

«Chloé se n'è andata» annunciò Sylvia, crollando esausta sulla sedia libera tra Maël e Pierrick.

«Sì» ringhiò Solenn, versando caffè e latte caldo nella sua tazza. «È scappata con quell'inglese.»

«Cosa?» Maël non credeva alle sue orecchie.

«A continuare la festa sulla terraferma» cinguettò Coco, scimmiottando la voce di Chloé.

«Noah dice che ha fatto le valigie» aggiunse Sylvia, soffiando sul suo caffellatte.

«Abbandona suo figlio come se nulla fosse» intervenne l'avvocato. «È una grave violazione del dovere di sorveglianza. Dovrebbe essere sufficiente per contestarle l'affidamento.»

Pierrick tirò indietro la sedia di scatto e mise un braccio intorno alle spalle di Sylvia. «Non fate che parlare di quella stupida ragazzina» brontolò. «Da quando ha messo piede in questa casa non si sente altro. Nessuno ha niente da dire sulla nostra Sylvie? Dopo quello che ha passato ieri notte, mentre eravamo tutti a letto a dormire?» Pierrick le diede una goffa pacca sulla schiena, e Sylvia realizzò esterrefatta che aveva gli occhi pieni di lacrime.

L'anziano fece per alzarsi, ma lei lo trattenne. «Mi dispiace per la *Nimue*» disse, mortificata. «Suppongo che non sia recuperabile...»

«Ma che dici?» ribatté lui, costernato. «Non me ne importa un fico secco della barca. Deve essere stato un inferno là fuori!» Cercò le parole a fatica. Poi si voltò verso gli altri. «Forse voi non avete idea di cosa significhi finire in un mare a croce con un temporale come quello di ieri sera, ma io sì. È un miracolo, *ma fille*, che tu sia ancora tra noi!» Gli tremavano le labbra.

Sylvia gli strinse un braccio intorno alla vita. «È grazie a tutto quello che mi hai insegnato» disse con affetto.

«È colpa mia» continuò lui, con voce incrinata. «Mi avevi detto di restare con lui. Ma il vecchio Pierrick lo ha piantato in asso. E per di più stavo dormendo come un sasso, mentre tu...» Si alzò e uscì dalla cucina.

Gli altri tacquero imbarazzati.

«Non deve prendersela con se stesso» disse Sylvia. «Non è stata colpa sua.»

«Ma ha ragione» disse Maël, prendendole la mano. «Sei stata incredibilmente coraggiosa, Sylvie. E anche io non mi perdono di non essere stato lì ad aiutarti.»

«Perché non ci hai svegliati?» le chiese Solenn. «Senza nulla togliere a te, Sylvie, ma sarebbe potuta finire male.»

«Lo so» ammise lei, abbassando un attimo le palpebre. «Sarebbe stato più ragionevole e, credimi, me ne sono pentita là fuori. Ma quando ho visto la scimmia di peluche di Noah sul molo ho capito che non c'era un attimo da perdere.»

«Hai trovato la scimmia? Dov'è?»

Noah era in piedi sulla soglia, con i capelli arruffati e le guance arrossate dal sonno. Adesso sembrava di nuovo un bambino, non adulto e controllato come poco prima. Girò intorno al tavolo e si sedette vicino a Sylvia.

«Il tuo peluche?» chiese lei, confusa. «Dobbiamo andare a cercarlo. Forse l'ho portato sulla barca, oppure è ancora sul pontile. Mi dispiace, me ne sono completamente dimenticata. Ma che ci fai già sveglio?»

«Ho fatto un brutto sogno» rispose con un filo di voce, guardando con circospezione gli altri presenti a tavola.

«Sai una cosa?» propose Sylvia, alzandosi. «Anche io sono stanchissima. Vuoi venire con me a casa mia? Così ci riposiamo tutti e due.»

Con sua sorpresa Noah annuì e le prese la mano. Permise persino a Maël di andare a prendere la coperta di lana e accompagnarli in macchina fino al *Ti Bag*. Una volta arrivati Noah si distese sul divano davanti al camino senza protestare.

Quando Sylvia prese posto sulla sedia a dondolo vicino a lui e si sistemò una coperta sulle ginocchia, la fissò con gli occhi sgranati.

«Hai rischiato di morire» le disse.

«Sì. E anche tu.»

Noah fissò le fiamme nel caminetto. «È vero, però... sono io che ho deciso di andare là fuori.»

«Anche io, Noah» gli assicurò Sylvia. «È stata una mia libera scelta.»

Noah non sembrava convinto. La scrutò di nuovo con sguardo attento. «Come hai fatto ad accorgerti che...» Tossì. Evidentemente era raffreddato, ma non era una sorpresa visto come avevano trascorso la nottata.

Sylvia aspettò che la tosse si placasse. «Mi sono svegliata all'improvviso con la sensazione che qualcuno mi stesse chiamando» spiegò.

Noah alzò lo sguardo di scatto. «Impossibile.»

«Invece è andata proprio così» ribatté Sylvia. «Sono uscita e ho visto la barca di Pierrick in mare. E quando ho trovato la scimmia ho capito che l'avevi presa tu.»

Sylvia sbadigliò e chiuse gli occhi. Il fuoco nel camino e il dolce dondolio della sedia conciliavano il sonno. Percepiva ancora l'inquietudine di Noah, di tanto in tanto lo sentiva muovere le gambe e tossire. Aveva l'impressione che il bambino stesse rimuginando su quello che gli aveva detto. Poi cadde in un sonno profondo e, per fortuna, senza sogni. E visto che Maël si assicurò che nessuno li disturbasse, dormirono entrambi fino al pomeriggio, quando Veronika, Laurent e la piccola si prepararono a ripartire.

Nel frattempo Noah aveva iniziato a scottare. Aveva la febbre alta, e Maël gli portò dell'acqua calda con il limone e un tè alle erbe. Quando si fece sera, Sylvia trasformò il divano in un letto vero e proprio, caldo e accogliente.

«Sei comodo?» chiese, rimboccandogli le coperte. Lui fece sì con la testa.

«Mamma è tornata?»

Sylvia scosse la testa. Erano rimasti d'accordo che Solenn li avrebbe informati se Chloé fosse rispuntata. Ma per ora non si era fatta vedere.

«No. Ma ci siamo qui noi, non andiamo via.»

«Promesso?»

«Promesso.» Gli diede un bacio sulla fronte. «Dormi bene,

Noah. Se hai bisogno di qualcosa sai dove trovarci. La porta della nostra stanza è aperta. Preferisci che ti lasci accesa quella lampada?»

Il bambino annuì e chiuse gli occhi obbediente.

Sylvia si era fatta una lunga doccia e si era appena messa a letto, felice di potersi finalmente rilassare, quando sentì la porta della stanza aprirsi piano. Piedini scalzi si avvicinarono rapidamente al letto. Sentì il respiro di Noah a un palmo da lei.

«Che succede?» chiese.

«Non riesco a dormire. Posso stare qui con voi?»

Sylvia sollevò la coperta e lo fece salire sul letto. Il piccolo si infilò in mezzo a loro, e dopo poco si assopì.

All'improvviso Sylvia sentì la mano di Maël che la cercava a tastoni. Aveva allungato un braccio sul cuscino, sopra la testa di Noah, per sfiorarla. E, nonostante fosse distrutta, un attimo prima di addormentarsi percepì la gioia immensa emanata da ogni fibra del corpo di suo marito.

Quando Sylvia si risvegliò, il lunedì mattina, il caos dell'inaugurazione era passato. Gli operai di Quéméneur avevano smontato la pedana e Morgane aveva invaso l'isola con uno stuolo di studenti. Raccolsero tutta la spazzatura rimasta, smistandola in grossi sacchi neri.

Noah aveva una forte influenza e non si mosse dal letto.

«Allora Chloé non è ancora tornata?» chiese a Solenn mentre facevano colazione insieme.

La bretone si limitò ad alzare le spalle con aria di disapprovazione. «Io non l'ho vista. Puoi andare a controllare, se vuoi. Ah, Madame Bresson ha detto di chiamarla appena possibile, per la questione dell'affidamento.» Fece scivolare una *galette* dalla padella al piatto di Sylvia. «Davvero saresti felice se Maël lo ottenesse?» le chiese. «Voglio dire... per te Noah è pur sempre un estraneo.»

Sylvia la guardò sbalordita. «Certo che ne sarei felice. Noah non è più un estraneo da tempo, per quanto mi riguarda.» Spalmò un po' di miele sulla *galette* e mangiò di gusto. «Sai» disse dopo un po', «dalla brutta esperienza che abbiamo condiviso mi sono affezionata ancora di più a questo bambino. Voglio dire, c'è stato un momento in cui lui si stringeva a me e io a lui...» Tacque pensierosa. «Da allora è cambiato tutto. E anche per Noah, penso.» Solenn la guardò con un sorriso indecifrabile. «Che c'è?» chiese Sylvia in imbarazzo. «Perché mi guardi così? È tanto difficile da capire?»

La bretone scosse la testa e spazzò via con lo strofinaccio qualche briciola invisibile. «Niente affatto» rispose, e il suo sorriso si allargò. «A me e Lucie è successo lo stesso con Maël. Penso di capire cosa intendi.»

Chloé tornò quella sera. Sosteneva di non aver saputo niente del salvataggio in mare, ma era difficile da credere, visto che su tutta la costa non si parlava d'altro da due giorni. Verso le nove, quando Noah si era già addormentato, si presentò al *Ti Bag* pretendendo di vedere suo figlio.

«Noah sta dormendo» le disse Sylvia. «Torna domani.»

«Torna domani?» Chloé strinse le mani a pugno e la guardò con aria di sfida. «Come ti permetti? Sono sua madre!»

«Sì, e per due giorni lo hai abbandonato al suo destino» ribatté Sylvia. «È influenzato e ha bisogno di riposare. Non ho la minima intenzione di disturbarlo soltanto perché adesso ti è venuto il capriccio di vederlo.» Sbatté la porta in faccia a Chloé e la chiuse a chiave.

Un'ora dopo qualcuno bussò di nuovo, insistentemente. Stavolta andò Maël ad aprire, deciso a rimettere Chloé al suo posto. Sulla soglia c'era l'avvocato Millet.

«Mi dispiace» annunciò l'avvocato, evidentemente a disagio per la situazione. «Ma a nome della mia cliente devo insistere perché le lasciate vedere suo figlio.»

«Sono suo padre» rispose Maël. «È un fatto, lo ha stabilito il tribunale.»

«Ma non ha l'affidamento, signor Riwall» gli spiegò Millet. «Non può trattenere qui il bambino.»

Sylvia aveva sentito abbastanza. Raggiunse Maël. «Non lo stiamo trattenendo» sbottò. «È malato. E nel caso non lo abbia sentito, gli ho salvato la vita, mentre sua madre era sulla terraferma a fare la bella vita.»

Millet spostò il peso da un piede all'altro, sempre più a disagio. «Può essere» disse, e Sylvia si chiese come avesse potuto fidarsi di un personaggio simile. «Ma resta il fatto che...»

«Entri» lo interruppe Sylvia. «Entri e guardi con i suoi occhi. Ma faccia piano.» Si avviò a passo deciso verso la camera da letto, dove Noah dormiva pacifico. «Pensa davvero che lo stiamo tenendo prigioniero? È assurdo, signor Millet. Vuole per caso che lo svegliamo così può chiederglielo direttamente lei?»

L'avvocato batté in ritirata. «No, certo che no» balbettò. «Ma se posso darle un consiglio...»

«Non abbiamo bisogno dei suoi consigli» lo interruppe Sylvia. «Ha deciso lei di non essere più il nostro avvocato. Arrivederci, signor Millet.»

Quella sera stessa chiamò Marie-France Bresson per accelerare le cose. Il bambino aveva bisogno di certezze. Adesso che finalmente si fidava di loro non avrebbe lasciato che si allontanasse.

Il giorno dopo si sentiva abbastanza in forma da tornare in ufficio. Gwen le aveva ritagliato tutti gli articoli di giornale che parlavano in toni entusiastici delle novità sull'Isola delle Camelie. In più, Éric le aveva inoltrato il documentario che avevano girato durante l'inaugurazione. Con suo grande conforto Chloé non compariva nelle riprese. E nella sua intervista Maël appariva molto competente e sicuro di sé.

Sylvia tirò un sospiro di sollievo. Tutti i suoi sforzi erano stati ripagati. Negli articoli più seri veniva sottolineata la sua attenzione per l'ambiente e, da quello che le aveva raccontato Gwen, anche Kilian e gli altri membri delle organizzazioni ecologiste erano più che soddisfatti del loro operato. All'ora di pranzo era di ottimo umore. Andò al *Ti Bag* per controllare come stesse Noah, ma trovò il letto vuoto. Non c'era traccia di lui in tutta la casa.

Corse alla villa e salì al piano di sopra per parlare con Chloé. Bussò alla porta senza ottenere risposta. Quando alla fine la aprì il suo cuore smise di battere per un attimo. La stanza era stata abbandonata, e anche in quella adiacente non trovò traccia del bambino. Spalancò gli armadi: erano vuoti.

Chloé se n'era andata. E si era portata via Noah.

# 23

## Dichiarazione di guerra

Il giorno dopo arrivò una raccomandata di Millet con la quale l'avvocato intimava a Maël di trasferire su un conto indicato una quota fissata dal tribunale. Si trattava del mantenimento di Noah. L'intestataria del conto, naturalmente, era Chloé. Quando provarono a chiamarla per chiederle dove fosse andata non rispose.

«Adesso inizia la guerra» annunciò Marie-France Bresson al telefono, in tono quasi allegro.

Sylvia avvertì una stretta al cuore. Non voleva una guerra. Eppure non le restava altra scelta: bisognava «schierare la cavalleria», come aveva detto l'avvocato.

Sarebbe stato il momento di gioire per la riuscita dei loro progetti. E di festeggiare finalmente l'anniversario di matrimonio. Invece per Sylvia e Maël furono giorni difficili. L'avvocato Bresson tempestò Millet di raccomandate e diffide, depositò in tribunale la richiesta di affidamento e presentò a nome di Maël una querela contro Chloé Dufèvre – domicilio sconosciuto – per violazione degli obblighi di vigilanza e sottrazione di minore.

Maël si era ritirato di nuovo nel suo guscio, e comunicava a monosillabi. Sylvia percepiva la sua sofferenza. Noah aveva appena iniziato a fidarsi di lui, e un attimo dopo glielo avevano portato via.

Doveva ammettere che il bambino mancava anche a lei. Qualunque cosa facesse, non riusciva a smettere di pensare a lui e di chiedersi se stesse bene. E anche se non ne avevano parlato aveva l'impressione che per Maël fosse lo stesso. Persino Solenn, che non aveva mai fatto mistero di volere madre e figlio fuori dai piedi, sembrava abbattuta. Forse per questo l'atmosfera durante i pasti comuni non era più la stessa di sempre. Maël non parlava, e Coco non faceva altro che prendere in giro Gurvan. Pierrick soffriva a modo suo, d'altra parte era lui ad aver trascorso più tempo di tutti con il bambino.

«Non ha nemmeno preso la sua barca» disse a Sylvia un pomeriggio in cui lei era andata a trovarlo in officina, indicando il modellino di legno. «Guarda com'era diventata bella.»

Sylvia osservò la nave a due alberi con una stretta al cuore, ripensando a quando Noah l'aveva pregata di portarlo con lei a Parigi. Forse quel modellino lo aveva costruito per Alain.

Il pensiero continuava a tormentarla. Ovviamente chiedere ad Alain Dufèvre se Chloé fosse per caso tornata da lui era stata la prima mossa di Madame Bresson. Invece no, non era con lui. Eppure Sylvia sentiva il bisogno di parlargli. Forse sapeva comunque qualcosa. Così alla fine si decise a comporre il suo numero.

«Non sono da me, l'ho già detto all'avvocato» rispose Dufèvre, senza la minima traccia di gentilezza. «Io e Chloé parliamo soltanto tramite il mio legale.»

«Allora forse lui sa dove...?»

«*Écoutez, madame*» la interruppe, «non mi interessa minimamente dov'è andata a cacciarsi.»

Sylvia deglutì. Ma Alain non aveva idea di quanto potesse essere insistente e testarda. «E che mi dice di parenti e amici?»

chiese. «Qualcuno da cui sarebbe potuta andare?» Alain negò con decisione. «E i genitori?» lo incalzò Sylvia.

Non riusciva a credere che Chloé non avesse nessuno a cui chiedere ospitalità. Ma forse in quel caso non si sarebbe mai presentata da loro sull'isola.

«Lo escludo» rispose Alain. «Con sua madre non ha più rapporti da tempo. E suo padre... be', sa bene che andrebbe su tutte le furie per la storia di Noah...»

«E perché? Perché sarebbe uno scandalo?» indagò Sylvia con cautela. Ricordò che Chloé aveva definito suo padre un tipo «molto conservatore».

«Uno scandalo stiamo cercando di evitarlo» rispose risentito Alain Dufèvre. «Il fatto è che mia suocera ha fatto una cosa simile a suo marito. Anche Chloé non è la figlia naturale di suo padre. Quando la cosa venne fuori lui le chiese il divorzio. E lei fu costretta a lasciare il Paese. O almeno così mi hanno raccontato. È stato tanto tempo fa.»

Sylvia ascoltava esterrefatta. Adesso il comportamento di Chloé aveva finalmente senso. Forse per questo aveva reagito in quel modo quando aveva scoperto che avrebbe avuto contro l'avvocato che aveva rappresentato suo padre. «Ma non ha ripudiato Chloé, vero?»

Nonostante la distanza, le sembrò di percepire che sulla conversazione fosse calato il gelo.

«A differenza mia, vuole dire?» Alain sembrava indignato, e Sylvia tacque. «No» continuò lui dopo un momento. «Non lo ha fatto. E le ha pagato uno dei migliori collegi di Francia e un matrimonio da sogno. Se venisse a sapere che Chloé ha fatto passare per mio il figlio di un altro, però, non potrebbe mai perdonarglielo.»

«E perché non glielo ha detto lei?» chiese Sylvia incuriosita, anche se temette subito di avere esagerato. Alain le aveva già rivelato molto più di quanto sperava di ottenere. «Mi sembra il modo migliore per vendicarsi di lei» aggiunse poi, e con sua sorpresa sentì una risata priva di gioia rimbombare all'altro capo della linea.

«Se volessi suicidarmi socialmente potrei farlo, immagino» rispose Alain Dufèvre. «Ma non ne ho alcuna intenzione. Non mi interessa la vendetta. Voglio soltanto un divorzio pulito. Sono un personaggio pubblico. Sarebbe inopportuno farmi guidare dalle emozioni. E adesso, se vuole scusarmi, non vedo come possa aiutarla.»

«Non è preoccupato per Noah?» lo interruppe Sylvia. «Davvero non le interessa sapere dov'è?»

«Lo sta già cercando lei» rispose lui, sarcastico. «La cosa mi rassicura.»

In quel periodo difficile, comunque, la vita continuò a scorrere come sempre: gli affari andavano alla grande, sull'isola sbarcavano sempre più turisti e Aaltje aveva annunciato la sua imminente visita. Solenn accolse la notizia ristrutturando completamente la camera degli ospiti, invece di limitarsi a tirarla a lucido. Con l'aiuto di Rozenn e Pierrick spostò i mobili al centro della stanza, dipinse una parete di un caldo color terracotta e l'altra in lavanda. Poi cambiò la disposizione degli arredi e andò con la sorella a Quimper a cercare nuove tende, tappeti e biancheria per il letto. Sylvia immaginò che Solenn stesse cercando di cancellare gli ultimi ricordi di Chloé e Noah, ma non le sfuggì quanto fosse contenta dell'ormai prossimo arrivo dell'olandese.

«Sto pensando di fare un passo indietro, lavorare meno» annunciò la bretone una mattina, in ufficio.

Gwen alzò la testa di scatto, sorpresa, poi la riabbassò e si concentrò sui documenti che aveva davanti.

«Lo capisco» rispose Sylvia, dopo un attimo. Se lo aspettava, da un certo punto di vista, ma sapeva che Solenn sarebbe stata impossibile da sostituire. E che l'Isola delle Camelie non sarebbe più stata la stessa se la sua amica avesse deciso di ritirarsi del tutto. Ma sperava che quel momento fosse ancora lontano. O si sbagliava? «Vuoi che assumiamo qualcuno? Cosa preferisci delegare?»

«Ho sentito che Elise sta cercando lavoro» rispose Solenn. Sylvia la guardò perplessa. «Ha insegnato per anni economia domestica e ha diretto un collegio vicino a Saint-Malo. La conosco dai tempi del mio corso di botanica laggiù, Elise è la figlia di una delle mie colleghe di allora. È la persona giusta per noi.»

Sylvia deglutì. Evidentemente l'amica aveva riflettuto sulla cosa più di quanto avesse dato a vedere.

«E sa già come funziona la vita sull'isola?» indagò.

«Sì» rispose Solenn. «È venuta a trovarci un paio di volte. L'ultima... fammi pensare... Quando è stato, Gwen?»

«Sarà stato cinque anni fa» rispose l'assistente.

«È venuta spesso qui in vacanza» aggiunse Solenn. «Negli ultimi anni, però, è dovuta tornare da sua madre. Nicole era molto malata, e purtroppo adesso è morta.» Guardò assorta fuori dalla finestra. «Aveva solo sei anni più di me» continuò, guardando Sylvia negli occhi. «Mi ha fatto riflettere. Forse devo iniziare a pensare alla mia vita. Cioè, a quello che mi resta.»

«Tu vivrai fino a cent'anni» disse Sylvia convinta.

Solenn rise. «Non so se mi piacerebbe diventare decrepita, sai? E poi davvero, Sylvie, vorresti prenderti cura di me per così tanti anni?»

«Ma sei in gran forma!» ribatté Sylvia con studiata allegria.

Quel discorso stava prendendo una piega tutt'altro che lieta. «Non voglio pensarci, Solenn» ammise. «O c'è un motivo concreto per farlo?»

All'improvviso fu colta dal terrore che Solenn fosse malata e avesse tenuto nascosta la cosa a tutti.

«No, no» la rassicurò l'amica. «Sto benissimo. Sono soltanto... pensieri. Credo di aver diritto a farmi delle domande. E a cercare risposte.»

Sylvia annuì, sollevata. Certo, Solenn poteva fare della sua vita quello che voleva.

«E... questa Elise sarebbe disponibile?» chiese.

L'altra annuì. «Mi ha scritto qualche settimana fa che sarebbe felice di cambiare lavoro.»

«Quando potrebbe iniziare?»

Solenn spostò il peso sulla sedia. «Arriva domani.» Lanciò un'occhiata imbarazzata a Sylvia e poi tornò a guardare fuori dalla finestra. Probabilmente si sentiva in colpa: di solito prendevano quel genere di decisioni insieme. «Come ti stavo dicendo» provò a spiegarsi, «mi aveva scritto qualche tempo fa, ma con tutto il caos che c'è stato mi è sfuggito di mente.» Si schiarì la gola. «Sai» continuò a disagio, come se non sapesse bene cosa dire, «ci sono stati giorni in cui non avevo proprio più voglia. Da quando Chloé si è piazzata qui come una zecca è cambiato tutto. Non lo so spiegare, non mi sembrava più la mia isola, mi sentivo un'estranea in casa mia. Adesso lei se n'è andata, ma...» Si guardò le mani con aria riflessiva. «A un certo punto arriva il momento di smettere, Sylvie.»

Sylvia annuì. Si sentiva franare la terra sotto i piedi. Tutto stava andando in pezzi. Maël era depresso da quando suo figlio era sparito. E adesso Solenn voleva smettere di lavorare? «Allora vuoi proprio andare in pensione?»

Solenn la guardò con un sorriso. «Dovrete sopportarmi ancora per un po', temo. Ma non voglio più essere responsabile della gestione domestica. Voglio essere libera di potermi allontanare per qualche giorno, se mi va. Il vivaio funziona benissimo anche senza di me. E vorrei che in futuro sia lo stesso pure per il Jardin aux Camélias. Ma ovviamente sarò sempre qui, se avrete bisogno di me.»

Sylvia annuì, sforzandosi di mandare giù il groppo che le si era formato in gola. «Ne hai già parlato con Maël?»

Solenn scosse la testa. «Volevo dirlo prima a te.» Le posò la mano sulla spalla. «E ovviamente sei tu ad avere l'ultima parola, Sylvie. Se Elise non ti piace cercheremo un'altra persona.»

Il giorno dopo insieme a Elise, una simpatica e ossuta quarantenne con allegri occhi azzurri che le ammorbidivano i tratti duri del viso, sbarcò sull'isola una raccomandata dalla Gran Bretagna indirizzata a Sylvia. Era del signor Brown, il rappresentante legale di sir James Ashton-Davenport. Dopo averla letta si sentì svenire.

«Che succede?» chiese Gwen allarmata, vedendola impallidire di colpo.

«Scrive che c'è un secondo esemplare della Sylviana» rispose Sylvia, senza smettere di fissare la raccomandata.

Era impossibile. Sir James stava bluffando? Il contratto stabiliva che nessun altro esemplare potesse essere messo sul mercato, e che in caso contrario i venditori avrebbero dovuto pagare una penale pari al doppio del prezzo di vendita. Come poteva essere successo?

«E da dove sarebbe spuntata?» esclamò Gwen, indignata. «È una pianta unica al mondo. I soli esemplari esistenti sono qui sull'isola!»

Sylvia balzò in piedi, stringendo in mano la raccomandata. Un pensiero spaventoso le aveva appena attraversato la mente. Gwen aveva ragione. Non c'erano altri esemplari della Sylviana al mondo. A meno che...

Si avviò verso la macchina con le ginocchia che la sorreggevano a malapena. Il sangue le rombava nelle orecchie mentre guidava verso il vivaio. *Allora gliela porterò via, la sua isola*, le sembrava di sentire la voce di sir James riecheggiare nella sua mente. *Le porterò via tutto ciò a cui tiene. E alla fine sarà felice di accettare la mia offerta...*

Raggiunto il vivaio parcheggiò direttamente fuori dall'edificio che ospitava il laboratorio di Maël. Spense il motore e cercò di calmarsi. Le mani le tremavano così forte che fu costretta a posarle sul volante e a respirare a fondo un paio di volte. Nella serra accanto a lei intravide la sagoma di Gurvan, intento a spiegare qualcosa a Iven.

*Se le mie paure sono fondate per noi è finita*, pensò mentre scendeva dalla macchina. Gurvan le lanciò un'occhiata fugace e la salutò con un cenno del capo, prima di tornare a rivolgersi a Iven.

«Non può essere» mormorò rivolta a se stessa, entrando nel regno di Maël.

Il viso di lui si illuminò quando la vide. «Guarda» le disse. «Se tutto va bene l'anno prossimo potremo mettere sul mercato un nuovo innesto. Sto lavorando a questa camelia da quattro anni. Che ne pensi, ti piace? È particolare, vero?»

I petali rosso scuro erano punteggiati di un arancione luminoso. Sembrava quasi che un pittore avesse scosso il suo pennello sprigionando una pioggia di gocce colorate. Era stupenda. Ma in quel momento Sylvia non era proprio in vena di soffermarsi ad ammirare tanta bellezza.

«Leggi, per favore» disse, allungandogli il testo della raccomandata.

«Cos'è?» chiese Maël, grattandosi la punta del naso e prendendo il foglio. Mentre scorreva il documento sgranò gli occhi. «È impossibile» esclamò. «Da dove è spuntata fuori?»

«Andiamo a vedere» propose Sylvia. Maël non capì a cosa si riferisse. «Gli unici esemplari di Sylviana al mondo sono qui sull'isola, giusto?» Lui annuì. «Allora andiamo subito a vedere se ci sono ancora tutti. Dove sono, a proposito? L'ultima volta che li ho visti io, Gurvan li aveva spostati nella seconda serra. Secondo lui c'era più luce.»

«Non può essere» ribatté Maël, prendendo il suo mazzo di chiavi dal cassetto. «Sono chiusi al sicuro, come sempre.»

«Spero che tu abbia ragione» mormorò Sylvia.

Uscirono insieme dal laboratorio e si avviarono verso la più vecchia delle serre dell'Isola delle Camelie. A Sylvia non era mai sembrato che ci volesse tanto tempo per aprire tutte le serrature. Alla fine entrarono nello spazio con le pareti di vetro che fino alla primavera precedente aveva ospitato il meraviglioso albero della Sylviana. Sul tavolo al centro della stanza ora c'erano quattro piante. Erano cresciute dall'ultima volta che Sylvia le aveva viste, ormai superavano i sessanta centimetri. Presentavano tutte il delicato fogliame tipico della Sylviana, ma nessuna era ancora fiorita.

«Erano cinque, vero?»

Sylvia aveva la gola riarsa. Si ricordò che la volta precedente, quando Gurvan gliele aveva mostrate, una delle piante aveva un minuscolo bocciolo.

Maël sembrava confuso. Si guardò intorno. Poi andò alla porta e chiamò i giardinieri. No, non era un richiamo, era più un ruggito. Sylvia non lo aveva mai visto così.

Coco fu la prima a raggiungerli. «Che succede, *patron*?» chiese, terrorizzata.

Maël indicò il tavolo con le quattro camelie. «Dov'è l'altra?» domandò.

Proprio in quel momento Gurvan entrò nella serra. Sembrò capire la situazione alla prima occhiata. Sylvia ebbe l'impressione che volesse dire qualcosa e stesse cercando le parole giuste. Decise di aiutarlo.

«Per favore, dicci dov'è» lo pregò, sperando con tutta se stessa che avesse una risposta plausibile, che l'avesse spostata altrove per chissà quale motivo.

Il giardiniere scosse la testa, sollevò entrambe le mani e fece un gesto come per invitarli alla calma. «Non è come pensate» rispose, impacciato. «Non c'era una quinta Sylviana...»

Non riuscì a dire nient'altro, perché Maël lo aveva afferrato per il bavero della giacca da lavoro. «Non mentire!» gridò. «Certo che sì, erano cinque!»

«L'ha data a Chloé» disse Coco furiosa. «Dillo, traditore.»

«Sì» balbettò lui provando a divincolarsi, «ma...»

Maël iniziò a scuoterlo. «L'hai data a lei, veramente?»

«Maël...» intervenne Sylvia. «Per favore, calmati!»

Ma lui non la stava ascoltando.

«Sì, dannazione!» Adesso Gurvan stava gridando. «La voleva a tutti i costi e...»

«Non capisco...» gemette Coco.

«Hai idea di cosa significhi?» ringhiò Maël. Lasciò andare il giardiniere così all'improvviso che lui barcollò e per poco non cadde. «Guarda!» Maël sventolò la lettera a un millimetro dal naso di Gurvan. «Ha dato la pianta a questo inglese, Ashton-Davenport. Ci hai rovinati.»

«Ma non è...»

«*Ta gueule!*» lo zittì Coco, furiosa. «Pensavi veramente che si interessasse a te? Sì? Credevi di avere una possibilità con una come lei?» Sputò ai piedi di Gurvan. «Non hai un briciolo di onore» sibilò.

Gurvan era avvampato. Sylvia sapeva che il peggior affronto che si potesse fare a un bretone era mettere in dubbio la sua dignità. Il giardiniere spostò lo sguardo, terrorizzato, da Coco a Maël e poi a lei. Aprì la bocca per dire qualcosa, ma poi cambiò idea. «Anche tu pensi lo stesso di me, capo?» chiese con voce lugubre.

Maël si era girato di spalle. Sylvia lesse la delusione sul suo viso. Si era fidato di Gurvan. Lo aveva trattato come il suo braccio destro.

«Sparisci!» disse in un soffio. «Sei licenziato. Restituisci le chiavi a Solenn e non farti più vedere.»

Gurvan si guardò intorno spaesato. Poi la sua espressione si indurì. Annuì, girò sui tacchi e uscì dalla serra.

# 24

## Cambiamenti

«Dobbiamo prendere tempo» suggerì Marie-France Bresson, appoggiandosi allo schienale della poltrona. «Chiediamo una perizia. E poi una legge. Contestiamo, obiettiamo, sfruttiamo tutta la gamma di cavilli previsti dalla giurisprudenza, e non sono pochi. Senza contare che la controparte deve ancora dimostrare di essere in possesso della stessa varietà di camelia.» Sfogliò il voluminoso contratto di vendita. «Ma, detto tra noi, era veramente necessario inserire una clausola così insidiosa?» chiese, scrutando Sylvia sopra la montatura dei suoi occhiali da lettura.

«Non ci sembrava così pericolosa» sospirò lei.

Avrebbero dovuto distruggere tutti gli altri esemplari. Perché era stata tanto sentimentale?

«Comunque sia» continuò l'avvocato, «sir Ashton-Davenport non la spunterà. Se ricordo bene dovrebbe esserci una sentenza su un caso simile... mi ci faccia pensare con calma.» Arrivò alle ultime pagine del contratto. «Il foro competente è in Francia. Almeno questo.»

«A cosa serve temporeggiare?» chiese Sylvia, abbattuta. «Se sir James è in possesso della camelia che è stata sottratta dalle nostre serre, allora è una Sylviana. Non c'è niente da fare.»

Marie-France Bresson le rivolse un sorriso indulgente. «Cerchiamo di non arrivare alle conclusioni troppo in fretta. Per il momento il fatto che Chloé gli abbia dato la pianta è solo una supposizione, no?» Sylvia annuì. «Fatti» dichiarò l'avvocato, chiudendo il contratto. «Prove. È questo che conta in tribunale. Secondo lei come si potrebbe stabilire al di fuori di ogni dubbio se si tratta della varietà in questione o di una qualunque altra camelia?»

«Maël dice che l'unico modo per stabilirlo con certezza è confrontare i fiori» rispose Sylvia. «Le foglie hanno una forma insolita, sono più lunghe e sottili delle varietà più diffuse di camelia, ma non basta per affermare che si tratta di una Sylviana.»

Marie-France Bresson annuì e mise giù la matita con cui aveva preso appunti. «Allora richiederemo che la camelia in questione venga acquisita dal pubblico ministero francese come prova.» L'avvocato si interruppe. «Le camelie fioriscono in inverno, giusto?»

«Sì, e la Sylviana peraltro fiorisce più tardi rispetto alle altre» precisò Sylvia.

«Bene» commentò l'avvocato, annotandoselo. «Quindi manca ancora un po' di tempo. E poi la controparte deve spiegare come ne è entrata in possesso. Il contratto dice che nessuna pianta della stessa varietà deve essere messa sul mercato. Se è vero che un vostro dipendente l'ha data a Madame Dufèvre, questa circostanza non si sarebbe verificata, non trova? A meno che ovviamente non l'abbia venduta lei all'inglese, il che è possibile ma poco probabile.»

«Non lo so» rispose Sylvia. Eppure un minuscolo seme di speranza germogliò dentro di lei. Forse la situazione non era tanto disperata come pensava...

«Ritiene possibile» proseguì l'avvocato, «che qualcuno abbia ottenuto lo stesso risultato di suo marito sperimentando con gli innesti? Voglio dire, che la stessa varietà sia stata prodotta in un altro vivaio?»

Sylvia alzò le spalle. «Non penso, ma per sicurezza chiederò a mio marito.»

«Mi faccia sapere» si raccomandò la Bresson, alzandosi. «Torna a casa oggi stesso?» chiese, accompagnandola alla porta.

«No, ho un altro appuntamento al ministero dell'Ambiente, quindi passerò la notte a Parigi.»

L'avvocato la guardò pensierosa, con la mano già sulla maniglia. «Ho un'altra domanda. Quale pensa che sia il vero scopo di quest'uomo? Insomma, perché si dà così tanta pena per infastidirla?»

«È una storia lunga» rispose Sylvia con un sospiro.

Marie-France Bresson assunse l'espressione di un rapace che ha puntato la sua preda. «Adoro le storie. E qualcosa mi dice che questa devo ascoltarla assolutamente. Ha già impegni per cena? Posso invitarla?»

«Con piacere» rispose Sylvia.

«Facciamo alle otto?»

Il piccolo ristorante in cui le aveva dato appuntamento Marie-France era così poco appariscente che sulle prime Sylvia pensò di aver sbagliato indirizzo. Nemmeno l'angolo bar lasciava ben sperare sulla qualità del cibo. Quando riferì il suo nome al cameriere, però, fu accompagnata nella stanza attigua, dove l'atmosfera era molto diversa: la sala, illuminata da due antichi lampadari di cristallo che si riflettevano sulle pareti a specchio, ospitava soltanto cinque tavoli, apparecchiati con tovaglie di damasco bianco, bicchieri di cristallo e posate d'argento. L'elegante *mise en place* era completata da un vaso sottile da cui spuntava una singola rosa bianca.

La legale non si fece attendere a lungo. Ordinarono un *poulet provençale* e continuarono con una selezione di formaggi. Sylvia raccontò le sue vicissitudini con sir James, e Marie-France la ascoltò rapita, senza interromperla nemmeno una volta.

Quando ebbe finito, l'avvocato ordinò un digestivo alle erbe per entrambe. «Adesso mi è tutto chiaro» disse, una volta arrivati i bicchieri, il cui contenuto emanava un aroma vagamente dolciastro.

Sylvia la fissò perplessa. «Cosa le è chiaro? Perché sir James mi odia tanto?»

Marie-France sfoggiò di nuovo il suo sorriso indulgente. «Non la odia affatto. È questo il problema.» Sylvia la guardò confusa. «Glielo ha anche detto, no?» continuò la legale. «È innamorato di lei e sta cercando di conquistarla con ogni mezzo.»

«Ma no» obiettò Sylvia decisa. «La sua è soltanto una fissazione. È un uomo influente, che è convinto di poter ottenere tutto quello che vuole. Non è amore!»

«Be', forse non secondo lei. Ma potrebbe essere il suo modo di amare. E quindi deduco che non le interessi diventare lady Ashton-Davenport?»

«No!»

Una signora anziana al tavolo vicino al loro si girò a guardare Sylvia. Evidentemente la risposta le era sfuggita a un volume più alto del previsto.

Marie-France Bresson ridacchiò tra sé. «Certo, lei è innamorata di suo marito, *n'est-ce pas*? E allora combatteremo.»

L'avvocato prese il suo bicchiere e fissò assorta il liquido verde. «Non siamo messi male» disse. «Al contrario. Credo che siamo in chiaro vantaggio.»

«Veramente?» chiese Sylvia scettica. «O me lo dice soltanto per tranquillizzarmi?»

«Sir James è in balia dei suoi sentimenti» spiegò l'avvocato, serafica, sorseggiando il suo liquore. «Prima o poi commetterà un errore, e a quel punto...» enfatizzò l'affermazione con un gesto della mano, come se stesse afferrando una mosca, «lo avremo in pugno.»

Sylvia non era molto convinta, ma la Bresson sembrava piuttosto compiaciuta mentre chiedeva il conto.

«È vero che lei ha...» chiese Sylvia dopo un attimo di esitazione, «non so bene come esprimere il concetto... ha causato la disfatta sociale della madre di Chloé?»

Il cameriere posò sulla tavola il piccolo astuccio di pelle con lo scontrino e si allontanò subito. Marie-France Bresson estrasse con tutta calma la carta di credito dal portafogli e la infilò all'interno senza nemmeno guardarlo. Poi fissò Sylvia con un misto di candore e divertimento. «Quanto alla vicenda dei genitori di Chloè... ho solo fatto in modo che il mio cliente ottenesse il meglio. E farò lo stesso anche per lei.»

*È un bene non averla come avversaria*, si disse Sylvia.

«Non si preoccupi» le disse l'avvocato. «Ho avuto a che fare con ossi più duri di questo Ashton-Davenport. Non avrà la sua isola. E men che meno lei.»

«Com'è andata?» si informò Maël, dopo averla accolta con un abbraccio. Per la gioia di Sylvia era andato a prenderla in aeroporto. Visto lo stato di abbattimento in cui era sprofondato da quando Noah era scomparso, quel gesto era un piccolo miracolo.

«Secondo Marie-France non dobbiamo preoccuparci» gli spiegò, sollevata.

Durante il viaggio gli raccontò nel dettaglio la sua conversazione con l'avvocato. Omise però l'analisi della donna sulle motivazioni di sir James, dal momento che non aveva detto niente a suo marito dell'assurda proposta dell'inglese il giorno dell'inaugurazione. Non voleva farlo agitare inutilmente, soprattutto adesso che era già così in pena per Noah.

Per questo fu ancora più sorpresa di sentirgli dire: «Probabilmente in realtà sir James vuole soltanto te. Non mi stupirebbe se ti proponesse qualcosa del tipo: lascerò cadere tutte le accuse se molli tuo marito per me».

Sylvia era scioccata. «Come... come ti viene in mente?» gli chiese.

Lui le lanciò una rapida occhiata e sorrise. «Ah, allora è già successo! In che occasione? Quando sei arrivata al vivaio insieme a lui il giorno dell'inaugurazione?»

Sylvia annuì imbarazzata. «Non volevo che ti... mi sembra ancora tutto così ridicolo.»

Maël la guardò con affetto, ma serio. «E perché mai? Sei una donna meravigliosa, sei intelligente, hai un cuore enorme... se dovessi mettermi a elencare le tue qualità potrei andare avanti per tutto il viaggio.»

«Dai, smettila» lo interruppe lei. Era arrossita per l'imbarazzo. «Te l'avevo già detto a Madeira» continuò lui. «Ti ricordi? L'ultima sera, mentre tornavamo in albergo.»

«Mi avevi detto cosa?»

«Che gli piacevi. O almeno quella era stata la mia impressione. E che non aveva affatto apprezzato la novità di vederti sposata con me.» Maël sorpassò un camion e tornò sulla corsia di destra. «La sua rinuncia all'isola probabilmente era soltanto una mossa tattica per ottenere qualcos'altro. Ovvero te.»

Sylvia avrebbe voluto controbattere, ma non trovò argomenti plausibili. «Lo ha detto anche Marie-France» borbottò alla fine con un filo di voce. «O qualcosa di simile. Ma non so se crederci. Mi sembra che si sia consolato in fretta con Chloé, no? La sera in cui Noah è quasi annegato.»

«Non significa niente» ribatté Maël.

Di punto in bianco si mise a piovere, nonostante continuasse a splendere il sole. Sylvia osservò estasiata l'arcobaleno che si era appena formato davanti a loro. «Forse sono ancora insieme» disse, pensierosa.

Maël scosse la testa. «Non credo.»

Sylvia non era convinta. Visti i suoi trascorsi con Chloé, era naturale che Maël avesse una pessima opinione di lei. Eppure era una donna molto attraente ed estremamente a suo agio nell'alta società. Sylvia riusciva a immaginarsela benissimo al fianco dell'inglese. E ammesso che quest'ultimo stesse pianificando di continuare a renderle la vita difficile, non avrebbe potuto scegliere alleata migliore. In fondo Chloé aveva Noah, il figlio di Maël.

Quando vi giunsero, la casa di Solenn risuonava di risate chiassose. Aaltje era arrivata il giorno prima, portando con sé un'ondata di buonumore. Era felice come una bambina di essere tornata sull'isola, e dopo essersi tanto preoccupata di trovarla eccessivamente diversa sembrava sollevata.

«È tutto fantastico» si complimentò con Sylvia. «E mi ha fatto particolarmente piacere vedere che hai trovato il posto perfetto per il ritratto di Lucie. Questa era casa sua. Doveva tornare qui.»

In più, la sua visita stava facendo molto bene a Solenn. La bretone sembrava trasformata: rilassata e piena di voglia di fare, e anche sollevata di non doversi più occupare del Jardin aux Camélias.

Nel frattempo Elise aveva già preso le redini della casa e del giardino senza grandi problemi. Coco aveva osservato che non cucinava bene come Solenn, ma Sylvia lo prendeva più come un riconoscimento delle straordinarie doti culinarie della bretone che come una critica a Elise.

«Non farti sentire» le disse allegro Pierrick. «Altrimenti ti mette i trucioli nel piatto. Lo ha già fatto una volta...»

«Ma no, che dici?»

«Sì, quando ha sostituito Solenn per qualche giorno anni fa, non ti ricordi?»

«Stai scherzando, non lo ha fatto!»

«Ma se ti dico di sì!»

I due battibeccarono ancora un po' e scoppiarono a ridere, e anche se nessuno aveva più pronunciato il suo nome da quando era andato via, a Sylvia non sfuggì che sentivano tutti la mancanza di Gurvan, soprattutto Coco.

Anche Gwen era particolarmente abbattuta, tanto che la mattina dopo il suo ritorno da Parigi Sylvia le chiese di parlare.

«Non riesco a credere che Gurvan abbia fatto una cosa del genere» disse l'assistente, con gli occhi pieni di lacrime. «È un bravo ragazzo e si è sempre meritato la fiducia di Maël.»

Sylvia la abbracciò d'istinto. Si era affezionata tanto a lei nel corso degli anni. E poi Gwen era la zia di Gurvan, non riusciva nemmeno a immaginare come si potesse sentire.

«Lo so» la rassicurò. «Non volevo crederci nemmeno io, finché non è stato lui ad ammetterlo. Maël era furioso. Non ho potuto impedirgli di licenziarlo. Mi dispiace veramente tanto.»

Gwen si asciugò gli occhi con il fazzoletto di stoffa. «Ed è anche testardo!» esclamò tra i singhiozzi. «Pensi che sia riuscita a tirargli fuori qualcosa?»

«Temo che si sia semplicemente innamorato della donna sbagliata» provò a spiegare Sylvia. «Lo capisco, e mi dispiace per lui. Però al momento dobbiamo pensare a come salvare il vivaio.»

Gwen, di solito molto controllata, tirò di nuovo su con il naso, e Sylvia faticò a farla calmare. L'ultima cosa che voleva era che anche lei lasciasse l'isola. La perdita del giardiniere era già abbastanza grave.

Trovare un sostituto adeguato sarebbe stato un bel problema. Non erano tanti i giovani disposti a prendere in considerazione l'offerta di vivere su un'isola lontano da tutto e tutti. I giardinieri più bravi si sistemavano altrove. Sylvia aveva già pubblicato l'offerta su diverse riviste specializzate, ma non nutriva grandi speranze di rimpiazzare Gurvan con una persona adatta a loro nel giro di poco tempo.

Solenn invece aveva avuto ragione su Elise: era un'ottima risorsa per la gestione domestica. La sua devozione alla causa, nonostante fosse con loro da poco, era straordinaria. Consigliò di assumere due donne per la pulizia dei nuovi edifici, una soluzione alla quale Solenn si era sempre opposta strenuamente. Era solita nutrire un certo scetticismo per la «gente della terraferma», come chiamava i non isolani. Lei era abituata a sgobbare giorno e notte, ma adesso iniziava a rendersi conto che si poteva fare anche altrimenti. Odette e Amélie formavano un'ottima squadra e presero ad aiutare anche Sylvia nel *Ti Bag*, novità che le facilitò non poco la vita.

Elise andava molto d'accordo con Maylis, e quando i turisti che si riversavano a frotte sull'isola sentivano l'improvviso bisogno di uno spuntino di metà mattina a base di caffè e crêpe, si infilava il grembiule senza farselo chiedere due volte e si rimboccava le maniche. Alla fine, ripeteva di continuo senza perdere il sorriso, non era niente in confronto a dover avere a che fare con seicento studentesse e trenta insegnanti.

Ottobre fu un susseguirsi di giornate meravigliose inondate di luce tiepida e dorata. Solenn e Aaltje erano in viaggio lungo la costa per andare a trovare un'altra vecchia amica nei pressi di Bordeaux, una pittrice che aveva fatto parte del gruppo di artisti che si ritrovava regolarmente in Bretagna anni prima.

«Ha detto quando sarebbe tornata?» chiese Maël a sua moglie la sera dopo la partenza di Solenn. Sylvia era di nuovo rimasta in ufficio fino a tardi, e lui era passato a prenderla per tornare a casa insieme.

Madame Bresson le aveva inoltrato una lettera da parte del tribunale, e lei aveva appena finito di leggerla. Sir James alla fine si era fatto convincere a spedire la camelia a Parigi, in modo che si potesse verificare se si trattava effettivamente di una Sylviana. Con ogni probabilità però ci sarebbero volute ancora diverse settimane, se non mesi, prima che la pianta fiorisse.

«No» rispose, distratta. «Preferivano non fare programmi precisi.»

«Non capisco» commentò perplesso Maël. «Sembra che abbia perso interesse per l'Isola delle Camelie.»

«Ma non è così» provò a rassicurarlo Sylvia. «Voleva soltanto fare una cosa per se stessa, una buona volta.»

Maël la guardò come se avesse parlato in una lingua sconosciuta. «Ed è questa la cosa più strana» obiettò. «Per tutta la sua esistenza non ha mai voluto fare niente per sé. Quest'isola era la sua vita. Non le è mai interessato altro.»

Sylvia sistemò i fogli sulla scrivania. A quanto pareva non era il momento di parlare a Maël dei boccioli della Sylviana rubata. «Forse dovremmo essere felici che ci stia pian piano passando il testimone. Non sai quante volte ho dovuto letteralmente costringere dei capi d'azienda ad accettare il ricambio generazionale. E spiegare sempre che era la scelta più razionale e non minava affatto la loro dignità. Solenn ha soltanto capito che prima o poi il momento sarebbe arrivato lo stesso.»

«Ma è una follia» rispose Maël, accalorandosi. «Di cosa parli? Solenn è ancora giovane e attiva!»

«Su questo non c'è dubbio» ammise Sylvia. «Sai, appena qualche giorno fa era seduta proprio dove sei tu adesso e abbiamo avuto la stessa conversazione. Vorrei che avessi potuto ascoltarla.»

«Sì, anch'io» la interruppe Maël bruscamente. Per un po' rimasero in silenzio. Poi lui si passò una mano tra i capelli e sospirò. «Mi dispiace. Non è colpa tua, è che...»

Guardò fuori, verso il giardino. La luce bluastra del crepuscolo sfumava i contorni degli alberi e dei cespugli. Soltanto allora Sylvia rifletté su quanto dovesse essere difficile per lui accettare che il tempo stava passando anche per Solenn. E che un giorno avrebbe perso la sua seconda madre adottiva. Era evidente che il pensiero lo turbava molto.

Sylvia si alzò, fece il giro della scrivania e gli avvolse le braccia intorno alle spalle, posando la guancia contro la sua schiena. «Non essere triste» sussurrò. «Solenn resterà con noi ancora a lungo. Se adesso sente di aver bisogno di spazio dobbiamo concederglielo. Anche se prima non era così.»

Lui annuì senza dire una parola, posò le mani su quelle di lei, le strinse e continuò a scrutare fuori dalla finestra, come se al di là del vetro ci fosse un enigma da risolvere.

# 25

## Un grido d'aiuto

«Guarda qui» disse Gwen una mattina, allungando a Sylvia una lettera spiegazzata. «Dobbiamo essere diventati veramente famosi se basta questo per recapitarci la posta!»

A giudicare dalle sue condizioni, la busta doveva essere passata di mano in mano più di una volta. L'intestazione, in inchiostro blu già leggermente sbavato e scritta in una calligrafia infantile che Sylvia non riconobbe, diceva:

PER SYLVIE
ISOLA DELLE CAMELIE
FRANCIA

Nessun mittente. Stando al timbro postale, la lettera era stata spedita dalla Gran Bretagna più di un mese prima. Doveva aver vagato in lungo e in largo per la Francia prima di approdare da loro.

Sylvia tagliò la busta con la massima cautela, come se temesse di distruggere la speranza che stava pian piano affiorando in un angolo della sua mente se non l'avesse trattata con tutti i riguardi. Quando riuscì ad aprirla, ne estrasse un foglio A5 piegato a metà.

C'erano scritte soltanto poche righe:

*Cara Sylvie,*
*come stai? Spero bene.*
*Sono in Inghilterra, in un collegio. È terribile. Per favore, venite a prendermi.*

*Vi abbraccio,*
*Noah*

Seguiva l'indirizzo di una scuola nel sud del Regno Unito. Sylvia cercò subito il nome dell'istituto su internet. Si ritrovò davanti le foto di un edificio che le ricordava tanto Hogwarts, la scuola di magia di Harry Potter: una sala in stile tardo gotico con il soffitto a travi di legno e finestre con le vetrate colorate, bambini sorridenti in uniforme a lezione, alla partita di un qualche sport, in una serra, a un concerto. Retta: 18.000 sterline a trimestre. *Con l'aiuto dello straordinario personale della scuola i nostri studenti migliorano la loro disciplina e la sicurezza in se stessi*, lesse Sylvia, sbuffando.

«Non ci posso credere» mormorò. Prese la lettera e uscì di corsa dall'ufficio.

«Dobbiamo andarci subito» esclamò Maël senza un attimo di esitazione. «Gwen può prenotarci i voli? Finalmente sappiamo dov'è!» Maël si era già tolto il camice da laboratorio e aveva spento il microscopio con il quale stava analizzando la sezione di una pianta. «Cosa stai aspettando?»

«Pensi davvero che possiamo andare lì a prenderlo come se niente fosse?» chiese Sylvia, dubbiosa. «Forse dovremmo chiedere consiglio a Marie-France. Sicuramente ci servirà la documentazione che dimostra che sei il padre di Noah.»

«Allora chiamiamola!»

Sylvia non si era ancora mossa. «Non ti chiedi come sia

potuto succedere che Noah sia finito proprio in un collegio inglese?»

Maël la fissò. Poi capì cosa voleva dire. «Pensi che ci sia dietro Ashton-Davenport?»

Lei annuì. «La scuola costa più di cinquantamila sterline l'anno» spiegò. «Non saprei dove altro Chloé possa aver trovato i soldi.»

Maël borbottò qualcosa in brezhoneg che suonava come un'imprecazione. «Questo tizio inizia a darmi seriamente sui nervi» sbottò.

Quella notte Sylvia non riuscì a dormire. Non faceva che pensare a cosa li aspettasse in Inghilterra. Con suo grande sollievo Marie-France Bresson si era offerta di accompagnarli. «È meglio se vengo anche io» aveva detto. «Da soli probabilmente non riuscireste nemmeno a vedere il bambino.» Sarebbero partiti l'indomani.

Sylvia si alzò senza far rumore per andare a prepararsi una tisana rilassante alle erbe. Dopo un po' si unì a lei anche Maël. Nemmeno lui poteva prendere sonno.

«Ho pensato molto» disse, mescolando la sua tisana. «E ho provato a mettermi nei panni di Noah.» Soffiò sul liquido bollente e Sylvia attese paziente che continuasse a parlare. «Non mi sorprende che abbia scritto proprio a te. Gli hai salvato la vita, sei sempre stata onesta con lui. Io devo ancora guadagnarmi la sua fiducia.» Sollevò la tazza e la rimise giù. «Sono arrivato alla conclusione» continuò, «che non potrò mai prendere il posto di questo Alain. Lui è stato suo padre per sette anni. I sentimenti che Noah prova per lui non possono scomparire.»

«Il problema è che Alain non vuole saperne più niente di Noah.»

«Ed è questo che non riesco a capire» commentò Maël. «Come fa a essere tanto crudele?»

«Temo che sia ferito. E ho anche avuto l'impressione che provasse ancora qualcosa per Chloé.»

«Dici davvero?»

«Sì. Ovviamente è arrabbiato con lei. Chi non lo sarebbe? Anche se penso che quando si è veramente innamorati di una persona... ma non sono sicura che sia in grado di mettere da parte il suo orgoglio e perdonarla. Forse no. È un tipo, come dire, razionale. È il tipico politico. Lo dice lui stesso. Non può lasciarsi trasportare dai sentimenti. O una cosa del genere.»

«Ad ogni modo, ormai non spero più che Noah possa venire a vivere qui da noi» ammise il marito. «Voglio dire, forse non sarebbe nemmeno la soluzione ideale per un ragazzino così sveglio. Non ho niente contro Morgane, ma non sarebbe meglio per lui frequentare una scuola prestigiosa?»

«L'unica cosa che conta è che stia bene» osservò Sylvia. «E soprattutto che trovi un punto di riferimento fisso. Se lo portiamo via da quel collegio sarebbe la terza volta che cambia ambiente nel giro di pochi mesi. E alla sua età non è un bene.»

«Ma non ha scritto di andare a prenderlo?» obiettò Maël.

Sylvia annuì. Sì, lo aveva scritto. *Ma se non stiamo attenti potrebbe sentirsi di nuovo sradicato*, pensò.

«E se facessi un bel discorso con questo Alain? Che ne dici?» propose Maël, interrompendo le sue riflessioni. «Da uomo a uomo. O da padre a padre.» Sogghignò. Finalmente iniziava ad affrontare la situazione con un po' di umorismo.

«E cosa vorresti dirgli, da padre a padre?»

«Che è un vigliacco se continua a rifiutarsi di parlare con Noah. E che il bambino si merita una spiegazione, qualunque cosa lui abbia deciso.»

Sylvia gli gettò le braccia al collo e lo baciò. «Se posso dirtelo, da moglie a marito, mi sembra un'ottima idea!»

Era già quasi sera quando, insieme a Marie-France Bresson, raggiunsero la cittadina del sud dell'Inghilterra in cui si trovava il collegio. Avevano incontrato l'avvocato all'aeroporto Charles de Gaulle di Parigi e poi avevano preso insieme una macchina a noleggio da Heathrow.

Madame Bresson aveva fissato un appuntamento con la direttrice dell'istituto per l'indomani mattina, così quella sera si limitarono a sistemarsi nelle stanze dell'accogliente bed and breakfast che Gwen aveva prenotato per loro.

Sylvia non riuscì a trattenere le risate quando vide suo marito aggirarsi circospetto nella minuscola stanza con la moquette rosa e la biancheria da letto coordinata, cercando di non urtare le statuine di ceramica Wedgwood che campeggiavano su ogni superficie disponibile.

Maël le propose di fare una passeggiata prima di cena, ma anche se si impegnarono per allungarla il più possibile il tempo sembrava non passare mai.

A tavola l'avvocato spiegò loro con dovizia di dettagli come stavano le cose dal punto di vista giuridico. «In Francia i desideri del bambino hanno più peso che qui in Inghilterra. Ma se Noah dice di voler venire con voi non dovrebbe essere un problema portarlo via. D'altra parte sono abbastanza sicura che abbiano informato la madre del piccolo. Quindi preparatevi a un incontro.»

«Va bene» disse Maël secco. «Volevo comunque dire due paroline a Chloé.»

«Sarebbe meglio comportarsi in modo diplomatico» lo mise in guardia l'avvocato con un sorriso paziente. «La cosa migliore sarebbe che cercaste di parlare il meno possibile e lasciaste fare a me. Va bene?»

«Certo» la rassicurò Sylvia, lanciando un'occhiata a Maël, che stava aggrottando la fronte risentito. «La cosa più importante per noi è Noah.»

Lo splendido complesso in stile Tudor si notava da lontano. La pietra grigia luccicava al sole, assumendo riflessi quasi argentati che si intravedevano tra le foglie dai colori autunnali dell'immenso parco che circondava il collegio. Le ampie ali, i bovindi, le torri, le finestre sottili e le balconate conferivano all'edificio centrale un aspetto imponente, che incuteva rispetto. Raggiunsero un ampio cancello di ferro battuto dove furono accolti da un portiere. L'uomo fece una breve telefonata, poi li lasciò passare. Sylvia si guardò intorno e notò che tutta l'area era protetta, benché in modo discreto, da alte pareti coperte di edera e da un fossato. E se Noah avesse già provato a scappare anche da lì?

«Guarda» esclamò Maël sorpreso, «ci sono delle serre!» Lungo il muro di cinta vide una fila di costruzioni in vetro con splendidi tetti a cupola, come si usavano in passato. «Chissà se sono ancora attive.»

«Penso di sì» rispose Sylvia. «Lì ci sono un paio di studenti più grandi, vedi?»

«Sembra che stiano portando dentro dei vasi per l'inverno.»

Gli alberi si diradarono, aprendo la vista su un lago che si estendeva fino alle spalle dell'edificio. Due piccole barche a vela oscillavano al vento. Su una sponda si trovava un ampio complesso sportivo completo di campi da tennis, piste per l'atletica leggera e persino un maneggio.

Arrivati all'ingresso principale, scesero dalla macchina.

Sylvia aveva la sensazione di essere appena entrata in un set cinematografico, tanto irreale le pareva quel posto.

«L'ufficio della direttrice è al secondo piano» disse Marie-France, precedendoli rapida su per i gradini dell'atrio. Era elegantissima come sempre, nel suo completo di gabardine blu scuro. Tenne la porta aperta per Sylvia e Maël.

Suonò una campanella. Studenti e studentesse si riversarono nell'ingresso e su per le scale. Prima che sparissero di nuovo dietro le pesanti porte di legno scuro, Sylvia notò che sia le ragazze sia i ragazzi indossavano la stessa uniforme: giacca, camicia bianca e una cravatta azzurra con lo stemma della scuola. Si guardò intorno alla ricerca di Noah, ma non lo vide. «Da questa parte» fece strada l'avvocato, indicando l'imponente scalinata. «Stanza 200.» Sembrava come sempre perfettamente a suo agio.

Maël le precedette. A metà della rampa, però, si fermò. «Ho pensato» disse, rivolto all'avvocato, «che forse dovrei parlare con la direttrice da solo.»

Marie-France Bresson lo guardò sgomenta. «Non è una buona idea...» provò a obiettare, ma Maël non la lasciò finire.

«Come ha detto Sylvie ieri sera» continuò energico, «la cosa più importante per noi è il bambino. E non lo renderemo certo felice con cavilli e paragrafi del codice civile. Come si sentirebbe se sapesse che sua madre e suo padre sono in piena battaglia legale per il suo affidamento? È già tutto abbastanza difficile da capire per un ragazzino. Preferirei provare prima con la strada più facile.»

L'avvocato lo guardò preoccupata. Anche Sylvia era turbata dal suo improvviso dietro-front.

«E se lì dentro ci fossero Chloé e Sir James?» gli ricordò la Bresson. «Sono stati informati della nostra visita.»

Maël si strinse nelle spalle. «Se dovesse servire possiamo sempre passare alle maniere forti. Ma potrebbe non essere necessario. Lasciatemi fare un tentativo.»

«Come?» chiese Sylvia confusa. «Non vuoi che venga nemmeno io?»

Maël scosse la testa. «Tu hai già fatto tanto. Molto di più di quanto ci si possa ragionevolmente aspettare. Adesso devo vedermela da solo. Per favore, cerca di capire.»

Sylvia annuì. Non era facile per lei. Si rese conto di aver sempre pensato di dover aiutare suo marito in tutto. Il suo cervello la esortava a muoversi con prudenza. Ma il cuore le diceva che Maël aveva ragione.

«Sì» disse, e si girò verso Marie-France Bresson, che li fissava entrambi con la fronte aggrottata. «Andiamo fuori» propose. «Ho visto delle panchine sotto gli alberi. Ti aspettiamo lì. E se hai bisogno di noi...»

«...so dove trovarvi. Grazie. E la prego, Marie-France, non se la prenda. Sono sicuro che sia la cosa migliore.»

Salì le scale a passi rapidi e scomparve in corridoio.

«Speriamo sappia quello che fa» brontolò l'avvocato, guardandolo allontanarsi. Poi seguì riluttante Sylvia nel giardino.

Mentre Marie-France Bresson estraeva il computer dalla borsa in chiaro segno di protesta e iniziava a rispondere alle email, Sylvia si guardò intorno con più attenzione. I bambini sui campi sportivi sembravano divertirsi un mondo. Il giovane allenatore di basket aveva l'aria simpatica. Le iole scivolavano placidamente sulla superficie del lago. *Veramente un bel posto*, pensò Sylvia.

Senza volerlo le tornò in mente la sua infanzia nel piccolo appartamento che condivideva con la madre, e il minuscolo parco giochi all'angolo nel quartiere Neuperlach di Monaco. Le sarebbe piaciuto prendere lezioni di danza classica come alcune delle sue amiche, ma la madre non poteva permettersele. Proprio mentre si stava chiedendo se da bambina le sarebbe piaciuto andare a scuola in un posto del genere, una limousine scura le sfilò davanti agli occhi.

L'autista scese e aprì la portiera. Dalla macchina uscì una donna raffinata con un paio di occhiali da sole scuri. Sylvia riconobbe Chloè soltanto alla seconda occhiata. Sull'isola si era dovuta adattare allo stile casual, ma con quel tailleur verde chiaro era la quintessenza dell'eleganza. Portava i capelli scuri legati in una coda e ai suoi lobi brillavano un paio di orecchini di perla.

Sylvia si alzò e, proprio in quel momento, vide scendere dalla limousine anche sir James. Inspirò profondamente e si avvicinò a loro.

«*Bonjour*, Chloé» disse, impassibile. «Buongiorno, sir James.»

Chloé si sfilò gli occhiali e la guardò furiosa dall'alto in basso. «Cosa ci fate qui?»

Sylvia sorrise. Se Chloé rinunciava alle buone maniere doveva essere molto nervosa.

«Che bella accoglienza!» rispose. «D'altronde fa *pendant* con il modo in cui ti sei congedata. Scherzi a parte, Chloé, dovremmo parlare. La paternità di Maël è stata dimostrata. Il che significa che, oltre ai doveri, ha anche dei diritti.»

«Per questo può rivolgersi al signor Brown» si intromise sir James.

«Non sarà necessario» intervenne Marie-France Bresson, comparendo al fianco di Sylvia. «Visto che siamo tutti riuniti tanto vale chiarire subito le cose.» E prima che sir James potesse aprire bocca gli cacciò in mano il suo biglietto da visita. «Forse ricorda il mio nome, rappresento il signore e la signora Riwall anche nel caso della camelia Sylviana. Ma visto che lei non ha alcuna parentela con Noah Dufèvre le chiederei gentilmente di attenderci qui. *Madame?*»

Di nuovo Sylvia notò quanto la presenza dell'avvocato rendesse insicura Chloé. La seguì riluttante all'interno dell'edificio. Sir James rimase accanto a Sylvia, fissandola in un modo che la fece sentire a disagio.

«Perché lo sta facendo?» gli chiese Sylvia. «Perché si immischia nelle nostre questioni familiari?»

Il sorriso che sir James le rivolse le mise i brividi. «Questo è un ottimo collegio» rispose con la sua voce profonda e vellutata. «L'ho frequentato io stesso da bambino. Potrebbe anche mostrarmi un minimo di gratitudine. Sempre che ci tenga davvero al bambino.»

«Peccato» obiettò lei, «che non stia pagando la retta per pura filantropia, ma soltanto perché pensa di fare del male a me e a mio marito.»

Sir James alzò la testa e guardò il cielo azzurro. «Come mai ha una così bassa opinione di me? Cosa ho fatto di male, signora von Gaden?» Sylvia represse il desiderio di gridargli per l'ennesima volta che si chiamava Riwall, che non portava più il cognome del primo marito che l'aveva tradita in tutti i modi possibili e immaginabili. Si trattenne a fatica. Pensò a Gurvan e alla camelia rubata, al processo imminente e alla minaccia della rovina finanziaria. Voleva soltanto allontanarsi da lui.

«Ci ha pensato, nel frattempo?» Sir James buttò lì la frase quasi casualmente, come se le stesse chiedendo se preferiva una tazza di tè o di caffè.

«Non so a cosa si riferisce.»

«Sì, invece, lo sa benissimo.»

Sylvia lo guardò negli occhi. E provò pietà per lui. Tutto

quello che aveva fatto era stato soltanto per avere occasione di rivederla. Aveva investito una somma stratosferica per l'istruzione di un bambino di cui non gli importava niente solo per costringerla a confrontarsi con lui. Forse aveva anche intrecciato una relazione con Chloé Dufèvre per lo stesso motivo.

«Non è una giornata meravigliosa?» continuò l'inglese, enfatizzando l'osservazione con un ampio gesto della mano per indicare il cielo, i magnifici colori autunnali delle foglie, il lago e l'edificio della scuola. Come se fosse tutto frutto delle sue fatiche. «La giornata ideale per una decisione importante. Accetti, Sylvia. E l'incubo finisce. Il giardiniere si riprende suo figlio. E la piccola Sylviana sparisce dalla faccia della terra. È semplice. Le basta un sì per essere felice.»

Sylvia si girò e iniziò a camminare. Non sopportava più lo sguardo di sir James. Ma lui non mollò la presa, e anzi la seguì e le sbarrò la strada.

«All'inaugurazione sono stato troppo brusco, glielo concedo. Le chiedo scusa. Le assicuro che farò di tutto per renderla felice. Com'è che si dice? La porterò in palmo di mano. Deve soltanto darmene la possibilità.»

«Me la cavo anche senza la sua mano, grazie» replicò Sylvia, risentita. «Come faccio a farle capire che non sono innamorata di lei?»

«L'amore viene con il tempo» dichiarò sir James. «Nella mia famiglia nessuno si è mai sposato per amore...»

«E allora perché vuole cominciare proprio lei?» lo interruppe Sylvia d'impulso. «Se mi ama davvero, allora me lo dimostri nel modo più onorevole. Lasci in pace me e mio marito. E soprattutto Noah, che non ha nessuna colpa del disastro che hanno combinato gli adulti. Si faccia da parte e rinunci a me. Accetti il mio no. Dia prova della sua levatura morale, sir

James, si comporti da gentiluomo, come si addice a un Ashton-Davenport.»

Trattenne il fiato. Sir James la fissava esterrefatto. Sylvia non riusciva a credere di averlo detto davvero. Ma erano parole al vento, oppure i valori tradizionali valevano qualcosa per quell'uomo?

Sir James le rivolse una specie di piccolo inchino, poi tornò alla sua macchina. L'autista gli aprì la portiera e lui entrò. I vetri oscurati impedivano a Sylvia di vedere cosa stesse succedendo all'interno.

*Fantastico*, pensò, rassegnata. *Mi sono fatta un nemico a vita.*

# 26

## Il lupo

Sylvia si avviò verso la gradinata del collegio, incerta sul da farsi. Adesso che era arrivata Chloé e si stava discutendo una soluzione, pensava che il suo posto fosse accanto a suo marito. Madame Bresson aveva redatto un contratto dettagliato che avrebbe risolto in maniera definitiva tutte le questioni spinose, sempre che la madre di Noah fosse stata disposta a firmarlo. Eppure, Sylvia esitava. Maël le aveva chiesto di aspettare, di lasciargli gestire la cosa da solo, e voleva rispettare il suo desiderio.

Di colpo ebbe la spiacevole sensazione di essere osservata. Imboccò il sentiero che portava al lago girando intorno all'edificio, nascondendola alla vista di sir James. Appena svoltato l'angolo inspirò. Sulla superficie scintillante dell'acqua si riflettevano un paio di soffici nuvole bianche. A bordo delle piccole iole, che adesso si stavano avvicinando al pontile, riuscì a intravedere dei bambini. Il primo dei due equipaggi stava tentando la manovra di attracco, guidato da una scialuppa e da un insegnante che dava indicazioni da un ponticello.

Sylvia si portò una mano sopra gli occhi per schermarli dalla luce accecante del sole. Fu allora che scorse Maël. Era in piedi sul prato con gli occhi fissi sul lago, e stava parlando con una donna. Sylvia rallentò il passo. La prima iole aveva appena attraccato. Era ancora troppo lontana per vedere bene, ma il modo in cui uno dei piccoli studenti si muoveva a bordo, il modo in cui piegava il terzarolo della vela e lanciava la cima ai suoi compagni le era familiare. Terminate le operazioni il bambino saltò sul pontile e corse dal suo insegnante, che gli diede una pacca soddisfatta sulla spalla e passò a occuparsi del secondo equipaggio, in procinto di iniziare la manovra di attracco.

Era Noah. Adesso stava camminando insieme agli altri allievi sulla sponda del lago. Quando riconobbe Maël si fermò di colpo, poi corse da lui.

Sylvia si sentiva il cuore in gola per l'ansia. Suo marito si era accovacciato e stava allungando una mano verso il figlioletto, lui la prese dopo un attimo di esitazione e alzò gli occhi verso la donna, che gli stava dicendo qualcosa. Noah annuì e iniziò a guardarsi intorno, come se cercasse qualcuno.

Quando vide Sylvia non riuscì più a trattenersi. Si strappò di dosso il giubbotto salvagente, lo gettò a terra e iniziò a correre. Lei gli andò incontro, e Noah le gettò le braccia intorno alla vita. Una gioia mai provata prima invase Sylvia mentre lo stringeva a sé.

«Tutto bene?» gli chiese.

Noah annuì e la abbracciò ancora più forte.

«Be', questo sì che è un saluto!» esclamò la donna, che aveva seguito Noah. Sembrava sollevata. Anche Maël sprizzava felicità da tutti i pori. «Questa è la signora Foster» disse, in inglese, «l'insegnante di Noah. Sylvia, mia moglie.»

Noah si sciolse dall'abbraccio e prese la mano di Sylvia.

«È un piacere conoscerla» disse Sylvia. «Siamo contenti di aver ritrovato Noah. Eravamo molto preoccupati da quando sua madre è scomparsa insieme a lui.»

La signora Foster sembrava sorpresa, ma non fece commenti. Invece, si rivolse al suo allievo. «Non ci avevi raccontato niente di tuo padre» disse.

Noah serrò le labbra, distolse lo sguardo e si strinse di nuovo a Sylvia. Si era ritirato ancora una volta nel suo guscio.

«Non è stato un periodo facile per te, vero?» gli chiese lei. «Prima sei dovuto andare via da Parigi, poi dall'Isola delle Camelie e alla fine sei arrivato qui.» Rivolta alla maestra, aggiunse: «Come si può pretendere che riesca a fidarsi di qualcuno?».

«Se vuoi, puoi tornare a casa con noi» disse Maël a Noah.

Lui spostò lo sguardo da Sylvia alla signora Foster, che lo stava fissando. Poi, senza dire una parola, si girò di nuovo e nascose il viso nel vestito di Sylvia.

«Penso che di questo dovremmo parlare con Chloé» disse lei al marito. «È arrivata poco fa e voleva incontrare la direttrice. Ora è con Madame Bresson.» L'espressione di Maël si rabbuiò. «È l'occasione giusta per chiarire le cose una volta per tutte e raggiungere un accordo» lo incoraggiò la moglie. «E dovremmo lasciare a Noah l'ultima parola, non credi?»

«La mamma è qui?» chiese il piccolo con un filo di voce. «E anche l'altro uomo?»

Sylvia annuì. «Quello lì non mi piace!» esclamò Noah. «È arrogante. E *maman* fa tutto quello che dice lui.»

«Non ti preoccupare, da adesso in poi si farà soltanto quello che dici tu» lo rassicurò Sylvia, stringendogli la mano. «Andiamo. Ci accompagna anche lei, signora Foster?» L'insegnante esitò. «Sarebbe di grande aiuto» aggiunse, «se potesse riferire come Noah ha reagito al nostro arrivo. In fondo dobbiamo decidere cosa è meglio per lui.»

«Dovete trovare un accordo tra voi» stava dicendo la direttrice in tono fermo quando entrarono. Era un'ampia stanza con pannelli di legno alle pareti e una serie di vetrate che la facevano assomigliare più a una chiesa o alla Camera dei Lord che all'ufficio di un dirigente scolastico. Chloé, la direttrice, Madame Bresson e – con grande sorpresa di Sylvia – anche sir James sedevano a un imponente tavolo di legno massiccio che con ogni probabilità poteva ospitare l'intero collegio docenti. «Non rientra nei miei compiti intervenire nella questione dell'affidamento» aggiunse l'energica donna, alzandosi. Era alta e slanciata, tra i capelli grigi si intuiva una sfumatura color albicocca. Probabilmente un tempo erano stati rossi. «Quindi questo è tuo padre» disse a Noah dopo essersi scambiata una stretta di mano con Maël. «Bene, allora vi lascio soli e mi appello alla coscienza di tutti perché troviate la soluzione migliore per il bambino. Signora Foster, si assicuri che gli interessi di Noah vengano tutelati.» La direttrice fece un cenno di saluto e uscì dalla stanza, lasciandoli in un silenzio imbarazzato.

Sylvia spostò lo sguardo da Chloé al suo avvocato, evitando accuratamente di posare gli occhi su sir James. Noah si era avvicinato riluttante a sua madre e si era lasciato baciare sulle guance. Sir James, invece, non lo aveva degnato di uno sguardo.

«Il bambino ci ha scritto una lettera.» Fu Maël a rompere il silenzio, guardando il piccolo come per incoraggiarlo. «Ci è voluto un sacco perché ci venisse recapitata, ma quando l'abbiamo letta siamo venuti subito.»

Chloé scoccò un'occhiata severa a suo figlio, ma Noah si era seduto vicino a Sylvia e non la stava più considerando. Sylvia, nel frattempo, si sentiva addosso lo sguardo di sir James e aveva un bruttissimo presentimento. Senza dubbio si sarebbe vendicato per quello che gli aveva detto.

«In realtà è tutto molto semplice» prese la parola Madame Bresson. «Secondo la legge francese lei, signora Dufèvre, e il mio cliente condividete la responsabilità genitoriale per Noah. Il signor Riwall è sempre stato disposto, e lo è ancora, ad assolvere ai suoi doveri di padre. Oltre ai doveri, però, il mio assistito ha anche diritto a vedere suo figlio e a contribuire alle decisioni che lo riguardano. Per esempio, dove vive e quale scuola debba frequentare. Siamo tutti d'accordo su questo?»

Chloé sporse il mento in avanti, come faceva sempre quando qualcosa non le andava a genio. «L'ultima volta che è stato da suo padre è quasi annegato» disse sdegnata.

«Perché lo hai lasciato solo in camera senza dirci niente» rispose Maël con una pacatezza per cui Sylvia non poté fare a meno di ammirarlo. «Ed è stata Sylvia a salvarlo, vero, Noah?» Il bambino annuì e si strinse ancora di più a lei. «Ha rischiato la vita per farlo, mentre tu te la spassavi» concluse Maël, lanciando un'occhiata sprezzante a sir James.

«Se fossimo in un tribunale in Francia» intervenne Marie-France Bresson, «una motivazione simile potrebbe persino bastare – anzi probabilmente basterebbe – a farle togliere l'affidamento del bambino, signora Dufèvre. Per sua fortuna questo è un incontro informale, e i miei assistiti sono propensi a raggiungere un accordo amichevole al quale entrambe le parti si dovranno attenere finché Noah non sarà maggiorenne. Mi sembra la cosa più giusta negli interessi del bambino, che ha bisogno di stabilità e sicurezza. L'ultima cosa che gli serve sono continui litigi tra i suoi genitori.»

Sylvia posò una mano sul braccio del piccolo. Un gesto puramente istintivo.

Chloé le lanciò uno sguardo pieno d'odio. «Vieni qui da me, Noah» gli ordinò.

Il ragazzino seppellì il viso nell'incavo del braccio di Sylvia e non reagì.

«Lascialo stare» risuonò improvvisamente la voce profonda di sir James. «E firma quel benedetto accordo.»

Dall'espressione del viso di Chloé, si sarebbe detto che avesse appena ricevuto un ceffone. Sylvia trattenne il respiro.

«Non voglio assolutamente che torni su quell'isola!» protestò lei, ma sir James le posò una mano sul braccio.

«Questo deve stabilirlo lui» disse in tono perentorio, come se fosse il giudice e l'ultima parola spettasse a lui. «Ha il diritto di decidere dove vivere. Se vuole restare qui sono disposto a provvedere alla sua retta scolastica. In fondo sono il principale benefattore di questo posto, perché non finanziare un'altra borsa di studio? E può anche vivere con noi a Parceval Manor, se lo desidera. Potremmo assumere un'istitutrice privata, se non gli piace studiare qui. Se però preferisce vivere sull'Isola delle Camelie con suo padre non glielo si può impedire.»

Si appoggiò allo schienale della sedia, accavallò le gambe e incrociò soddisfatto le braccia sul petto. Poi lanciò a Sylvia uno sguardo carico di emozioni. Trionfo, perché sapeva di averla sorpresa. Tristezza, perché sapeva anche di averla persa per sempre. Orgoglio ferito e qualcos'altro di inafferrabile. Un misto di benevolenza e dignità. E per una frazione di secondo Sylvia credette di intuire cosa si nascondesse sotto la fredda facciata dell'inglese.

«Voglio continuare ad andare a scuola qui» disse Noah, che si era tirato su e sembrava aver preso coraggio.

«Non ci avevi scritto che era terribile?» chiese sbalordito Maël.

«Sì» ammise Noah con un'occhiata colpevole alla maestra, «l'ho scritto. All'inizio non mi piaceva per niente. Solo che, nel frattempo...» Ammutolì.

«...ti sei ambientato?» gli andò in aiuto Sylvia.

Noah annuì. «Ho trovato degli amici. David. Era con me sulla iole. E Pasqual. È francese anche lui.» Le sue guance si erano arrossate. «Ma durante le vacanze mi piacerebbe tanto tornare a pescare con Pierrick» continuò. Poi sembrò che gli venisse in mente qualcosa, e si morse il labbro. «Sarà arrabbiato con me» aggiunse con un filo di voce.

«E perché dovrebbe?» chiese Maël.

«Perché gli ho distrutto la barca!» rispose Noah, abbassando lo sguardo. «Sapevo che non avrei dovuto prenderla.»

«No, non avresti dovuto» disse Sylvia con un sorriso. «Ma ormai è successo. E nessuno è arrabbiato con te. Siamo tutti molto contenti se vieni a trovarci sull'isola.»

Noah la guardò sollevato.

«La settimana prossima iniziano le vacanze autunnali» intervenne la signora Foster.

«Sì, e porteremo Noah ai Caraibi.» Chloé guardò il gruppo con aria esultante.

«Non voglio andare ai Caraibi» obiettò il bambino. «Voglio andare da Sylvia e Pierrick. E anche da Maël, ovviamente» si affrettò ad aggiungere.

«Non se ne parla...» stava per dire Chloé, ma sir James le mise di nuovo la mano sul braccio.

Lei tacque di colpo, e Sylvia fu costretta a trattenere un ghigno. Noah aveva detto la verità: l'uomo la teneva in pugno.

«Lascialo stare» disse in tono pacato. «Noah sa cos'è meglio per lui.»

«Volevo scusarmi con lei» disse Sylvia a sir Ashton-Davenport, mentre aspettavano fuori dalla porta che Maël e Chloé finissero di firmare il voluminoso contratto. «Temo di essere stata troppo dura.»

Le labbra di sir James si increspavano in un lieve sorriso, poi l'inglese si voltò a guardare il panorama fuori dalla finestra. Da lì si godeva una spettacolare vista sul lago e sulle colline circostanti. Teneva le mani nelle tasche dei pantaloni con aria disinvolta, e la giacca di tweed leggermente aperta. Emanava un innegabile fascino.

«Quando venivo a scuola qui se combinavamo qualche marachella ci convocavano in questo ufficio» disse, ignorando del tutto le scuse di Sylvia. «E lasci che le dica che sono stato in fila non poche volte ad aspettare il mio turno per ricevere una ramanzina.» Ridacchiò e si girò verso di lei. «Non creda di avermi rammollito» continuò come se nulla fosse. «Può averla avuta vinta sul bambino, ma sulla questione della camelia non sarò altrettanto magnanimo.» La scrutò per non lasciarsi sfuggire la reazione di lei alle sue parole. «A quanto ho sentito si sono formati due boccioli. Il che significa che tra non molto la piccola Sylviana fiorirà in tutto il suo splendore.» Fece di nuovo una breve pausa. I suoi occhi lampeggiavano. «Un gran peccato per lei, in effetti. D'altronde se l'è cercata, Sylvia, e lo sa meglio di me. Ha sempre detto che i soldi non le interessano, ma mente a se stessa. Sapeva benissimo che mezzo milione di euro è un prezzo decisamente eccessivo per un solo albero di camelia. Ma non ha saputo resistere, dico bene?» Adesso il sorriso dell'inglese ricordava quello di un lupo. «Spero per lei che possa permettersi di pagare la penale. Non vorrei che alla fine mi accusasse di nuovo di aver preso di mira la sua isola.» Il sorriso si fece più ampio, scoprendo i denti bianchissimi.

*Mi ero quasi lasciata fregare*, pensò Sylvia. Anche se le veniva da piangere, rispose con un sorriso cortese. «Mi fa piacere sentire che è tornato quello dei vecchi tempi. Stavo già iniziando a preoccuparmi.»

Per un momento rimasero a fronteggiarsi in silenzio. Poi sir James scoppiò in una risata fragorosa. Sylvia si rese conto che era la prima volta che lo vedeva ridere in quel modo.

Maël era così contento di aver finalmente trovato un accordo con Chloé che Sylvia non ebbe cuore di raccontargli dell'ultimo scambio con Ashton-Davenport. Si finse allegra, ma per tutto il viaggio di ritorno non riuscì a scrollarsi di dosso il pensiero del pericolo imminente.

Nei giorni successivi parlò con la sua banca, che non le diede grandi speranze in merito alla possibilità di ottenere un ulteriore prestito dell'ammontare di un milione di euro. Si informò su altre possibilità di credito, tutte con condizioni quasi criminali e sicuramente poco raccomandabili. Avrebbe voluto parlare con Solenn delle sue preoccupazioni, ma la bretone non era ancora tornata dal suo viaggio con Aaltje. Così non le restava che andare al centro visitatori a contemplare il ritratto di Lucie e chiederle consiglio.

*Potrei vendere il dipinto*, si era detta più di una volta, scacciando subito l'idea. *Non si vendono i regali*, le sembrava quasi di sentir rispondere Lucie. *Aaltje non me lo perdonerebbe mai, e tantomeno Solenn.* No, doveva trovare un'altra via d'uscita.

Forse sir James avrebbe accettato un pagamento a rate. Ma le bastava ripensare al suo sorriso da lupo per scartare quella possibilità. Voleva punirla per il suo rifiuto. E aveva pianificato quella mossa nei minimi dettagli. Le aveva detto che erano fatti della stessa pasta, ma Sylvia doveva ammettere, suo malgrado, di non essere alla sua altezza.

# 27

## Il bocciolo

Infine arrivarono le vacanze autunnali. Maël volle tornare a tutti i costi di persona in Inghilterra a prendere Noah. Quando Sylvia vide arrivare *La Brise* con a bordo il bambino, sorridente tra il padre e Pierrick, il suo cuore fece un balzo di gioia.

Sistemarono Noah nella mansarda del *Ti Bag* che Maël e Pierrick avevano ristrutturato in vista del suo arrivo. L'anziano aveva ritrovato la scimmietta di peluche sul molo. Dopo essere stato accuratamente lavato e ricucito da Elise, il pupazzo attendeva il suo proprietario sul nuovo letto ricavato in una nicchia del sottotetto. Pierrick aveva portato nella stanza anche il modellino della barca a cui avevano lavorato prima che Noah andasse via.

Il bambino sfiorò dolcemente il legno. «In realtà volevo regalarla ad Alain» disse, pensieroso. Poi sospirò e si allontanò.

«Ho trovato una soluzione per la retta della scuola» annunciò Maël a Sylvia quella sera, mentre Noah dormiva. «Non mi piace che paghi questo inglese, non voglio essere in debito con lui.» Sylvia annuì, aveva pensato la stessa cosa. «Ho parlato con la signora Foster e con la direttrice. Ci sarebbe un'altra borsa di studio, che non ha niente a che fare con sir James. È per studenti con doti particolari.»

«E che dote particolare ha Noah?» chiese Sylvia.

«La vela» rispose Maël, orgoglioso. «Secondo l'insegnante è un talento naturale.»

«E questa borsa di studio coprirebbe l'intera retta?» si informò Sylvia, scettica.

«No, copre soltanto i due terzi della quota. Il resto dovremmo pagarlo noi. Ce la facciamo, no?»

Sylvia annuì, ma si sentì sprofondare il cuore. Sì, potevano farcela. Sempre che non fossero stati costretti a chiudere il vivaio per quella storia della Sylviana rubata.

Il tempo fu bello per tutta la durata delle vacanze, e Pierrick e Maël uscirono ogni giorno a pescare con Noah.

«Sono così felice che non abbia perso la passione per il mare» commentò Maël una sera davanti al camino, mentre Noah dormiva, sfinito dalle avventure all'aria aperta.

Trascorsero giorni pacifici, e per un breve periodo anche Sylvia riuscì a dimenticare la minaccia imminente. All'inizio della seconda settimana, però, arrivò la telefonata di Marie-France Bresson. La voce dell'avvocato era vivace come quando aveva annunciato l'inizio della guerra contro Chloé. Ciononostante, Sylvia si sentì torcere le viscere.

«Può venire a Parigi il prima possibile?» chiese la legale. «Domani stesso se non è un problema.»

«Che succede?» provò a indagare Sylvia, terrorizzata.

«La camelia sta fiorendo» spiegò Marie-France.

A Sylvia si serrò la gola.

«Ha idea... voglio dire... l'ha vista?»

«*Mais non*» rispose divertita Madame Bresson. «Penso che sia la pianta più blindata di Francia. Data la peculiare caducità di questa prova, il pubblico ministero ha stabilito un appuntamento extragiudiziale per esaminarla e stabilire se ci sono le basi per un processo.»

Sylvia non disse una parola per tutto il volo. Era troppo in ansia. Maël e Noah, invece, chiacchieravano animatamente scambiandosi opinioni su diversi modelli di barche. Da quando aveva scoperto che il padre di Maël era un marinaio, il bambino aveva iniziato a interessarsi anche alle grandi navi cargo che si vedevano passare quasi tutti i giorni al largo dell'isola.

«Ti accompagno» aveva detto subito Maël quando Sylvia gli aveva raccontato della fioritura.

«E come facciamo con Noah?» aveva obiettato lei. «Può restare con Pierrick?»

«Portiamo anche lui» aveva proposto Maël. E quando lei aveva provato a fargli notare che tornare a Parigi avrebbe potuto turbarlo, Maël aveva risposto: «Siamo una famiglia adesso. Prima o poi capiterà di dover andare a Parigi. Perché non farlo subito?».

L'aereo atterrò bruscamente sulla pista dell'aeroporto di Orly, strappando Sylvia ai suoi pensieri. Era così assorbita dalle sue preoccupazioni da non essersi accorta che erano arrivati.

Maël le strinse la mano. «Tutto bene?»

Lei annuì.

«Allora cos'ha Sylvie?» domandò Noah, turbato.

«Be', sai» rispose Maël, «ha tante cose su cui riflettere.»

Viaggiavano solo con il bagaglio a mano, così si affrettarono a uscire e a raggiungere la pensilina con i taxi.

«Siete sicuri di non volere che vi accompagni prima in albergo?» chiese Sylvia.

«No» rispose Noah. «Sembri troppo triste. È meglio se veniamo con te, credo. Almeno ti consoliamo.»

Lei cercò di fargli cambiare idea senza riuscirci, così quando Marie-France salì sul loro taxi rimase a bocca aperta.

«Oh» commentò divertita. «Ha portato i rinforzi, Sylvie? Adesso siamo sicuri che niente può andar male, *n'est-ce pas*?»

L'avvocato chiacchierò con Maël e Noah, preannunciando al bambino che presto avrebbe visto un fiore bellissimo, una camelia. Lui ribatté che allora era stato inutile fare tutta quella strada, visto che sull'isola ce n'erano a sufficienza.

«Siamo arrivati» li interruppe il tassista. Marie-France Bresson tornò seria.

Mentre salivano la scalinata di marmo del tribunale, Sylvia fu travolta da un crescente senso di nausea. Le parole di sir James le risuonavano nella mente... *Un gran peccato per lei, in effetti. D'altronde se l'è cercata, e lo sa meglio di me.*

Aveva ragione lui. Non avrebbe mai dovuto mettere in vendita la Sylviana. A cosa era servito, alla fine? Solenn non si sentiva più a suo agio a casa sua. Sull'isola lavoravano sempre più estranei, e avevano dovuto mandare via il loro miglior giardiniere. Gli affari procedevano alla grande, certo, ma rischiava di andare tutto a rotoli da un momento all'altro.

«Ci siamo» annunciò l'avvocato, indicando una porta di legno massiccio.

Sylvia non aveva la minima idea di cosa fare per evitare la catastrofe. Aveva già investito i proventi della vendita, anzi aveva pure dovuto richiedere un prestito. Anche senza quella brutta storia avrebbe impiegato anni a ripagare il debito. Il suo business plan era ragionevole, sarebbe stato fattibile. Ma non più, dal momento che un esemplare di Sylviana era finito nelle mani sbagliate.

Qualcuno si era avvicinato a loro. Solo a una seconda occhiata riconobbe l'ometto calvo, sudato e tarchiato con un'espressione desolata stampata in viso. «Mi dispiace rivederla proprio in questa circostanza... molto triste» disse lui.

João Alves Moreira, il direttore del giardino botanico Quinta Princesa di Madeira. Sylvia si sforzò di darsi un contegno. «Come sta l'albero?» chiese, cercando di mostrarsi tranquilla.

«Benissimo» rispose il direttore, «ho portato delle foto. Be', in realtà me le ha chieste il tribunale.»

Sylvia annuì e si guardò intorno, cercando il suo avvocato. Eccola: stava parlando con due uomini, mentre Maël e Noah ammiravano un busto di marmo.

«Venga qui, per favore» la chiamò la Bresson. Le presentò il pubblico ministero e uno specialista di camelie del Jardin des Plantes di Parigi.

«*Nice to meet you again*» disse una voce maschile alle sue spalle. Era il signor Brown, l'avvocato di sir James. Si erano già visti diverse volte, quando Sylvia si era battuta come una leonessa per l'isola. E adesso lui stava sorridendo in modo quasi sfacciato. «Come sta?»

«Bene, grazie. Sir James non è venuto?»

«Gli riferirò che ha chiesto di lui» rispose l'uomo. «La sua presenza, ad ogni modo, non era necessaria. Aveva qualcos'altro di importante da fare, come sempre.»

«Certo» commentò Sylvia, e gli diede le spalle.

Un altro attacco di nausea. Cosa le stava succedendo? Non si sarebbe mica messa a vomitare davanti a tutta quella gente per l'agitazione?

Cercò Maël con lo sguardo, e lo vide che salutava calorosamente l'esperto di camelie. Si conoscevano, ovvio: non c'era un solo collega di chiara fama con cui non fosse già in contatto.

«Signore e signori, prendete pure posto» esordì il pubblico ministero.

A malapena in grado di ascoltare, Sylvia lo sentì spiegare che quella riunione era finalizzata all'identificazione della pianta, dunque non era da considerarsi una data dell'udienza vera e propria, e che anzi l'effettiva necessità del processo sarebbe stata stabilita in base all'esito dell'incontro. Per questo erano stati invitati due ulteriori esperti: il direttore del giardino botanico di Madeira, che ospitava l'oggetto della vendita, e il direttore della sezione camelie del Jardin des Plantes di Parigi.

Su uno schermo furono proiettate delle immagini, fotografie della Sylviana di Madeira da diverse angolazioni, primi piani dei fiori a diversi stadi, dal bocciolo alla piena fioritura. La bellezza della pianta che portava il suo nome commosse Sylvia quasi fino alle lacrime: una splendida corolla di petali bianchi circondava una parte interna di un intenso viola scuro. Gli stami emanavano un luccichio argenteo, simili a delle stelle.

Quando la presentazione finì, il pubblico ministero chiese al botanico francese di andare a prendere la pianta. Il cuore di Sylvia martellava così forte che sembrava volesse saltarle fuori dal petto. Chiuse gli occhi, e osò riaprirli solo quando sentì Maël dire a mezza voce: «Ma guarda un po'!».

Al centro della stanza, su un podio, era comparsa una camelia. Sylvia avrebbe potuto giurare che era la stessa che aveva visto nella serra insieme a Gurvan, quando aveva pregato il giovane giardiniere di rimetterla sotto chiave insieme alle altre. Un bocciolo stava per aprirsi, mentre l'altro era in piena fioritura. Ma a differenza della vera Sylviana, con il suo contrasto inconfondibile tra il bianco abbagliante dei petali esterni e il viola di quelli interni, questo fiore era di un'unica tonalità rosso violaceo.

Un mormorio si diffuse nella stanza. Il pubblico ministero era palesemente irritato. Era chiaro anche a un profano che non si trattava della stessa varietà di camelia. Sylvia non riusciva a crederci. Da dove veniva quella pianta, se non dalla loro serra? Guardò Maël, perplessa. Lui la fissò raggiante, come per dire: *Hai visto? Non c'era nulla di cui preoccuparsi.*

«Non è per niente lo stesso albero!» Era la voce squillante di Noah.

«Certo che no, ragazzo mio» rispose Marie-France, guardandosi intorno con il suo tipico sorriso di superiorità.

«Signor Alves Moreira» disse il pubblico ministero, che sembrava essersi ripreso. «Che questa camelia sia molto diversa da quella in foto lo vediamo tutti. Per favore risponda alla seguente domanda, per il verbale: secondo lei si tratta della stessa pianta del giardino botanico Quinta Princesa di Madeira?»

Il direttore si alzò esitante e lanciò un'occhiata supplichevole a Brown, che lo fissava minaccioso. Ammutolì. Aveva paura di perdere il suo più importante finanziatore se avesse riconosciuto l'evidenza? Poi l'ometto si diede una scossa. «No, non lo è» confermò, lasciandosi ricadere esausto sulla sedia. Fissò sfacciatamente il legale di sir Ashton-Davenport per qualche istante.

«E lei, Monsieur Dupont» riprese il pubblico ministero rivolto all'esperto del Jardin des Plantes, «cosa ne pensa?»

«È evidente che si tratta di una variante» dichiarò il botanico. «Ma posso dire con certezza che non è la camelia Sylviana.»

Il pubblico ministero annuì e guardò l'orologio. «Dunque non ci sono i presupposti per istruire un processo.»

«Un attimo» intervenne Brown. «Vorrei sollevare un'obiezione. Come abbiamo visto tutti, il signor Dupont e il signor Riwall sono in ottimi rapporti. Ci sono dunque ragioni per presumere che le prove siano state manipolate. Per questo non volevamo che la pianta lasciasse l'Inghilterra. Sapevamo che sarebbe stato più facile scambiarla con un'altra.» Il pubblico ministero gli scoccò un'occhiataccia. Sylvia supponeva che avesse un altro appuntamento, o semplicemente non avesse voglia di passare ulteriore tempo a disquisire di varietà floreali. «Intendo presentare una mozione per conflitto d'interessi» aggiunse l'avvocato.

Madame Bresson prese la parola. «Immaginavo che lo avrebbe fatto. Il professor Riwall è uno dei più rinomati esperti di camelie al mondo, dunque è normale che tra colleghi si conoscano. Per questo ho chiesto a un'altra persona di prepararsi a questo incontro, una persona che può fornirci informazioni importanti. Se me lo permette» disse, rivolta al pubblico ministero, «andrei a vedere se è arrivato.»

Il pubblico ministero annuì riluttante, e Marie-France Bresson andò alla porta.

«Chi può essere?» chiese Maël a bassa voce.

Ma anche Sylvia non ne aveva idea.

La prima cosa che riconobbe fu la capigliatura verde, poi il resto. Il giardiniere indossava la sua solita giacca militare color sabbia piena di tasche.

«Gurvan» sibilò Maël. «Ci mancava soltanto lui!»

Il ragazzo si guardò intorno imbarazzato, e quando incrociò gli sguardi di Maël e Sylvia abbassò di colpo la testa.

«Posso presentarvi il signor Gurvan Leclerc? Fino a poco tempo fa lavorava come giardiniere sull'Isola delle Camelie. Mi permette di fargli qualche domanda?» Il pubblico ministero fece un gesto rassegnato, come se ormai la cosa non fosse più in suo potere. «La ringrazio. Si accomodi, signor Leclerc.»

Gurvan prese posto su una sedia tra il pubblico ministero e gli avvocati.

«Perché non lavora più sull'isola?»

Il ragazzo deglutì e guardò Maël di sottecchi. «Sono stato licenziato» rispose tetro.

«E per quale ragione?»

Il giardiniere diventò rosso come un gambero. «Sono stato accusato di... anzi, ho dato via una camelia.»

«Era per caso *questa* camelia?» Madame Bresson indicò la pianta sul podio.

«*Oui, madame*» rispose lui, contemplando interessato il fiore. Evidentemente non l'aveva ancora notata. «Proprio questa.»

«A chi ha dato la pianta?» La voce di Marie-France Bresson era dolce come il miele.

«L'ho data a Chloé. Chloé Dufèvre» rispose Gurvan, guardando un'altra volta Sylvia e Maël. «Perché sapevo che non era una Sylviana. Era già fiorita una volta. Non è di varietà pura. Ho cercato di dirlo a Sylvie... cioè, a Madame Riwall, ma...»

«Nessuno l'ha ascoltata, giusto?» chiese l'avvocato. Lui annuì. Sembrava che avesse gli occhi umidi. «Ha deciso di sua spontanea volontà di regalare la camelia a Madame Dufèvre o è stata lei a chiedergliela?»

Gurvan dovette schiarirsi la gola più volte prima di continuare a parlare. «Voleva averla a tutti i costi. Be', in realtà lei voleva una Sylviana. Non mi dava tregua, giuro. Così ho pensato: *Prima che metta le mani su una vera Sylviana, meglio...*» La sua voce si ruppe. Serrò le labbra e si fissò le mani strette a pugno. «Sapevo che non doveva averla per nessun motivo al mondo. Non sono un traditore. E quindi... le ho dato questa qui.»

Il giardiniere aveva pronunciato l'ultima frase con un filo di voce, a testa bassa. Ma lo avevano sentito tutti. Il silenzio era tale che se fosse caduto uno spillo se ne sarebbe udito distintamente il tintinnio.

«Grazie, signor Leclerc» disse la Bresson. «No, non è di certo un traditore. Al contrario, se posso dirlo, trovo che la sua sia stata una mossa astuta. Avrei una domanda, però: come mai questa camelia non è di varietà pura, sebbene sia una propaggine della pianta originale? O non è così?»

Gurvan alzò lo sguardo. «L'ho coltivata a partire da un seme» spiegò. «Le altre sono propaggini dirette della pianta madre. Con un seme non si può mai sapere. Perché non conosciamo quali pollini gli insetti abbiano portato passando da un fiore all'altro, capisce? Era un tentativo. E... cosa ne farete adesso?»

Madame Bresson guardò i presenti, sorpresa. «Questa è una bella domanda» disse con il suo tipico sorriso ironico. «Se ho ben capito, signor Leclerc, lei non aveva il diritto di regalare questa pianta, giusto?»

Gurvan si incupì di nuovo. Annuì riluttante. «L'ho fatto con le migliori intenzioni» si giustificò, guardando Maël. «Be'... forse... forse avrei dovuto parlarne con il capo.»

La legale fece un cenno di assenso. «Sì, sarebbe stato meglio metterlo al corrente. Così avrebbe risparmiato un bel po' di problemi a entrambi.» Si rivolse all'avvocato Brown. «Dal momento che la pianta è stata sottratta indebitamente, credo che appartenga al vivaio dell'isola. Ma non è questo il tema dell'incontro di oggi, dico bene, signori? Presenteremo un'istanza per richiedere la restituzione.»

Brown sparì per primo, seguito a ruota da Alves Moreira. Subito dopo fu il pubblico ministero a congedarsi. Maël si era alzato e si era avvicinato a Gurvan, che era rimasto al centro della stanza a giocherellare con la giacca militare, fissando il pavimento.

Sylvia sentì Maël dirgli un paio di parole in brezhoneg. Gurvan alzò lo sguardo sorpreso, come se non riuscisse a credere alle sue orecchie.

Maël gli posò una mano sulla spalla. «Torna da noi!»

Sul viso di Gurvan comparve un debole sorriso. Guardò Sylvia incerto, e lei annuì, sperando che il bretone mettesse da parte il suo orgoglio ferito e accettasse. Con suo grande sollievo, dopo un attimo di esitazione, i due si abbracciarono.

«Come le è venuto in mente di coinvolgere Gurvan?» chiese Sylvia all'avvocato, mentre uscivano tutti insieme dall'edificio. La Bresson sorrise compiaciuta.

«È stata un'idea di Gwen, in realtà» ammise. «La domenica dell'inaugurazione ho avuto modo di parlare con la sua assistente, una donna davvero molto piacevole. Mi ha detto di essere la zia di Gurvan. E... be', quando la camelia è spuntata a casa di sir James e il ragazzo è stato licenziato, mi ha telefonato. È sempre stata convinta della sua innocenza. Allora sono andata nel negozio di fiori dove era finito a lavorare. Decisamente troppo qualificato per stare lì. Senza contare che non ha idea di come si confezioni un bouquet.» Rise. «Alla fine ha accettato di collaborare, a condizione che non dicessi niente a lei e suo marito.»

Sylvia ascoltò colpita. «Non avremmo dovuto giudicarlo così in fretta.»

«*Eh bien*, è sempre una buona idea ascoltare le persone. Ma anche saper fare le domande giuste.»

Madame Bresson li aveva invitati tutti a pranzo, ma Sylvia non riusciva proprio a godersi il pasto. Il cibo era ottimo, però lei non aveva per niente fame.

«In realtà potremmo ancora farcela a prendere il volo delle cinque» propose, ma Maël scosse la testa.

«Io e Noah abbiamo una cosa in programma stasera» disse in tono misterioso.

Il piccolo si girò di scatto quando sentì pronunciare il suo nome. Stava chiacchierando con Gurvan, che si era deciso ad accettare l'invito di Madame Bresson dopo un iniziale momento di imbarazzo.

«Cosa?» chiese, incuriosito.

«Incontriamo Alain. Soltanto se tu vuoi, ovviamente.»

Il bambino sbiancò. «Lui lo sa?» sussurrò.

«No, non ancora. Vuoi un altro po' del mio dolce?»

Noah attirò a sé la crème brûlée, e affondò il cucchiaino nel dessert.

«Cos'hai in mente?» chiese Sylvia. La cosa la turbava.

«Molto semplice. Andiamo in quel bar dove lo hai incontrato anche tu e ordiniamo un succo d'arancia per Noah. Dubito che scapperà dal locale urlando quando ci vedrà. Tu cosa ne pensi, piccoletto?»

Il bambino non rispose. Sembrava combattuto. Sylvia non era sicura che volesse davvero quell'incontro. «Che ne dici?» gli chiese. «Non devi farlo se non vuoi.»

Lui la guardò con i suoi occhi verde-azzurro, e per l'ennesima volta la somiglianza con Maël la lasciò senza fiato.

«Mi piacerebbe vederlo» disse, raschiando i resti di crème brûlée dal fondo della coppetta. «Ma non voglio più tornare a vivere da lui.»

«Infatti non devi» lo tranquillizzò Sylvia, sollevata.

«Vieni anche tu?» chiese Noah.

«Se vuoi sì, con piacere.»

Arrivarono presto al Lou Pascalou, ma nel bar c'erano già altri clienti.

Sylvia era preoccupata di come avrebbe reagito Noah se quella sera Alain non si fosse visto. Mentre il bambino era in bagno, però, Maël la tranquillizzò. «Verrà. Pensi che lascerei una cosa del genere al caso?»

«E come...?»

«Marie-France è riuscita non so come a fare in modo che venga qui alle sette.»

«Non ti immaginavo così machiavellico» sogghignò Sylvia.

«Hai visto? Un lato di me che non conoscevi. Non dovresti sottovalutarmi!»

«Allora mettiamoci lì in fondo» propose lei. «Non vorrei che ci vedesse e girasse sui tacchi.»

Alle sette in punto Dufèvre entrò nel bar. Andò subito al bancone, proprio come la sera in cui Sylvia gli aveva consegnato la lettera, e ordinò una birra. Era a meno di due metri da loro. Noah era trepidante, e Sylvia gli mise una mano sulla spalla. Come avevano deciso un attimo prima, aspettarono che Alain avesse bevuto il primo sorso, poi Maël fece un cenno a suo figlio.

Il piccolo inspirò a fondo, si avvicinò ad Alain e gli tirò dolcemente una manica. «*Bonsoir*» lo salutò, con occhi teneri.

Quando lo vide, il politico impallidì visibilmente. Sgranò gli occhi, poi li strizzò di nuovo, guardandosi intorno. «Dov'è Chloé?» chiese.

«Lei non c'è» rispose Noah. «Sono venuto con Sylvia e Maël, ma volevo parlarti da solo. Da uomo a uomo, come dicevi sempre tu.» Alain lo fissò senza capire. «Hai sempre detto che se due uomini ragionevoli parlano di un problema è impossibile che non trovino una soluzione» gli ricordò il bambino.

Alain Dufèvre deglutì e si strofinò gli occhi. «Non puoi tornare da me» disse. «Non è possibile, purtroppo.»

Il piccolo annuì. «Lo so» rispose, assumendo un'aria molto matura. «Ho capito che non vuoi. Non abbiamo gli stessi geni. Però volevo chiederti una cosa.»

L'uomo lo scrutò, diffidente. «Cosa?»

«Anche se non sei mio padre» disse Noah, e la sua voce si incrinò, «non possiamo essere amici lo stesso?»

Sylvia provò una stretta al cuore. Il bambino aveva coraggio da vendere. Invece avrebbe voluto prendere a pugni quell'Alain, per fargli aprire gli occhi, o almeno il cuore. I secondi passavano, e ancora non era riuscito a rispondere.

«In che senso?» chiese alla fine.

«Potremmo essere amici e basta» ribatté risoluto Noah. «Non sai cosa significa?»

Di nuovo passò del tempo prima che Alain replicasse. «Se vuoi posso farti mandare la iole. Adesso vivi in Bretagna, no?»

«Non mi serve più la tua iole. Dove vivo ora ci sono un sacco di barche. Regalala a un altro bambino.» Sembrò valutare se aggiungere altro. Poi si convinse. «Una volta mi hai detto che ci saresti sempre stato per me. Se adesso non vuoi nemmeno essere mio amico, allora significa che mi hai mentito. *Salut*, Alain.»

«Aspetta» esclamò Dufèvre, e Noah si girò di nuovo verso di lui. «Ho solo bisogno di tempo» disse, con un filo di voce. «È tutto così... inaspettato. Non è che... Ho sofferto tanto anche io.»

Noah annuì. «Adesso sono da Sylvie e Maël per le vacanze» spiegò. «Ma vado a scuola in Inghilterra. In un collegio. Se vuoi puoi scrivermi una lettera. Ciao.»

Sebbene fosse stato molto coraggioso per un bambino della sua età, Noah tremava mentre Sylvia lo aiutava a infilarsi la giacca a vento. Dufèvre era chino sulla sua birra. Teneva la testa bassa e una mano a schermargli gli occhi, come se le luci del bar lo stessero accecando. Quando gli passarono accanto per raggiungere l'uscita, Sylvia ebbe l'impressione che stesse piangendo.

## 28

## Una fine e un inizio

«Devo fare un annuncio.»

Solenn si era alzata, con il calice in mano. Erano tutti riuniti intorno a un'immensa tavola nel *Ti Bag*, per festeggiare una serie di eventi: il gesto eroico e il ritorno di Gurvan, la fine delle vacanze di Noah, il buon esito della controversia sulla Sylviana e, non ultimo, il rientro di Solenn e Aaltje dalla loro lunga vacanza. C'erano anche Veronika e Laurent. Lilianne si muoveva sempre più sicura, e si spostava da una sedia all'altra aiutandosi con le mani.

«Io e Aaltje stiamo insieme» proseguì la bretone, scatenando un boato di esclamazioni e grida di giubilo. L'olandese si alzò e le mise un braccio intorno alle spalle. Sylvia non era sorpresa della notizia, ed evidentemente nemmeno gli altri. L'armonia perfetta tra le due donne non era sfuggita a nessuno, già prima che partissero per il loro viaggio. Solenn sembrava rifiorita, e Sylvia ne era felicissima. «Un momento... non è tutto!» Alla fine Solenn riuscì a fatica a ottenere di nuovo il silenzio. «Lascerò l'isola.»

Di colpo sulla tavolata calò il gelo. Maël fu il primo a ritrovare la parola. «No, Solenn, non puoi farlo.»

«Eccome, mio caro» rispose lei, in tono insolitamente dolce. «Mi trasferisco in Olanda con Aaltje e cedo a te l'attività. Tu e

Sylvie ve la cavate benissimo senza di me già da tempo. Per me è arrivato il momento di iniziare una nuova vita.»

«Sì, ma...» stava per obiettare nuovamente Maël, quando Sylvia gli posò una mano sul braccio.

«Se questo ti rende felice» disse a Solenn, «allora brindiamo tutti alla vostra salute!»

Tuttavia, la decisione di Solenn di lasciare l'isola non sembrava aver turbato soltanto Maël.

«Dove abita zia Aaltje?» chiese Noah, stemperando l'atmosfera cupa.

«In Olanda, tesoro» gli spiegò la vedova del pittore, grata del diversivo. Era raggiante. «Spero che verrai a trovarci insieme a Sylvie e Maël.»

«Anche lì c'è il mare?»

«Sì, vivo sul Mare del Nord.»

«Allora vengo!» rispose Noah allegro, costringendo tutti a ridacchiare.

Quando Elise mise in tavola un enorme e profumatissimo vassoio di capesante gratinate, Sylvia diventò bianca come un lenzuolo. Si alzò di scatto e corse in bagno.

«Che le succede?» chiese Maël. «Non mangia più niente a parte le *galette*. Spero non sia malata.»

«Mi succedeva la stessa cosa, quando...» Veronika si zittì subito, senza finire la frase. Un attimo dopo si alzò anche lei e corse dietro a Sylvia. Spalancò la porta del bagno, dove l'amica si stava pulendo la bocca. Poi si sedette stremata sul bordo della vasca.

Veronika chiuse piano la porta alle sue spalle. «È quello che penso?» domandò, prendendole la mano. «Dovresti metterti distesa, per aiutare la circolazione.»

«Non è niente» provò a minimizzare l'altra. «Deve avermi

fatto male qualcosa che ho mangiato a Parigi. È da allora che sto così.»

Veronika la scrutò. «Qualcosa che hai mangiato, eh? Non può essere che tu sia incinta, invece?»

Sylvia le rivolse un sorriso stanco. «Mi sono illusa così tante volte... no, avrò soltanto lo stomaco sottosopra.»

Si alzò e si guardò allo specchio, si ritoccò il rossetto e fece per tornare in cucina.

Veronika la trattenne. «Dovresti fare un test» le consigliò. «Hai notato altri cambiamenti? Nel tuo corpo, intendo.»

«Non mi sembra. Sono solo un po' ingrassata» ammise Sylvia. «In effetti non me lo spiego proprio, con tutto lo stress degli ultimi tempi.»

«Fai un test, okay? Fallo per me!»

L'amica sgranò gli occhi. «E va bene» si arrese. «Lo faccio per te, ma poi non lamentarti se dovrai consolarmi per la centesima volta perché è stato un falso allarme.»

Aveva mantenuto la parola. Due giorni dopo aveva accompagnato Noah e Maël all'aeroporto di Quimper e, dopo averli salutati, si era fermata in una farmacia lungo la strada e aveva comprato un test di gravidanza. Sapeva che se lo avesse preso in paese, dove tutti la conoscevano, sarebbe diventata la notizia del giorno.

Lo infilò in borsa e non ci ripensò più fino a tre giorni dopo, quando andò a prendere suo marito e il pacchetto le ricapitò tra le mani.

Esitava. Dopo quell'episodio durante il pranzo la nausea non si era più ripresentata. Sicuramente la causa era un'altra. Provò a ricordare quando aveva avuto il ciclo l'ultima volta, e decise che non valeva la pena sprecare un test. Si rese conto però, con un certo stupore, che la delusione le provocava meno sofferenza rispetto a qualche mese prima.

*Adesso abbiamo Noah*, pensò, sentendosi invadere dalla tenerezza per il bambino. Le dispiaceva vederlo soltanto durante le vacanze. Chissà fino a quando le avrebbe passate con loro.

Nei giorni successivi i preparativi per il trasloco di Solenn la distolsero da tutti gli altri pensieri. Non riusciva ancora a capacitarsi che stesse andando via davvero.

«Vuoi portare via tutto subito?» chiese Sylvia cautamente, mentre la aiutava a impacchettare i suoi effetti personali. «Non sarebbe più sensato partire prima con un paio di valigie e poi decidere se l'Olanda ti piace?»

«Non vado lì per il Paese» rispose Solenn, «ma per Aaltje. Non importa dove vivrò, conta solo stare con lei. D'altronde vivere su un'isola non era mai stato il tuo sogno, o mi sbaglio?»

«Hai ragione, però ci ero già stata prima di decidere di trasferirmi. Non poteva essere Aaltje a spostarsi qui da noi?»

«Alla lunga non sarebbe il posto giusto per lei» spiegò Solenn, infilando nella scatola un paio di album di fotografie. «Soffrirebbe di attacchi di panico. Le piace il mare, ma non esserne circondata da tutti i lati.» Scoppiò a ridere. «Ogni persona è fatta a modo suo.»

Sylvia guardò malinconica la sua amica. «È soltanto che...» ammise, la voce ridotta a un sussurro, «...non riesco a immaginarmi la vita qui senza di te.»

«Nessuno è insostituibile» dichiarò Solenn, con un sorriso. «I cimiteri di tutto il mondo sono pieni di gente che pensava di esserlo, ha detto un uomo saggio.» Mise via un volume illustrato sulle camelie e le prese le mani. «Se doveste avere veramente bisogno di me ci sarò, Sylvia. Non vi sto piantando in asso. È solo che... era da tanto che non mi sentivo più così felice.»

«Lo so» disse Sylvia, triste, stringendo a sua volta la mano di Solenn. «Lo so, e sono molto contenta per te.»

Quella sera telefonò Veronika.

«Allora, hai fatto il test?» le chiese senza tanti preamboli.

«Ne ho comprato uno.» Sylvia provò a schivare il discorso. «Ma non c'è nessun bisogno di farlo, sono sicura di non essere incinta.»

«Ti è venuto il ciclo?»

«No, Vero...» Sylvia si zittì di colpo, stupita. In effetti era già in ritardo di qualche settimana. «Ma non ho più avuto la nausea. E poi...»

«Fai questo benedetto test!» le ordinò Veronika. «Me lo hai promesso. Ti richiamo tra mezz'ora. Niente obiezioni!» E riattaccò.

Sylvia sospirò. La sua amica a volte era un osso duro. E va bene, l'avrebbe assecondata.

Mezz'ora dopo stava fissando lo stick, senza parole. Il risultato era inequivocabile. Positivo.

Si sentiva stordita. Fu costretta a sedersi e ad aspettare che il battito del suo cuore si calmasse. Poi fu invasa da una gioia mai provata prima. Possibile? Era veramente incinta?

Quando il telefono squillò corse subito a rispondere.

«Allora?»

«Positivo!»

All'altro capo della linea esplose un ululato di felicità. «Lo sapevo!»

«Non corriamo troppo, Vero. Sai quante volte questi test si sbagliano?»

«Non si sbagliano» ribatté l'amica, su di giri. «Ma per sicurezza domani dovresti andare dal medico.»

«Domani?» le fece eco Sylvia, guardando l'orologio. «No, ci vado subito. Devo essere sicura, altrimenti non troverò pace. Ma non conosco ginecologi in zona!»

«Cioè negli ultimi due anni non sei mai andata da un ginecologo?» chiese Veronika sbalordita.

«Sì, ci sono stata, ma a Parigi. Adesso perdonami, devo riattaccare. Vado di fretta. Ci sentiamo.»

Chiese aiuto a Solenn, che la accompagnò subito dalla sua ginecologa. La bretone ignorò del tutto la sala d'attesa piena, scambiò qualche parola con la segretaria, e in un batter d'occhio Sylvia si ritrovò sul lettino. Si sforzò di rilassarsi, invano. Perché la dottoressa non si sbilanciava?

«Le mie congratulazioni» disse alla fine il medico. «Lei è incinta, alla tredicesima settimana. E va tutto bene, ha superato i primi tre mesi, che sono i più critici. Non si era accorta di niente finora?»

Sylvia scosse la testa esterrefatta. «No. Ho anche avuto delle perdite qualche settimana fa...»

«Succede più spesso di quanto si immagina» spiegò la dottoressa.

Tredici settimane. Fece qualche calcolo. Doveva essere successo a metà agosto...

«Il giorno del vostro anniversario di matrimonio probabilmente» esclamò Solenn al settimo cielo. «Dio santo, non immagini quanto sono felice!»

Durante il viaggio di ritorno Solenn rimase a lungo a rimuginare in silenzio. Poi disse: «Non posso lasciarvi da soli con il bambino».

«Non pensarci nemmeno, Solenn. Hai appena deciso di partire, hai detto di voler seguire il tuo cuore. Non mi va che mandi all'aria tutti i tuoi piani soltanto perché io e Maël stiamo per avere un figlio.»

«Ma...»

«Pensa a te stessa, per una volta. Noi ce la caveremo. E verrai a trovarci, spero.»

«Sì, certo che verrò a trovarvi, ma...»

«Mi sentirei troppo in colpa» la interruppe Sylvia.

«*Io* mi sento in colpa. So che tu mi capisci. Ma Maël...»

«Si abituerà» la rassicurò Sylvia. «Non vai mica all'altro capo del mondo! Da Amsterdam c'è un volo diretto per Quimper.»

Solenn le lanciò un'occhiata stupita. «Davvero?»

«Ho controllato subito dopo che ci hai dato la notizia» confessò Sylvia. «Mi ha reso più facile accettarla. Mancherai tantissimo a tutti, questo è certo.»

Fece promettere a Solenn di non rivelare a nessuno la novità. Quella sera, quando restò sola con Maël, gli chiese se aveva voglia di fare due passi.

Presero il sentiero che costeggiava la scogliera, quello da cui Sylvia aveva scorto la barca sulla quale Noah andava alla deriva in mare aperto. Era veramente successo solo poche settimane prima? Le sembrava che fosse passata un'eternità. Le venne in mente che già allora portava in grembo il minuscolo seme di una nuova vita.

«Avremo un altro bambino» disse a Maël. «Sono incinta.»

Le nuvole che fino a un momento prima avevano coperto la luna si diradarono. La luce argentea illuminò il viso estasiato di Maël. La abbracciò e la tenne stretta a lungo. «Lo sapevo» le sussurrò all'orecchio. «L'ho sempre saputo.»

Mentre lui la cullava dolcemente, posandole una mano sulla pancia e chiedendole se avvertiva già dei cambiamenti, Sylvia capì che le cose davvero importanti richiedono tempo. Come il suo corpo, che aveva avuto bisogno di mesi per concepire quella nuova vita. E come l'embrione, che si stava preparando a venire al mondo. Anche il suo amore per Maël era simile a un essere vivente, che aveva bisogno di nutrimento e protezione, e cresceva nonostante le difficoltà.

«Secondo te è un maschio o una femmina?» le chiese lui.

«Non ne ho la minima idea» rispose Sylvia ridendo.

«Io lo so» disse lui. «È una femmina. La chiameremo Lucie.»

«O Lucinde. Che ne pensi?»

«Lucinde» ripeté Maël, in tono solenne. «Mi piace. La chiameremo così.»

«E se fosse un maschio?» chiese Sylvia.

«Non lo è» ribatté Maël, convinto.

«Come lo sai?»

Lui le accarezzò dolcemente la schiena. «Me lo sento» disse, e la baciò. «Vieni» sussurrò, «andiamo a casa. Voglio tenerti stretta. Anzi, tenervi strette. Tu e Lucinde.»

# Ringraziamenti

Anche questa volta sono stati in tanti ad aiutarmi a rendere i dettagli di questa storia il più autentici possibile.

Sono particolarmente grata ad Agnes Werner, che possiede la patente nautica e da anni è un'esperta frequentatrice del mare. Mi è stata di grande aiuto nella parte sul salvataggio di Noah.

Come si fa a imballare e spedire un albero di camelia? Annegret Bühler ha gentilmente risposto a tutte le mie domande sull'argomento. Grazie infinite.

Un pensiero alla mia agente Petra Hermanns, per il suo sostegno, e alla mia editor alla Bastei Lübbe, Melanie Blank-Schröder, per il suo straordinario impegno. Margit von Cossart si è assicurata che nella storia non ci fossero errori o incongruenze. Vorrei ringraziare anche la mia unica e adorata prima lettrice, mia sorella Bruni, che continua senza tanti complimenti a strapparmi di mano le pagine via via che le scrivo.

Un romanzo d'amore sarebbe impossibile senza amore, quindi grazie al mio adorato marito Daniel: non è un caso se Maël ti assomiglia così tanto!

# Indice

*Della stessa autrice*

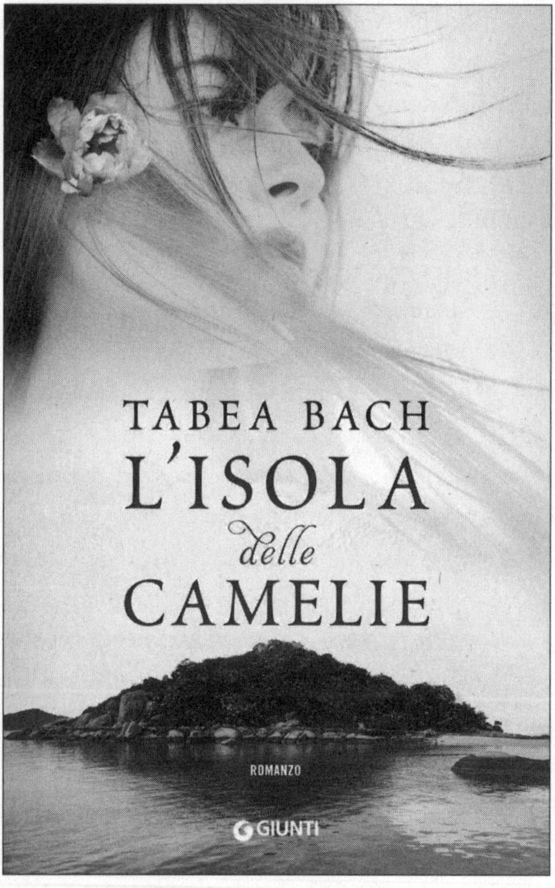


Brossura - pp. 288 - euro 14,90

Tabea Bach

# L'Isola delle Camelie

Viaggi di affari, party esclusivi, un lussuoso appartamento a Monaco e, soprattutto, un marito affascinante che vuole al suo fianco una donna all'altezza. A trentacinque anni Sylvia ha una vita che tutte le invidiano, e che lei stessa ha sempre pensato di desiderare. Finché un giorno, da un passato lontano, riemerge con forza una figura ormai dimenticata: sua zia Lucie, di cui aveva perso ogni traccia dopo un misterioso scandalo familiare, le ha lasciato in eredità un vivaio in Bretagna. Un'ottima occasione per il marito Holger, immobiliarista di grido, che trova subito un acquirente interessato. Mancano solo quattro settimane alla vendita, eppure quell'inaspettato dono risveglia in Sylvia un'ondata di ricordi e di emozioni: le spensierate corse in riva al mare con la giovane Lucie, dagli occhi color fiordaliso che ricordano tanto i suoi. Ma perché all'improvviso la zia è sparita e pronunciare il suo nome è diventato un tabù? E perché Holger cerca di dissuaderla dal visitare la tenuta? Spinta da un impulso irresistibile, Sylvia si mette in viaggio per la Bretagna. Lo spettacolo che la accoglie è di una bellezza mozzafiato: un'isoletta coperta da centinaia di camelie in fiore, in ogni sfumatura del rosa e del bianco. E quando al tramonto le maree sommergono il sentiero che unisce l'isola alla terraferma, Sylvia si ritrova racchiusa in un luogo magico, dove Solenn, l'anziana vivaista dai modi ruvidi, e Maël, appassionato floricoltore, la introdurranno ai segreti e alle piccole cure indispensabili per far sbocciare i fiori più rari e i sogni più inconfessati…

MISTO
Carta da fonti gestite
in maniera responsabile
FSC® C023419
www.fsc.org

Stampato presso Lego S.p.A.
Stabilimento di Lavis